KB259840

사오정 넘고
오륙도 돌아
행복공동체로

사오정 넘고 오륙도 돌아 행복공동체로
– 대한민국 4050 남자들에게 보내는 행복 메시지

지은이 | 김송호

1판 1쇄 펴낸날 | 2013년 4월 1일

펴낸이 | 이주명
편집 | 문나영
출력 | 문형사
종이 | 화인페이퍼
인쇄 · 제본 | 한영문화사

펴낸곳 | 필맥
출판등록 | 제300-2003-63호
주소 | 서울시 서대문구 충정로2가 184-4 경기빌딩 606호
이메일 | philmac@philmac.co.kr
홈페이지 | www.philmac.co.kr
전화 | 02-392-4491
팩스 | 02-392-4492

ISBN 978-89-97751-21-1 (03300)

* 잘못된 책은 바꾸어 드립니다.
* 값은 뒤표지에 있습니다.

이 도서의 국립중앙도서관 출판시도서목록(CIP)은 e-CIP홈페이지(http://www.nl.go.kr/cip.php)에서 이용하실 수 있습니다. (CIP제어번호 : CIP2013001545)

대한민국 4050 남자들에게 보내는 행복 메시지

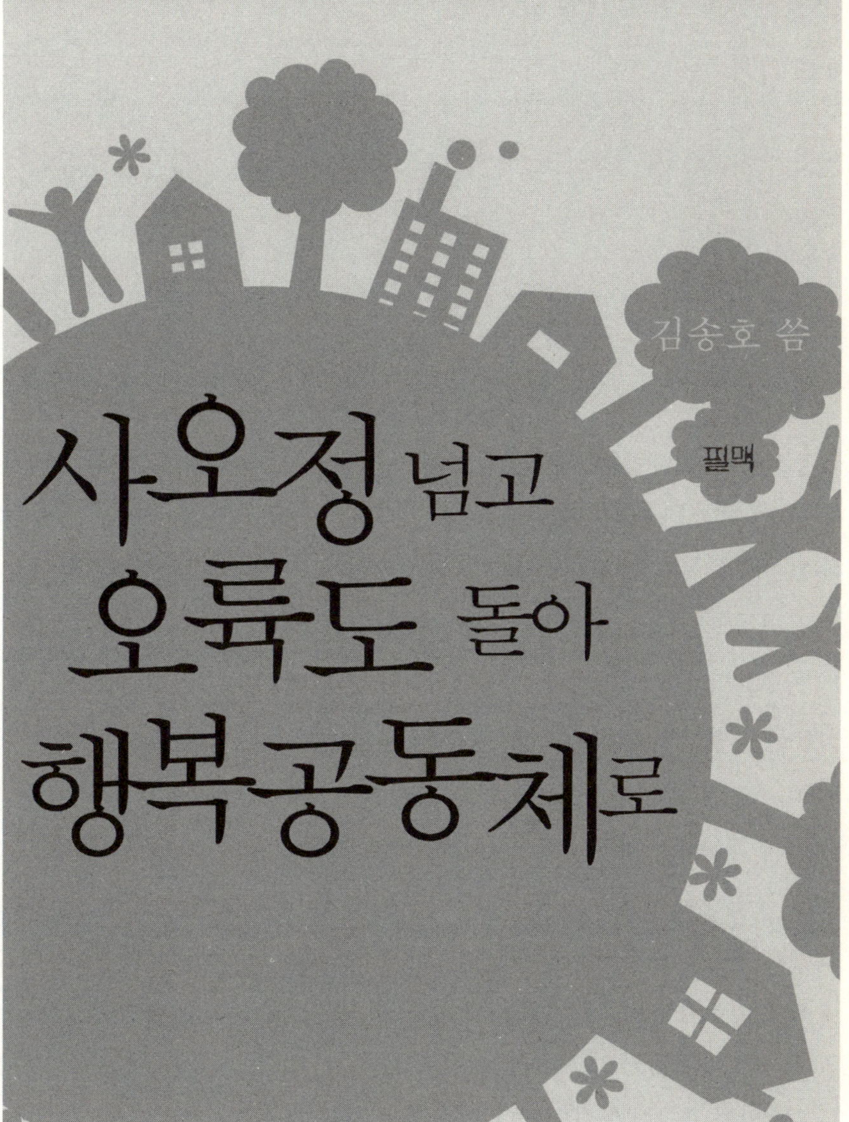

김송호 씀

필맥

사오정 넘고
오륙도 돌아
행복공동체로

행복해지려면
인생을 보는 관점을 바꿔라

최근 동창 모임에 나가서 얘기를 나누다보면 친구들의 표정이 많이 어두워진 것을 느낄 수 있다. 대학교수로 있는 친구들이야 아직 정년이 10년 가까이 남았으니까 별로 걱정이 없을 것 같은데, 그래도 이제는 선배교수들이 퇴직하는 모습이 남의 일 같지 않다고 느끼는 모양이다. 기업에서 일하는 친구들 중에는 이제 대표이사 등 경영진으로 바쁜 나날을 보내는 경우도 있지만, 그들도 어딘가 모르게 불안한 기색이 역력하다. 기업에 다니다가 밀려나서 집에서 쉬거나 한직으로 내밀린 친구들은 마치 세상을 다 산 것 같은 초라한 모습이다.

나는 그들을 만날 때마다 "퇴직하면 행복해질 수 있다"고 얘기하는데, 그들은 "무슨 뚱딴지같은 소리냐?"며 어이없어 하는 표정을 짓곤 한다. 더욱이 퇴직을 앞두었거나 이미 퇴직해서 스트레스를 받고 있는 사람들에게는 이런 내 얘기가 놀리는 말로밖에 들리지 않는 모양이다. 하긴 퇴직하는 것은 직장인, 특히 남자에게는 인생의 거의 모든 것을 잃는 것과 마찬가지이니 그럴 만도 하리라는 생각이 들기도 한다. 퇴직과 동시에 자신의 가장 큰 역할로 여겼던 가족의 주된 수입원으로서의 역할을 잃고, 직장 업무와 관련하여 맺은 수많은 사람들과의 관계도 끊어지고, 직장의 직함으로 나타내던 자신의 아이덴티티와 명예가 사라지니 어찌 그렇지 않겠는가?

하지만 가만히 생각해보면 직장이라는 울타리 안에서 죽어라 일하면서 진정으로 행복하다고 느낀 적이 있는가? 물론 능력을 인정받아 승진하거나, 연봉이 획기적으로 올라가거나, 포상이라도 받으면 순간적으로는 행복감을 느낄 수 있을 것이다. 직장에서 주어진 프로젝트를 완수하여 칭찬을 받거나, 공들인 고객에게서 수주를 받게 되면 잠깐 동안은 행복감을 느낄 수 있을 것이다. 그러나 그 행복감이 나의 내면을 적셔주는 진정한 행복감이었다고는 말할 수 없을 것이다. 왜냐하면 그 행복감은 나의 극히 일부인 외적 능력발휘에 따른 표면적인 만족감일 뿐이지, 인간으로서 나의 진정한 존재가치를 인정받는 데서 오는 내면적인 행복감이 아니기 때문이다.

나는 인생 후반부를 맞아 퇴직하면 내면적인 행복감을 느낄 자격을 갖추게 된다고 생각하기 때문에 "퇴직하면 행복해질 수 있다"고 주장한다. 그 이유는 여러 가지 들 수 있겠지만, 우선 나이가 들어 퇴직할 무렵이면 이미 수많은 고난과 갈등을 겪는 동안 날카로운 모서리가 닳아 둥글둥글해져서 다른 사람들과 부딪쳐도 그들에게 아픔을 덜 줄 가능성이 커진다는 데서 찾을 수 있다. 또한 수없이 많은 상처를 받고 아물리고를 반복하면서 자신의 내면을 다질 기회를 많이 가졌다는 것도 이유가 된다. 물론 아직도 주위를 돌아보면 받은 상처가 아물지 않아 아파하는 사람들도 있긴 하지만.

또 외면적으로도 인생 후반부가 되면 자식들을 다 키우고 독립시킨 다음 자신만의 행복을 위해 집중을 할 수 있는 조건을 갖추게 된다. 물론 아직도 자식이 자신의 행복을 책임져줄 거라고 믿는 일부 사람들은 제외하고 하는 말이다. 인생 후반부의 초기는 대체로 경제적으로 어느 정도는 먹고 살 만한 정도의 여건은 갖춘 시기이기도 하다. 앞으로 살아갈 날들을 감당할 정도로 경제력을 확보했느냐를 떠나서 지금 당장 먹고 살만 한 정도는 됐을 가능성이 높다는 얘기다.

이런 나의 주장이 터무니없다고 한다면 더 할 말이 없다. 하지만 외국의 많은 연구결과들은 사람이 인생 전반부보다 인생 후반부에 더 행복하다는 사실을 보여준다. 예를 들어 벨기에 연구팀이 나이에 따른 행복도를 조사한 결과를 보면, 사람의 행복도는 30대부터 점차 낮아져서 40대에 최저점을 찍고는 서서히 올라가 80대에 최고조에 이른다고 한다. 그 이유는 자명하다. 인생 전반부는 사회적인 의무를 이행하기 위해 죽어라고 뛰는 시기이기 때문에 성취감은 얻을 수 있을지언정 자신이 진정으로 하고 싶은 일을 하면서 느낄 수 있는 행복을 느끼지는 못한다는 것이다. 인생 전반부에는 성공을 위해서 뛰어야 하기 때문에 자신의 내면을 들여다볼 여유가 없는 것도 또 하나의 이유가 된다. 그러다가 50대가 되면 정신없이 앞을 향해 뛰던 발걸음을 멈추고 주위도 돌아보고 자신도 살펴볼 여유를 갖게 되기 때문에 행복도가 높아진다. 물론 80대부터는 대체로 건강이 나빠지므로 다시 행복도가 떨어질 가능성이 높다.

하지만 50대 이후에 행복도가 높아진다는 연구결과가 유독 한국에는 적용되지 않는다. 실제로 우리 주위를 보면 많은 50대 이후 사람들이 정신적 평화나 경제적 안정을 누리기는커녕 불안한 미래와 힘겨운 현재 사이에 갇혀 쩔쩔매고 있는 게 사실이다. 2008년 '지속가능한 사회를 위한 경제연구소' 에서 한국인의 연령대별 행복도를 조사했다. 그 결과 행복지수가 여자는 30대에서 가장 높고 남자는 20대 이하에서 가장 높으며, 남녀 모두 나이가 들수록 떨어지는 추이가 확인됐다.

한편 불행을 가장 극적으로 나타내는 것이 자살률인데, 그 연령대별 차이가 외국의 경우와 한국의 경우가 다르다. 외국, 특히 선진국의 경우에는 가장 행복도가 낮은 40대에 자살률이 가장 높고 나이가 들수록 행복도가 높아지면서 자살률도 떨어지는 추세를 보인다. 하지만 한국에서는 55세를 기점으로 나이가 들수록 자살률이 급등한다. 예를 들어 2010년 사망원인 통계를 보면 인구 10만 명당 자살자 수가 40대 34명, 50대 40명, 60대 52명이었다. 61세 이상의 자살자 수 추이를 봐도 1989년 788명(전체 자살자 중 10.3퍼센트), 1999년 2276명(19.4퍼센트), 2008년 4029명(32.8퍼센트)으로 노년층의 자살이 훨씬 많았다.

유독 한국에서 나이가 들수록 행복도가 급격히 떨어지게 하는 요인으로는 여러 가지가 있을 수 있다. 전통적인 효 개념은 사라졌지만 지금의 중년들은 부모봉양과 자식부양이라는 의무에서 벗어나지 못해 경제적으로나 심리적으로나 압박을 느끼는 게 가장 큰 요인으로 작용하고 있다고 생각된다. 긴 기간에 걸쳐 경제성장을 해온 선진국들과 달리 한국은 짧은 기간의 초고속 성장에 따른 후유증으로 노후생활을 보장해주는 사회보장 시스템을 갖추지 못한 것도 또 다른 요인일 것이다.

하지만 나는 인생 후반부를 바라보는 관점의 전환을 제대로 하지 못하는 것도 중대한 요인이라고 지적하고 싶다. 특히 베이비붐 세대는 인생 전반부에 집단적으로 경제적인 성공을 했기 때문에 성공신화에 사로잡혀 인생 전반부의 인생관을 인생 후반부에도 그대로 고집하면서 불행이 시작된다고 생각된다. 다시 말해 돈이면 모든 문제가 다 해결될 수 있다는 발상을 버리지 못하는 게 문제의 가장 큰 원인이라는 얘기다.

대부분의 한국 중년들이 생각하듯이 정말로 돈이 많으면 퇴직 후의 모든 문제가 해결될까? 답은 물론 '아니다' 이다. 퇴직 후에 돈이 많아서 매일 여행을 다니거나 골프를 치러 갈 수 있는 사람들도 몇 안 되겠지만, 설사 그런 여건이 된다 하더라도 퇴직 후 50년 동안 내내 여행을 다니거나 골프를 치러 가는 게 행복한 생활일 수는 없다. 돈만 있으면 행복한 노후가 보장된다는 생각은 평생직장과 짧은 자연수명 덕분에 퇴직 후를 여가기간 정도로 간주할 수 있었던 과거의 시대에나 통용되던 것이다. 퇴직 후 50년이라는 세월은 여가기간으로 여기기에는 너무나 길다.

그렇다면 우리는 왜 퇴직 후 행복하기 위해 준비해야 할 것으로 가장 먼저 돈을 떠올리는 것일까? 그건 아마도 막강한 마케팅 능력을 가진 보험회사 등 금융회사들의 노력 때문일 것이다. 금융회사들은 목돈을 쥐고 있는 퇴직 후 세대가 불안을 느끼게 되어 보험이나 금융상품에 투자하도록 유도하는 노력을 기울인다. 하지만 '돈만 준비되면 퇴직 후 행복이 시작된다' 는 환상은 버리는 게 좋다. 돈은 행복한 퇴직 후 생활의 기본조건은 될 수 있을지언정 충분조건은 되지 못하기 때문이다.

그럼 도대체 퇴직 후 행복하기 위한 비결은 무엇인가? 물론 돈, 건강, 일도 중요하겠지만 세상을 보는 관점을 바꾸는 것이 무엇보다 중요하다. 경제활동을 하던 인생 전반기와 똑같은 관점으로 세상을 바라보고 해결책을 찾으면 앞날이 막막할 수밖에 없다. 이런 관점의 문제를 동양철학의 음양오행을 통해 설명해보겠다.

우리 인생은 유아기, 청년기, 중년기, 노년기의 4단계로 나눌 수 있다. 인생의 각 단계에 오행(五行)을 적용하면 유아기는 봄(木), 청년기는 여름(火), 중년기는 가을(金), 노년기는 겨울(水)이다. 오행은 상생(相生)이나 상극(相剋)의 관계를 갖는다. 수생목(水生木, 겨울은 봄에 이롭다), 목생화(木生火, 봄은 여름에 이롭다), 화극금(火克金, 여름은 가을에 해롭다), 금생수(金生水, 가을은 겨울에 이롭다)의 관계가 성립한다. 그러니까 화극금만 상생관계로 바꾼다면 봄, 여름, 가을, 겨울이 상생관계로 이어질 수 있다.

우리 인생에서 노년기에서 유아기로(동양철학은 환생을 전제로 한다), 유아기에서 청년기로, 중년기에서 노년기로 넘어가는 과정은 자연스럽게 진행되지만, 유독 청년기에서 중년기로 넘어가는 과정만 어려움을 겪게 돼있다. 다시 말해서 청년기에서 중년기로 넘어가는 과정에서는 관점을 바꿔야 한다는 것이다.

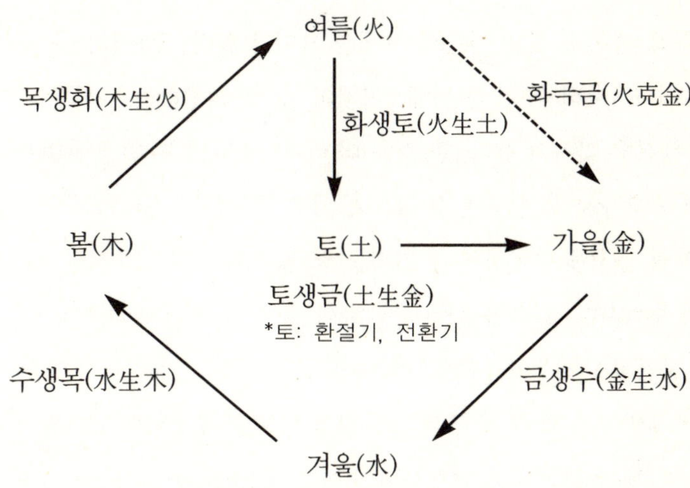

청년기에서 중년기로 넘어가는 시점, 즉 인생 후반기를 맞는 시점에 겪게 되는 어려움을 극복하기 위해서는 토(土)라는 중간단계를 두어야 한다고 음양오행은 얘기해준다. 청년기(火) 다음에 토(土)를 두면 화생토(火生土), 토생금(土生金)이 되어 상생의 순환고리를 완성할 수 있다.

그렇다면 토(土)는 무엇을 의미하는가? 계절로 보면 환절기요, 인생으로 보면 전환기다. 인생을 바라보는 관점을 전환해야 한다는 의미다. 유아기(봄)와 청년기(여름)에 외적 성장을 위주로 한 양(陽)의 관점을 갖고 있었다면, 중년기(가을)로 접어들면서부터는 내면의 가치를 우선시하는 음(陰)의 관점을 가져야 한다는 것이다. 좀 다른 의미로 해석하면, 유아기와 청년기의 목표가 성공이었다면 중년기의 목표는 인생의 행복이어야 한다는 것이다. 인생의 행복은 단순히 외형적인 성공을 통해서가 아니라 내면적인 삶의 가치 추구를 통해서만 달성될 수 있다는 점을 깨달아야 한다. 이것이 곧 행복한 인생 후반부를 맞이하는 비결이다.

그런 의미에서 퇴직 후 행복한 인생 후반부를 보내기 위해서는 '현재의 나'를 통해 행복을 찾는 마음의 자세를 가져야 한다. '과거의 나'가 발목을 잡게 하거나 '미래의 나'를 위해 '현재의 나'를 희생하는 자세를 버리고 현재에서 행복을 찾아야 한다. 한 걸음 더 나아가 '퇴직 후 인생 후반부를 어떻게 하면 불행하지 않게 보낼 수 있을까' 하고 걱정하는 소극적인 자세를 버리고 '퇴직과 동시에 행복하게 살 기회를 잡았다'고 생각하는 적극적인 자세를 갖는 게 중요하다. 불행을 피하면 행복이 오는 게 아니며, 행복은 내가 적극적으로 붙잡아야 하는 가치이기 때문이다.

인생 후반부를 맞게 된 우리가 현재의 행복을 적극적으로 붙잡기 위해서는 어떻게 해야 하는지를 이제부터 알아보자. 현재를 직시하면서 받아들이고, 과거를 정리하고, 미래를 내다보며 현재의 삶을 행복하게 하려면 어떻게 해야 하는지를 살펴보자.

행복한 미래를 만드는 기술자 김송호

차례

1부

몇 해 전부터 나와 비슷한 동년배나 인생 후반부에 들어선 후배들과 대화를 나누다보면 미래에 대한 걱정으로 그들의 얼굴이 금세 어두워지는 것을 느끼게 된다. 젊은 시절에는 조금 실패하더라도 언젠가는 다시 일어설 수 있다는 희망이 있었지만 나이가 들면서 불확실한 미래 때문에 점점 더 불안해지고, 그러다보니 과거에 얽매이게 된다고들 한다.

하지만 누군가의 말대로 과거는 다르게 해석할 수 있지만 바꿀 수는 없고, 미래는 희망은 있지만 불확실하며, 가장 확실한 것은 현재다. 요즘 이 말의 중요성이 새삼 느껴진다. 영어로 현재(present)에는 선물이라는 의미도 있지 않은가. 진정으로 행복해지고 싶다면 현재에 행복해야만 한다.

나이가 들면 더 행복해진다고 내가 말하는 것도 나이가 들면 현재에 충실할 수 있게 되기 때문

현재를 행복하게 만들자

이다. 젊은 시절에는 현재를 투자해서 미래의 행복을 얻고자 한다. 예를 들면 직장에서 멀리 떨어진 교외에 살면서 만원인 지하철에 끼어 타고 출퇴근하면서도 승진하면, 복권이 당첨되면, 은퇴하면 행복해질 거라고 생각하면서 행복을 유예한다. 길게 잡으면 20년가량 되는 긴 청소년기도 미래의 좋은 직장을 위해 힘겹게 보내는 것이 우리의 현실이다.

하지만 나이가 들면 불확실한 미래에 투자하기보다 현재에 충실하면서 현재에서 행복을 찾으려고 노력해야 한다. 한국인은 나이가 들어서도 현재에서 행복을 찾는 데 서투르다보니 나이가 들수록 불행해지고 자살률도 높아지는 것이다. 인생 후반부에 행복해지기 위해서는 현재에서 행복을 발견하는 법을 알아야 한다.

1장
현재를 직시하자

무언가를 개선하기 위해 가장 먼저 해야 할 일은 현상을 파악하는 것이다. 현재 일어나고 있는 현상을 정확하게 파악해야 해결책도 찾을 수 있다. 현상 파악이 잘못되면 대책도 정확하게 나올 수 없다.

예를 들어 병이 나서 병원에 가면 의사가 가장 먼저 하는 일이 정확한 진단이다. 의사가 환자에게 병의 증상을 물어보기도 하고, 청진기를 대고 숨소리도 들어보고, 각종 진단기기로 여러 가지 검사도 한다. 이런 과정을 거쳐 질병의 종류와 정도를 파악하고 나서 질병을 치료하기 위한 처방을 내린다. 만약 의사가 진단을 정확하게 하지 못하면 엉터리 처방을 하게 되고, 그러면 질병을 치료하기보다 오히려 악화시킬 가능성이 높다.

얼마 전 내 아버지께서 눈이 잘 안 보인다고 하셔서 안과병원에 모시고 갔는데 백내장이라는 진단이 내려졌다. 의사는 수술을 해야 한다고 하더니 각종 검사를 하고는 일주일 뒤에 수술 날짜를 잡겠다고 했다. 백내장이면 뻔한 병인데 무엇 때문에 그리 오래 있다가 수술을 해야 하느냐고 물었다. 의사는 수술을 할 때 문제가 없을 것인지를 확인하기 위해 미리 검사를 하는 것이라고 했다. 환자가 어떤 특정한 약품에 대한 알레르기를 갖고 있는데 그것도 모르고 수술을 하면서 그 약품을 사용하면 부작용이 생길 수 있기 때문에 그런 일을 미리 방지하기 위해 철저한 검사를 하는 것이라고 했다. 철저한 검사 덕분인지 아버지의 백내장 수술은 성공적이었고, 그 뒤로 아버지께서는 눈이 잘 보인다고 아주 좋아하신다.

인생 후반부의 행복을 위해서도 마찬가지로 해야 한다. 인생 후반부에는 과거나 미래에서 행복을 찾기보다 현재에서 행복을 찾아야 한다. 그러자면 현재를 있는 그대로 직시하는 것이 무엇보다 중요하다. 예를 들어 나이가 들면 인간의 본성이 변한다는 주장에 주목할 필요가 있다.

발타자르 그라시안은 저서 《지혜의 기술》에서 "인간의 본성은 7년 주기로 변한다"고 했다. 그의 주장에 따르면 "인간은 스무 살 때에는 공작새와 같고, 서른 살 때에는 사자가 되고, 마흔 살 때에는 낙타로 살고, 쉰 살 때에는 뱀의 지혜를 갖게 되고, 예순 살 때에는 개에 해당하는 과정을 거치고, 일흔 살 때에는 원숭이가 되고, 여든 살 때에는 무로 돌아간다"고 했다. 나잇대 별로 다른 역할을 해야 한다는 사실을 알 필요가 있다는 얘기다. 불교에서 명상을 할 때 가장 중요한 것도 바로 떠오르는 생각들을 그대로 직시하는 것이다. 떠오르는 생각들을 떨쳐버리려고 애쓰거나 '왜 이런 생각이 떠오르지? 하면서 자책하면 명상이 아무런 효과도 없다. 대신 '왼쪽 어깨 위가 간질거리는구나' 라든가 '앞에서 파리가 날아다니는구나"라든가 하는 생각을 그대로 직시하는 것이 명상의 기본이다.

인생 후반부를 바라보고 있다면 인생의 현주소를 있는 그대로 직시할 필요가 있다. '얼마나 오랫동안 현 직장에서 일을 계속할 수 있는 것인지?', '건강상태는 어떠한지?', '퇴직한다면 가족과의 관계가 잘 유지될 수 있는지?', '퇴직한 후 다른 일을 할 수 있는지?' 등의 의문과 관련 있는 현 상황을 정확히 파악하는 것이 우선이다. 그래야만 정확한 대책이 세워질 수 있다. 현실 속에서 나타나는 여러 조짐을 외면하거나 미래를 너무 낙관적으로 내다보면 올바른 대책이 나올 수 없고, 인생 후반부의 행복도 물 건너가게 된다.

퇴직은 남의 나라 얘기?

이제 직장인 중에서 정년까지 직장을 다닐 것으로 기대하는 사람은 거의 없다. 아니 정년까지는커녕 '사오정(45세가 정년)'이라는 말을 흔히 듣는 세상이 됐다. 그런데 직장을 다니는 사람들을 만나보면 뭔가 모르게 불안을 느끼기는 하지만 정작 퇴직을 자신에게 곧 닥칠 현실로 인식하는 경우는 드문 것 같다. 특히 내가 헤드헌팅 일을 하다 보니 아는 후배들이 이직 문제를 상의하기 위해 나에게 연락해오는 경우가 많은데, 대부분은 퇴직에 대해 전혀 생각하지 않다가 퇴출이 임박해서야 연락을 해온다.

사실 이직을 하더라도 현직에 있을 때 새로운 직장을 알아봐야 좋은 조건으로 옮겨갈 수 있다. 퇴직을 당한 다음에는 새로운 직장을 구하기가 어려울뿐더러 구하더라도 좋은 조건으로 옮겨가기가 힘든 게 현실이다. 직장을 완전히 그만두고 새로운 인생 후반부를 살려고 하는 경우에는 더욱 철저한 사전준비가 필요하다. 하긴 내가 알고 있는 후배들이 대부분 연구소에서 연구만 해온 연구원이다 보니 외부 사회와 차단되어 현실을 제대로 인식하지 못하게 된 측면도 있긴 하다. 그렇더라도 진작 40대에, 아니 30대부터 제대로 커리어 관리를 했으면 좋았을 걸 하는 안타까운 마음이 들곤 한다.

연구원이 40대 이후 퇴출당한 사례들을 보면 회사조직의 특성상 어쩔 수 없는 경우가 많다. 연구소에서 40대 이상의 나이가 되면 연구 자체보다는 연구 관리나 연구소 경영을 해야 하는데, 연구에만 관심을 두었던 엔지니어의 경우 나이가 들면 그에 대한 처우가 마땅치 않은 게 현실이다. 만약 이런 현실을 미리 직시하고 경영자가 되기 위한 다른 다양한 경험을 쌓았더라면, 예를 들어 영업, 기획, 마케팅, 재무, 인사 등 다른 분야에서 경력을 쌓았더라면 더 좋은 기회를 가질 수도 있지 않았을까 하는 안타까운 마음이 든다.

물론 일본과 같이 연구원이 나이가 들어도 관리직이나 경영진으로 전환하지 않고 연구에만 몰두할 수 있게 하는 더블 래더(double ladder) 시스템이 있으면 좋겠지만, 안타깝게도 한국에서는 그런 제도를 채택한 회사가 거의 없는 것으로 알고 있다. 또 신기술 개발이 빨리 진행되는 현실에서 나이가 든 사람들이 젊은이들과 경쟁해가며 직접 새로운 기술을 개발하는 것은 비효율적인 면이 있는 것도 사실이다. 40대 이상 엔지니어들은 이제까지의 연구개발 경력과 인생 경험을 바탕으로 경영이나 영업, 마케팅과 관련된 역할을 맡아 하는 것이 여러 모로 좋다고 생각한다. 특히 퇴직한 다음에도 연구를 계속할 것이 아니라면 사람을 직접 대해야 하는 역할, 즉 경영, 영업, 마케팅 등을 해보는 것이 연구에만 전념하다 퇴직하는 것보다 유리할 것이다.

직장을 옮기는 경우에도 충격이 크겠지만 직장에서 퇴직할 때의 충격은 상상을 초월할 정도로 크다. 특히 남자들에게 직장은 단순히 급여를 받기 위해 다니는 곳을 넘어 자신의 존재가치를 찾는 곳이기 때문이다.

직장생활이 인생의 전부라고 생각했던 우리 베이비붐 세대의 경우 퇴직할 때 받는 충격은 가히 메가톤급이라고 밖에 표현할 수 없다. 나의 전부라고 생각하면서 열렬히 사랑해온 여자에게 차였을 때의 충격 정도라고나 할까?

자기의 일생을 바친 직장이라는 조직이 갑자기 자기에게 등을 돌릴 때 받게 되는 충격은 말로 표현할 수 없을 정도다. 더구나 직장 외에는 다른 생활공간을 전혀 확보하지 못한 경우에는 그 충격이 더더욱 클 수밖에 없다. '아니 가정까지 소홀히 하면서 충성을 바쳐온 직장인데, 나한테 이럴 수 있어?' 또는 '이 회사가 이렇게 발전하고 성장한 게 누구 덕분인데, 이제는 내 효용가치가 없어졌단 말이지?' 라는 생각에 분노를 터트려봐야 아무 소용이 없다.

직장에서 퇴직하면 과연 어떤 문제들을 만나게 될까? 여러 가지가 있겠지만 역시 자신의 존재가치가 상실된 것 같은 느낌에 휩싸이게 되는 것이 가장 큰 문제일 것이다. 지금까지는 누구를 만날 때 '어느 회사의 상무이사 누구'라는 식의 명함을 내밀며 자신의 존재를 표시했는데, 이제는 그런 표시를 할 수 없게 됐으니 그 타격이 얼마나 크겠는가? 동창회에 나가도, 후배를 만나도 명함을 줄 수 없으니 사람 만나는 것을 두려워하게 되고, 나중에는 기피하게 된다. 회사를 다닐 때는 명함의 중요성을 전혀 인식하지 못했는데, 명함을 줄 수 없는 처지가 되고 나서는 명함이 단순한 종잇조각 한 장이 아니라는 사실을 절감하게 된다.

아침에 일어나면 출근할 데가 없으니 허전해지고 '나는 이제 쓸모없는 인간인가?' 라는 생각이 들게 된다. 회사에 다닐 때는 아침잠을 조금만 더 잘 수 있으면 소원이 없겠다고 생각했는데, 이제는 아침잠을 실컷 잘 수 있는데도 잠이 오지 않으니 탈이다. 게다가 아내는 무슨 모임이 그리 많은지 아침부터 전화로 수다를 떨다가 남편을 팽개쳐두고 나가버린다. 그러면 할 수 있는 게 TV 보는 것밖에 없다. 하지만 그렇게 TV 보는 것도 하루 이틀이지 허구한 날 TV만 보는 것에도 한계가 있지 않겠는가? 그렇다고 누구를 만나려고 해도 용무가 있는 것도 아니고 줄 명함도 없으니 그러기도 곤란하다. 이제까지 용무가 있는 게 아니면 낮에 누구를 만나본 경험이 없기 때문에 더욱 그런 어색한 느낌을 갖게 된다. 또 집에 있으면 끼니를 해결해야 하는데, 아내가 아무리 점심과 저녁을 준비해 놓는다고 해도 차려는 먹어야 할 게 아닌가? 이래저래 혼자 밥을 먹다보면 '내 신세가 이게 뭔가? 하는 자괴감이 들게 마련이다.

이런 비극적인 상황을 맞지 않으려면 언제든 퇴직을 당할 수 있는 현실을 직시할 필요가 있다. 그래야만 현재 다니고 있는 직장에서 좀 더 오래 일할 수 있는 방안도 생각하게 되고, 다른 직장으로 옮기는 데 필요한 준비를 하는 등 대책도 세우게 된다. 만약 더 이상 직장생활을 할 수 없어 정말로 퇴직을 해야 하는 경우라면 제2의 인생을 살기 위한 대책이라도 세워야 하는 게 아니겠는가.

이런 모든 일이 퇴직의 가능성을 현실로 직시하는 마음가짐 없이는 이루어질 수 없다. 왜냐하면 직장을 옮기기 위한 준비도, 퇴직 후에 제2의 인생을 살기 위한 준비도 오랜 기간과 많은 노력을 필요로 하기 때문이다. 또한 무슨 준비든 준비는 미리미리 해야 훨씬 더 효율적이다. 어떤 이들은 현직에 있을 때는 하루하루가 바쁜데 언제 퇴직준비를 할 수 있겠느냐고 반문한다. 더 나아가 현직에 있으면서 퇴직준비를 하다보면 오히려 직장생활의 수명이 단축될 수 있지 않느냐고 말하기도 한다. 하지만 퇴직준비도 하지 못할 정도로 바쁜 직장생활이라면 행복한 인생을 위해 다시 한 번 생각해볼 필요가 있다. 그 정도로 바쁜 직장생활을 하고 있다면 오히려 인생의 행복을 위해 새로운 길을 모색할 필요가 있을 것이다. 바빠서 이직이나 퇴직에 대한 준비를 하지 못한다고 생각하는 배경에 퇴직을 현실로 직시하기 싫은 심리가 숨어있는 것은 아닌지 자성해볼 일이다.

눈높이를 낮춰 이직하면 된다고?

퇴직을 앞둔 사람들이 택하는 길에는 여러 가지가 있지만, 눈높이를 낮춰서 다른 직장으로 옮기면 되지 않겠느냐고 쉽게 생각하는 경우가 꽤 있다. 예를 들어 대기업에 다니는 사람이 눈높이를 낮춰서 중소기업이나 대우가 좀 못한 다른 대기업으로 가면 되지 않겠느냐고 생각할 수 있다. 하지만 이처럼 눈높이를 낮춰서 이직한 경우에는 십중팔구 제대로 적응하지 못한다.

특히 대우가 좋은 대기업에서 장기간 근무한 직장인이 눈높이를 낮춰서 중소기업으로 이직한 경우는 실패할 확률이 높다. 가장 큰 이유는 새로운 직장문화에 적응하지 못하는 데 있다. 새로운 직장문화는 시스템과 인간관계로 나눠볼 수 있다. 우선 시스템을 예로 들면, 대기업에 다니던 사람이 눈높이를 낮춰서 중소기업으로 이직한 경우에는 업무범위가 훨씬 넓어진다. 예를 들어 연구원의 경우 대기업에서는 여러 사람이 팀을 이루어 연구 프로젝트를 진행하므로 자기는 연구의 일부분만 전담하면 된다. 또한 연구가 끝나면 결과보고서를 만들어 영업부서나 사업부서에 그것을 넘겨주는 것으로 임무가 끝나는 경우가 많다. 하지만 중소기업에서는 연구원이 단순히 연구만 하는 게 아니라 영업지원 업무도 동시에 수행해야 하는 경우가 많다. 연구결과가 나온 뒤에도 영업이 진행되는 동안 후속조치에 관여해야 하는 경우가 다반사다. 대기업에 있다가 중소기업으로 옮긴 연구원은 '연구원이면 연구에 전념하면 되지, 왜 이런 잡무에 시달려야 하나? 하는 자괴감이 들어 사표를 내게 되는 경우가 많다. 그런데 이런 이유로 사표를 내고 다른 회사로 옮겨도 비슷한 일을 계속 당하기 때문에 결국 직장을 자주 옮기는 철새 직장인이 돼버린다. 내가 헤드헌팅 일을 하면서 가장 많이 보게 되는 이력서가 바로 이런 유형이다.

그나마 대리급이나 과장급 실무진인 경우에는 그런 시행착오를 거치면서 나름대로 커리어 관리에 성공(?)하는 경우도 있다. 몇 번 자리를 옮기면서 낮아진 기대치와 뜻하지 않게 만난 일자리의 좋은 근무조건이 맞아떨어져 정착하는 경우도 있으니까 말이다. 하지만 나이가 들어 경영진이 되어 중소기업에 합류하는 경우에는 실패할 확률이 높다.

예를 들어 대기업에서 부장급으로 있으면서 실무 위주로 근무하던 사람이 중소기업 경영진으로 자리를 옮기면 여러 가지 어려움에 봉착하게 된다. 대기업에서는 부장급이라도 실무 위주의 업무를 하며, 최종 결정은 상급 임원을 거쳐야 이루어진다. 하지만 중소기업에서 경영진으로 일하게 되면 최종 결정권자인 사장이나 회장과 직접 부딪치는 경우가 많다. 물론 대기업에서는 직속상관이 터무니없는 이유로 의사결정을 늦추거나 방해하는 경우가 있는 반면, 중소기업에서는 경영진이면 대부분 최종 결정권자와 직접 의사소통을 하기 때문에 의사결정이 빠를 수 있다. 이것은 중소기업 근무의 장점이다. 반면에 대기업은 의사결정이 느린 만큼 책임이 분산되어 중간 경영자가 직접적으로 책임추궁을 받는 경우가 드물지만, 중소기업에서는 중간 경영자도 최종 결정권자와 직접 대면하는 경우가 많기 때문에 퇴출이 즉시 결정될 수 있다. 이것은 중소기업 근무의 단점이다. 중소기업으로 옮긴 뒤에도 대기업에서 근무하던 습성이 남아있어 대기업에서 상관에게 불평했듯이 의사결정권자에게 불평했다가는 곧바로 퇴출당할 수도 있다. 중소기업 근무에 따르는 이런 문제점을 모르고 대기업에서 중소기업으로 옮긴 중간 경영자들은 1년을 못 넘기고 퇴출당하기 쉽다. 게다가 중간 경영자급은 실무자급과 달리 또다시 이직의 기회를 잡기가 어렵다.

실제로 대기업에서 부장으로 근무하다가 하청업체인 중소기업의 회장이 간곡하게 청하는 바람에 그 중소기업의 상무로 옮긴 필자의 지인도 결국 1년을 버티지 못하고 퇴출됐다. 내가 보기에 그 이유는 너무도 간단했다. 그 중소기업 회장이 대기업 부장을 영입한 이유는 이제까지는 자신이 직접 그 대기업을 상대하는 창구 역할을 해왔는데 이제는 그 대기업 부장 출신이 대신 해주기를 바란 데 있었다. 그런데 그 대기업 부장 출신이 그런 역할을 제대로 해주지 못했기 때문에 퇴출된 것이었다. 그 지인은 자신이 대기업 부장으로 있을 때 하청업체 회장이 자신을 떠받들어주었기 때문에 그 연장선에서 자신을 영입한 것으로 오해했다. 누군가를 자신의 직원으로 고용한 뒤에도 그를 떠받들어주기 위해 영입하는 기업주는 아마도 이 세상에 없을 것이다. 이런 현실을 명확히 인식하지 못한 상태에서 이직하면 백발백중 실패하는 것이 너무도 당연하다.

이와 비슷하게 대기업에서 근무하던 직장인들이 중소기업으로 자리를 옮기고도 버리지 못하는 습성 중 하나로 자신의 직위와 자신의 가치를 혼동하는 것을 꼽을 수 있다. 대기업의 자재부장으로 근무하고 있는 경우를 예로 들면, 그 대기업에 자재를 납품하는 중소기업의 기업주는 그 대기업 자재부장에게 잘해줄 수밖에 없다. 그런데 그 대기업 자재부장이 퇴직을 결심하고 그 중소기업 기업주에게 도움을 요청했다고 하자. 그 대기업에서 퇴직하기 전에 그 중소기업이 필요로 하는 원재료를 자신이 납품할 수 있게 해달라고 부탁한다면 그 중소기업 기업주가 거절하는 경우가 드물다. 하지만 그 대기업 부장이 실제로 퇴직하고 나서 그 중소기업 기업주에게 약속을 지켜달라고 할 때 그런 요구가 받아들여질 것이라고 생각하는 것은 큰 오산이다. 중소기업 기업주가 그 대기업 자재부장에게 잘해준 것은 그가 인간적으로 좋아서가 아니라 그때 그의 직위가 자신에게 필요해서였다. 그러니 대기업 부장이 그 직위를 잃은 뒤에는 중소기업 기업주로서는 그에게 잘해줄 필요가 없는 것이 당연하지 않겠는가.

이와 비슷한 이유로 공무원이 퇴직한 뒤 사업을 하다가 망하는 경우를 많이 본다. 공무원의 경우도 자신의 직위 때문에 사람들이 자신의 말을 잘 듣는다는 사실을 직시하지 못하고 자신이 인간적으로 좋아서 잘 대해주는 것으로 착각하기 쉽다. 그래서 공무원이 사업을 시작했다가 망하는 경우가 많은 것이다.

특히 퇴직 후 사업을 하는 경우에 조심할 필요가 있다. 직장인으로 있다가 퇴직한 다음 돈을 벌 욕심에 철저한 사전준비 없이 사업을 시작했다가 망하는 경우가 많다. 이런 경우에는 돌이킬 수 없는 경제적 파탄으로 연결될 수 있다는 사실을 명심할 필요가 있다. 사업은 아무리 준비를 해도 외부적인 여건에 의해 실패할 수 있는데, 철저한 사전준비 없이 사업을 시작하면 거의 다 망한다고 해도 과언이 아니다.

그래도 유명 브랜드의 프랜차이즈 사업을 하면 낫지 않겠느냐고 반문할 수 있다. 하지만 프랜차이즈 사업이라는 것이 원래 가맹점들의 희생을 전제로 이루어진다는 점을 명심할 필요가 있다. 따라서 프랜차이즈 사업을 하더라도 사전에 기존 가맹점에 가서 무급의 아르바이트라도 해보면서 상황을 정확하게 파악한 다음에 시작하는 게 좋다. 잘못하다가는 그나마 챙겨둔 얼마 안 되는 노후준비금까지 까먹고 길거리에 나앉는 불행을 겪을 수도 있다는 사실을 기억할 필요가 있다.

나는 사업을 해봤던 사람의 입장에서 가능하면 40대 후반을 넘겨 퇴직한 경우에는 돈을 들여가며 사업을 하지는 말기를 권한다. 꼭 사업을 해야겠다면 돈이 들지 않는 사업, 몸으로 뛰기만 해도 되는 사업을 해야 한다. 예를 들어 보험설계사나 강사 같은 사업을 권하고 싶다. 나도 현재는 프리랜서로 헤드헌팅 일을 하고 있다. 헤드헌팅 회사에서 사무실과 사무용 기기 등을 모두 제공받는 대신 내가 헤드헌팅 계약에 성공하면 성공수수료의 30퍼센트를 그 회사에 내는 조건이지만, 강의와 여행 등에 자유로이 시간을 낼 수 있고 고정된 비용지출도 없어 매우 만족하고 있다.

아무튼 퇴직이나 이직에 앞서 현재의 상황을 확실하게 직시하고 필요한 준비를 해야 한다. 물론 퇴직이나 이직 후에 성공하리라는 긍정적인 마음을 갖고 퇴직이나 이직을 준비해야겠지만, 어려운 문제점이 생길 수 있다는 생각을 갖고 미리 대비를 하는 것이 무엇보다 필요하다. 한 직장에만 오래 있다 보면 퇴직하거나 이직하게 될 때 생기는 문제점을 잘 알 수 없기 때문에 퇴직이나 이직의 경험이 있는 선배들을 찾아다니면서 자문을 구하는 것이 현명하다. 더 나아가 아는 선배들의 체험에 개인적인 편차가 있을 수 있기 때문에 틈이 날 때마다 이직이나 퇴직 관련 책들을 읽고 간접적인 체험을 하는 것도 좋은 방법이다.

유비무환이라고 했던가. 인생의 중요한 전환점이 될 이직과 퇴직은 아무리 잘 준비해도 지나치지 않다. 순간의 선택이 십년을 좌우하는 정도가 아니라 한 번의 선택이 남은 평생을 좌우할 수 있다는 점을 꼭 명심하자.

돈만 비축하면 퇴직준비 끝?

'퇴직 후 행복하기 위해서는 무엇인 가장 중요한가?' 라는 질문을 받으면 대부분은 마음속으로 '뭐니 뭐니 해도 머니(돈)지' 라고 생각할 것이다. 실제로 KBS 기획팀이 연세대 사회학과와 공동으로 서울시민 1024명을 대상으로 설문조사한 바에 따르면 위와 같은 질문에 대한 답변 중 압도적인 1위가 돈이었다고 한다. 그 다음은 건강, 화목한 가족, 배우자나 이성 친구, 친구의 순이었다.

하지만 나는 돈이 퇴직 후 행복에 미치는 영향이 클 수는 있지만 절대적이지는 않다고 생각한다. 생활을 유지할 수 없을 정도로 가난하면야 안 되겠지만, 돈이 많다고 해서 그에 비례해 행복하지는 않다는 게 내 생각이다. 생활을 유지할 수 있게 해주는 정도까지는 소득이 늘어날수록 점점 더 큰 행복감을 느끼는 게 당연하지만, 그 이상으로 돈이 많아지면 오히려 불행해질 수 있다고 생각한다. 그 이유는 필요 이상으로 많은 돈이 있으면 그 돈을 지키기 위해서 신경을 그만큼 더 많이 써야 하는 데 있다.

어떤 독자는 이런 내 생각에 동의하지 않을 수도 있다. 돈 걱정 없이 여행도 다니고, 친구들을 만날 때 멋진 식사대접도 할 수 있으면 좋지 않느냐고 반문할 수도 있다. 물론 가진 돈을 멋지게 쓸 수 있으면 행복할 수 있다. 혹은 돈이 아주 많아서 장학재단을 만들거나 자선단체에 기부를 한다면 그 자체가 행복일 수 있다.

하지만 돈을 가졌다는 것 자체가 행복을 보장하지는 않는다. 지나치게 많은 돈을 가지면 돈 때문에 근심걱정이 많아져서 오히려 불행할 수도 있다. 예를 들어 돈이 많으면 만나는 사람들을 경계하게 된다. 자신에게 접근하는 사람을 '혹시 내 돈이 탐나서 접근하는 게 아닌가?' 하는 의심의 눈으로 바라보게 된다. 물론 실제로 돈이 탐나서 접근하는 사람도 있을 것이고 인간적인 관계를 위해 순수한 마음으로 접근하는 사람도 있겠지만, 의심하는 눈으로 접근하는 사람을 바라보고 경계하게 되면 진정한 인간관계를 맺기가 힘들다. 사실 퇴직 후 주위와 맺는 인간관계의 중요성을 생각한다면, 돈이 많아서 진정한 인간관계를 맺는 것에 방해 받는다면 얼마나 불행한 일이겠는가.

아무튼 어느 정도까지는 돈이 있어야 하지만 그 이상으로 많은 돈이 있으면 오히려 불행할 수 있다는 내 주장에 독자가 동의한다고 치고, 그렇다면 그 필요한 돈의 수준이라는 것이 어느 정도일까? 물론 개인에 따라, 그리고 어디에 사느냐에 따라 그 수준은 천차만별일 것이다. 도시에 살면 돈이 많이 들어갈 것이고, 골프도 치고 해외여행도 다니려면 매월 수백만 원은 들 것이다. 하지만 일반적으로 도시에서 기본적인 생활을 할 정도라면 부부 두 사람 기준으로 월 200만 원 정도가 아닐까 생각된다.

물론 이런 내 의견과 다른 의견을 가진 사람도 많을 것이다. 퇴직자들을 위협해 연금보험에라도 많이 가입시켜야 하는 보험회사의 입장에서는 이 금액이 지나치게 적다고 주장할 것이고, 최소한이나마 국민연금을 지급해야 하는 정부의 입장에서는 이 금액이 좀 많다고 여길 수도 있을 것이다. 또한 농촌에 사는 사람이라면 월 100만 원 정도만 있으면 충분히 생활할 수 있다. 아무튼 부부 기준으로 도시에서는 월 200만 원, 농촌에서는 월 100만 원 정도면 기본적인 생활을 할 수 있다. 이것은 전적으로 내 생각이지만, 전에 내가 《행복하게 나이 들기》라는 책을 쓸 때 여러 사람의 의견을 참조하여 나름대로 계산하고 그 책에서 제시한 것이니 전혀 근거가 없는 것은 아니다.

얼마 전 돈이 인생 후반부의 목적인 행복을 보장해주지 않는다는 사실을 과학적, 논리적으로 주장하는 책을 읽은 적이 있다. 바스카스트가 쓴 《선택의 조건》(한국경제신문, 2012년)이 그것이다. 바스카스트의 주장에 따르면 우리가 돈을 벌어야 한다고 생각하는 이유는 생활에서 닥칠 수 있는 불안정한 상황을 돈으로 해결할 수 있다고 생각하는 데 있다는 것이다. 예를 들어 교통사고를 당하거나 질병에 걸리는 경우 돈이 있으면 그 상황을 해결할 수 있지만, 돈이 없으면 불행한 결과로 이어지게 된다. 하지만 인생길에서 뜻하지 않게 만나게 되는 불행한 상황을 해결하기 위한 더 좋은 방법은 공동체에서 십시일반으로 도와주는 것이다.

한국의 경우 농촌사회였던 과거에는 공동체에 부조라는 관습이 있었으므로 서로 불행한 일을 당하면 도왔다. 미국의 아미시(Amish) 공동체는 현재도 이런 형태로 공동체 안에서 서로 돕는 생활을 하고 있다. 이처럼 공동체에서 구성원이 불행한 일을 당하면 서로 돕는다면 행복도가 훨씬 높아진다. 반면에 개인적으로 돈을 벌어서 불행한 상황을 해결하려고 하면 불행한 상황은 해결할 수 있을지언정 공동체에서 행복은 느낄 수 없게 된다. 현대인이 과거에 비해 부가 크게 늘어났음에도 행복하다고 느끼는 정도가 오히려 떨어지는 이유가 바로 여기에 있다.

결론적으로 말하면, 나는 퇴직한 다음에는 돈을 벌려고 아등바등할 것이 아니라 공동체를 이루어 서로 도우면서 사는 것이 정답이라고 생각한다. 그래서 퇴직 후 '행복한 시니어 공동체'를 이루고 살려고 한다. '행복한 시니어 공동체'는 생활이 어느 정도 보장되는 수준의 돈은 벌 수 있도록 시스템을 만들고, 누구나 하고 싶은 일을 즐겁게 하고, 좋은 사람들을 만나는 즐거움을 통해 행복을 느낄 수 있도록 할 것이다. '행복한 시니어 공동체'에서 살게 되면 일단 생활에 필요한 돈이 많이 줄어드는 것이 가장 큰 혜택이다. 내 생각이 맞는다면 월 100만 원 정도면 충분히 생활할 수 있지 않을까 기대하고 있다. 그 정도면 국민연금만 타도 생활은 크게 걱정하지 않아도 되니 얼마나 좋은가. 그 외에 '행복한 시니어 공동체'를 시골에 만들면 결국 귀촌을 하게 되는 것이니 맑은 공기와 자연이 주는 여러 가지 혜택을 누릴 수 있을 것이다.

물론 나의 경우에는 하는 일이 주로 책을 읽고, 글을 쓰고, 강연을 하러 다니는 것이니 시골에 가서 산다고 해서 크게 지장이 될 일이 없어서 더 그런 생각을 하게 됐는지도 모른다. 나는 '행복한 시니어 공동체'를 만드는 일이 잘 진행되리라고 확신하고 있지만, 만약 실현되지 않는다면 나 혼자만이라도 귀촌할 생각이다. 혼자서 귀촌하는 것은 '행복한 시니어 공동체'를 만들고 거기서 사는 것보다야 못하겠지만, 도시에서 사는 것보다는 행복할 거라고 확신하기 때문이다. 물론 단독으로 귀촌하는 경우에는 새로운 환경에 적응하는 데 따르는 어려움, 귀촌하는 사람들이 일반적으로 겪는다는 왕따 문제 등으로 스트레스를 받을 수도 있다는 각오를 하고 있다. 하지만 장기적으로 보면 귀촌하는 편이 도시에 남아있는 것보다 득이 훨씬 많다고 판단하고 있다.

다행인지 불행인지 나는 지킬 걱정을 해야 할 정도로 많은 돈을 갖고 있지 않다. 하지만 나이가 어느 정도 더 들 때까지는 일을 하면서 수입을 올릴 준비는 돼있다. 어떤 때에는 목돈이 없어서 불안해지기도 하지만, 몸이 건강하기만 하다면 얼마든지 기본생활에 필요한 정도의 돈은 벌 수 있으리라는 자신감을 가지고 있다. 문제는 도중에 갑자기 아프게 되거나 나이가 더 많이 들어 일을 할 수 없게 되면 어떻게 하느냐는 것이다. 이 문제는 '행복한 시니어 공동체'가 실현되면 자연스럽게 해결될 수 있지만, 그것이 실현되지 않아 단독으로 귀촌해야 하는 경우도 대비해야 하기 때문에 보험에 들었다.

내가 행복에 대해 얘기할 때 자주 쓰는 공식 '행복지수 = 소유/욕구'에서 소유, 즉 돈을 늘리기보다는 욕구를 낮추는 게 정답이다. 나도 이제는 돈을 늘리기보다는 욕구를 낮추기 위해 노력한다. 나에게 꼭 필요한 것이 무엇인지를 생각해보고 그 필요한 정도의 욕구만을 가지려고 한다. 물론 그게 쉽지는 않다는 것을 잘 알고 있다. 가장 큰 걸림돌은 현재 필요한 정도에만 맞추면 욕구를 충분히 줄일 수 있지만, 훗날 아프거나 안 좋은 일이 생겨날 경우를 생각하다보면 다시 욕구가 커진다는 점이다. 이 문제는 혼자 귀촌하는 경우에는 쉽게 해결할 수 없을지도 모른다. 하지만 '행복한 시니어 공동체'가 실현되면 이 문제도 쉽게 해결될 수 있을 거라고 기대하고 있다.

아무튼 퇴직 후 인생 후반부를 행복하게 살기 위한 조건이 여러 가지로 제시되고 있지만, 돈이 많을수록 행복해진다는 연구결과는 하나도 없다. 돈이 있어야 인생 후반부가 행복해질 거라는 우리의 믿음은 우리에게 불안감을 조성해서 이익을 보려는 보험회사 등의 마케팅 전략에 의해 만들어진 것일 가능성이 높다.

50세에 퇴직했다면 100세 인생 중 앞으로 살아가야 할 50년 동안 돈이 꼭 필요하겠지만, 인생 전반부에 그 돈을 저축했다가 인생 후반부에 야금야금 빼내어 쓰겠다는 생각이나 사업을 해서 벌어야겠다는 생각은 버리는 것이 바람직하다. 그보다 인생 후반부에는 좋은 네트워크를 만들어 하고 싶은 일을 하면서 살면 자연스럽게 돈도 쓸 만큼 벌게 되고 인생의 의미도 찾을 수 있지 않을까. 그러다보면 건강도 좋아지고 행복도 찾아오지 않을까 생각한다.

퇴직하면
가정으로 돌아갈 수 있다고?

몇 년 전 미국 노동부 장관이던 로버트 라이시가 가족에게 돌아가기 위해서 라며 돌연 사임하여 큰 화제가 된 적이 있다. 그런데 그는 가족에게 돌아가서도 가족과의 관계를 회복하는 데 많은 시간과 노력이 필요했다고 한다.

한국의 남자들은 어느 날 가족에게 돌아가겠다고 선언하면 가족이 감격하여 눈물을 흘리면서 환영할 것이라고 생각하지만, 이는 큰 착각이다. 남자의 입장에서는 가족을 부양하기 위해 가족과 떨어져 지낼 수밖에 없었던 사정을 이해해줘야 할 것 아니냐고 항변할 수도 있다. 하지만 이제는 이런 변명이 통하지 않는다. 가족을 경제적으로 부양하기 위해서라는 이유로 가족에게 써야 할 시간을 가정 밖에서 쓰는 것은 용납되지 않는다.

이제는 직장생활과 가족과의 관계 사이에서 균형을 잡은 사람이 진정으로 성공한 사람이다. 가족과 지내야 할 시간을 가족과 떨어져 외부에서 보낸 사람이 가족과의 올바른 관계를 회복하려면 외부에서 보낸 시간에 비해 몇 갑절의 시간이 필요할지도 모른다. 아니 어쩌면 돌아갈 수 없는 강을 건너온 듯 가족과의 관계가 영원히 회복되지 않을 가능성도 있다.

로버트 라이시는 장관직을 사퇴하고 나서 쓴 《부유한 노예》라는 책에서 현대인이 일을 하기 위해 가정을 희생하는 어리석음을 저지르고 있다고 지적했다. 현대인은 컴퓨터 등 각종 기기의 도움을 받으니 시간의 여유를 가져야 당연함에도 불구하고 오히려 더 많은 일에 쫓기면서 소중한 가정에는 소홀하다. 이는 어느 한 개인이 풀 수 있는 문제가 아니라 우리 사회 전체가 걱정해야 할 문제라고 라이시는 주장한다. 물론 그의 주장대로 가정생활과 사회생활의 균형을 찾는 문제가 우리 사회 전체의 문제일 수도 있지만, 어쨌든 현 상황에서는 개인이 노력해야만 한다. 왜냐하면 사회의 전체 시스템이 변하기를 바라면서 기다리기만 하면 개인의 희생이 클 수밖에 없기 때문이다.

사실 직장생활을 잘하면서 가족도 만족시키기란 현실적으로 힘들다. 젊은 시절에는 성공을 위해 가족에게 조금 소홀할 수도 있다. 그러나 퇴직이 가까이 다가오면 가족과의 관계를 회복하려는 노력을 기울여야 한다. 가족과의 관계 회복은 직장생활에 지장이 될 정도로 엄청난 시간을 투자해야만 가능한 것이 아니다. 항상 가족을 생각하고 소중히 여긴다는 메시지를 전하는 것만으로도 가족은 남편이나 아버지의 자리를 비워놓고 기다려줄 수 있다. 문제는 직장에 다닐 때는 가족에 대해 완전히 나 몰라라 하다가 퇴직을 하고 나서야 가족과 가까이 하려니까 문제가 생기는 것이다.

현재의 한국 중년 남자들은 가정을 그저 자신이 편히 쉴 수 있는 곳으로만 여기는 경우가 많다. 물론 직장을 다니는 상황에서야 직장생활이 힘드니까 가정에서는 쉬겠다는 생각을 하는 게 그나마 조금은 이해된다. 하지만 퇴직한 다음에도 그런 생각을 갖고 있는 것은 문제다. 젊을 때 힘들게 일해서 가족에게 경제적인 지원을 했으니 퇴직한 후에는 그 대가로 가족이 자신에게 쉴 수 있도록 해주는 게 당연하다고 생각하지만, 그게 그렇지 않은 것이다.

대부분의 한국 중년 남자들은 집에 있는 식탁의 중앙에 자신의 자리가 마런돼 있듯이 가정 내 자신의 위치도 항상 비워져 있기 때문에 언제든지 가정으로 돌아갈 수 있다고 생각한다. 과거에는 대부분 정년까지 일했고 은퇴 후 몇 년 있다가 세상을 하직하는 것이 보통이었기 때문에 이러한 사고방식이 별로 문제가 되지 않았다. 더욱이 과거에는 경제적 자립이 가정의 가장 큰 문제였기 때문에 유일한 수입원인 중년 남자의 힘이 가정에서 절대적일 수 있었다. 하지만 이제는 경제적인 문제가 여전히 중요하긴 하지만 과거와 같이 절대적이지는 않고, 가장이 조기에 퇴직하여 경제력을 상실할 수도 있으며, 설사 정년까지 일한다고 하더라도 평균수명이 길어진 탓에 퇴직 후 가족과 지내야 하는 시간이 길어졌다. 따라서 가족에게 일방적인 관계를 강요하기보다는 자연스럽게 가족과의 친밀한 관계가 형성되도록 노력하는 일이 절대적으로 필요하다.

언젠가 어느 선배로부터 들은 이야기가 생각난다. 너무나 바쁘게 회사생활을 하는 남편이 있었다. 주말도 없이 별을 보며 출근해서 별을 보며 퇴근하면서 열심히 일한 덕분에 회사에서 사장까지 승진도 하고 경제적인 기반도 어느 정도 마련했다고 한다. 그런데 그도 나이가 들어 어느덧 퇴직할 때가 다 됐다. 그래서 그는 이제까지 바빠서 아내에게 잘 해주지 못했으니 퇴직하면 같이 여행도 다니고 맛있는 것도 사주면서 아내에게 잘 해주리라고 결심했다. 드디어 이 남편이 퇴직하고는 결심한대로 다음날부터 아내를 데리고 밖에 나가 영화도 보고, 맛있는 점심도 먹고, 저녁에 같이 소주도 한잔 하면서 즐겁게 며칠을 보냈다. 그러면서 '역시 나는 멋진 남편이야. 이 정도면 아내도 만족하겠지' 라고 생각했다. 그런데 며칠이 더 지난 어느 날 이 남편이 아내를 데리고 밖에 나가려고 하는데 아내가 남편 팔을 잡더니 "여보, 오늘부터는 당신 혼자 놀면 안 돼? 나 그동안 당신하고 놀아주느라고 여러 모임에 못 갔더니 탈퇴시킨다고 난리가 났네" 하는 게 아닌가? '아니 그렇다면 그동안 내가 아내를 위해 봉사한 게 아니라 아내가 나를 위해 봉사한 거란 말인가?' 결국 남편은 허탈한 심정에 빠지고 말았다는 것이다. 그나마 이 남편의 경우는 아내와 잘 놀아주려고 노력이라도 했지만, 아마 대부분의 남편들은 퇴직한 다음에도 아내에게 세 끼 식사를 다 챙기게 하고 잔소리만 늘어놓는 게 현실이 아닐까 하는 생각이 든다.

자식들과는 아내의 경우보다 관계가 더 악화되는 수가 많다. 아버지의 입장에서 "내가 그렇게 뼈 빠지게 일해서 공부 시키고 키워 놨더니 니들이 나한테 이럴 수 있어?"라며 펄펄 뛸 수도 있겠지만, 그래봐야 아무 소용이 없다. '그건 아버지의 당연한 역할'이라고 생각하거나 '정서적으로 통하지 않는 아버지를 받아들이지 못하는 것은 어쩔 수 없는 일'이라고 생각하는 게 자식들이다. 자식들의 입장에서는 아버지가 그동안 경제력이 있다고 가족에게 큰소리쳤지만 이제는 경제력이 없어졌으니 용도폐기된 거나 마찬가지라고 생각하게 된다고 말하면 너무 지나친 표현일까? 그나마 자신의 바뀐 위치를 빨리 인식하고 자식들에게 정서적으로 다가가려고 노력한다면 쉽지는 않겠지만 서서히 자식들과의 관계가 나아질 수 있다. 하지만 아버지가 끝까지 자신의 '과거 공적'만 내세우면서 자식들에게 복종을 강요한다면 자식들과의 관계는 점점 더 나빠질 소지가 많다.

너무 안 좋은 얘기만 했으니 이제는 좋은 경우를 예로 들어보자. 나와 모임을 같이 하고 있는 K 사장은 아내와도, 자식들과도 관계가 너무나 좋다고 한다. 하루에도 몇 번씩 문자를 주고받고, 주말에는 가능하면 가족과 같이 지내려고 노력한다. 그래도 사업상 골프 등 접대를 위해 주말을 비우는 경우가 있지만, 그런 날에도 가능하면 일찍 집에 들어가려고 노력한다. K 사장이 자식들과 갖는 특별한 이벤트가 있다. 첫눈이 내리는 날이면 무조건 온 가족이 모이기로 약속한 것이다. 중요한 손님과 약속이 있어 식사를 하는 도중이라도 첫눈이 내리면 양해를 구하고 가족에게 달려간다고 한다. 그렇게 하면 사업에 지장을 받는 거 아니냐고 반문할 수도 있다. 하지만 K 사장의 얘기로는 사업상 중요한 상대를 접대하고 있을 때 첫눈이 내릴 경우 사정을 얘기하면 부러워하면서 자기더러 얼른 가보라고 오히려 채근한다고 한다. 그런 상대는 K 사장을 인간적인 사람으로 보게 되므로 K 사장의 입장에서는 그렇게 하는 것이 사업에 지장을 주는 게 아니라 오히려 도움이 된다고 한다. K 사장의 일화를 통해 내가 느낀 것은 '아버지가 바쁘게 지내고 있지만 가족을 정말로 소중하게 생각하고 있다'는 감성적인 메시지를 보내는 것이 가족과의 관계에서 아주 중요하다는 것이다.

퇴직하고 나면 가족과의 관계, 특히 부부관계가 행복하게 사는 데서 크나큰 비중을 차지한다. 특히 한국에서는 주로 어머니가 자녀들과 감성적으로 통하기 때문에 가정에서 아버지가 소외될 수밖에 없다. 따라서 아버지가 가족과 원만한 관계를 유지하기 위해서는 앞에서 예로 든 K 사장의 경우처럼 가족에 대해 경제적 역할을 하는 것 외에 감성적인 접근을 하려는 노력이 필요하다. 가족에게 다가가기 위해서는 자신에게 맞추라고 가족에게 강요할 것이 아니라 자신이 가족을 이해하고 가족에게 맞추려고 노력해야 한다.

행복과 관련한 연구의 결과는 어느 것이나 다 공동체와의 관계, 특히 가족과의 좋은 관계가 행복에 큰 영향을 미친다고 보고한다. 가족과의 관계가 좋으면 건강도 좋아질 가능성이 커진다고 한다. 실제로 병원에 입원해서 수술을 받은 환자들을 조사해보니 가까운 사람이 곁에 있는 경우 훨씬 더 빨리 건강을 회복하는 것으로 나타났다. 퇴직이 가까워지면 가족과의 감성적인 관계를 회복하는 것이 필수적이라는 사실을 꼭 명심하자.

나는 친구가 많아서 외롭지 않을 거야?

퇴직하고 나이가 들면 들수록 주위 사람들과 원만한 관계를 유지하는 것이 더욱더 중요하다. 이러한 사실은 여러 연구결과에서도 나타난다. 존스홉킨스대학 연구소의 제임스 린치 박사는 미국인의 사망원인 중 첫 번째가 외로움이라고 주장한다. 혼자 살게 되면 타인과 같이 사는 경우에 비해 조기사망률이 2배 내지 10배 정도 높아진다는 것이다. 장수하는 노인들의 공통점 중 하나가 바로 가족이나 지역공동체와 친밀한 관계를 유지하는 것이라는 사실이 그의 주장을 뒷받침한다. 친구가 없는 사람은 감기도 더 심하게 앓는 것으로 조사됐다. 경동맥 질환을 앓는 환자들을 대상으로 실시한 또 다른 연구에서는 친구나 친척이 없는 환자 중에서는 절반이 5년 안에 사망했는데, 이런 사망률은 배우자나 친구가 있는 환자의 사망률보다 세 배나 높은 것이었다. 이러한 연구결과는 주위 사람들과 원활한 관계를 유지해서 그들로부터 친밀한 지원을 받게 되면 다양한 신체적, 정신적 위협으로 인한 스트레스로부터 보호받을 수 있기 때문으로 분석되고 있다.

퇴직하고 나면 시간이 갑자기 많이 남게 되어 친구를 찾게 된다. 물론 일차적으로는 가장 가까이에 있는 가족, 그중에서도 특히 아내와 같이하는 시간이 가장 길어지겠지만, 주체할 수 없을 정도로 시간이 많아지므로 그동안 소홀히 했던 친구를 자연스럽게 찾게 된다. 친구를 분류하는 것이 좀 우습기는 하지만 구태여 분류하자면, 직장생활과 관련하여 알게 된 친구들이 아마도 가장 많을 것이다. 그 다음으로는 옛날부터 알고 지내온 동창이나 고향친구들이 있을 것이다. 마지막 세 번째 부류는 퇴직 후 새로운 인연으로 만나게 된 친구들이다.

퇴직하는 순간 가장 먼저 찾게 되는 친구들은 직장생활과 관련하여 알게 된 사람들일 것이다. 하지만 직장생활과 관련하여 알게 된 친구들과 퇴직 후에도 지속적인 관계를 유지할 수 있을까? 물론 그럴 수도 있지만, 실제로 그런 경우는 아마 아주 드물 것이다. 일단 직장생활과 관련하여 알게 된 친구들은 퇴직과 함께 멀어진다고 생각하는 게 속이 편할 것이다. 물론 퇴직 후에 연락을 하면 한두 번은 만나서 애기도 들어주고, 저녁도 사주고, 술도 사줄 것이다. 하지만 지속적으로 그런 호의를 베푸는 경우는 거의 없다고 보면 틀림이 없다. 아마도 몇 번 만나다보면 친구들이 자신을 피하는 것을 알게 될 것이고, '니들이 나한테 이럴 수가 있어?' 하며 분을 삭이고 있는 자신을 발견하게 될 것이다. 하지만 아무리 분노하고 원망해봐야 소용이 없다. 직장생활을 통해 만난 친구들은 어차피 직장에서의 이해관계에 의해 맺어진 인연이고, 따라서 직장생활이 끝나면 정리될 수밖에 없는 것이 당연하기 때문이다.

물론 직장에서도 한두 사람 정도는 이해관계를 떠나 인간적인 관계로 이어질 수 있지만, 자신만 퇴직하고 상대는 계속 직장을 다니고 있다면 시간이나 장소의 제약 때문에 어차피 멀어질 수밖에 없다는 점을 이해해야 한다. '몸이 멀어지면 마음도 멀어진다'고 하지 않는가. 이해관계로 만난 사이에서 이해관계가 없어지면 그 사이는 멀어지는 것이 당연하다. 그러니 직장생활을 하면서 아무리 많은 사람들을 알고 있었다고 하더라도 퇴직하면 그와 동시에 만나는 사람들을 재정리해야 한다는 생각을 가지는 게 옳은 태도다.

퇴직하고 나서 직장에서 만났던 친구들과 점차 멀어지면서 찾게 되는 것이 옛날 친구들이다. 나이 50이 넘어가면 거의 40년간 만나지 못했던 초등학교 동창들을 찾게 된다. 50대 이상 세대에서 초등학교 동창회가 활성화되는 것도 바로 이런 이유에서다. 퇴직하고 나서 그리운 옛날 친구를 만나는 것도 나름대로 의미가 있지만, 퇴직 후 생활에 활력을 불어넣기 위해서는 새로운 친구들을 사귀려는 노력이 무엇보다 필요하다. 나이가 들면 어릴 때 먹었던 음식이 생각나듯이 어릴 적 친구들이 생각나는 게 당연할 수도 있지만, 그런 과거로의 회귀는 뇌의 퇴화를 가져올 수 있기 때문에 꼭 바람직한 것만은 아니다. 그러므로 동창회 모임에 가더라도 예전에 친했던 친구들과만 어울리기보다 예전에는 잘 몰랐던 친구들을 사귀어보려고 노력하는 게 좋다. 더 나아가 종교 모임이나 동호회 모임을 통해 새로운 친구들을 사귀도록 노력할 필요가 있다.

새로운 친구를 사귀는 데 가장 중요한 것은 열린 마음이다. 나이가 들면서 새로운 친구를 잘 사귀지 못하게 되는 것은 바로 자신의 주장을 강하게 내미는 반면에 상대를 잘 받아들이지 못하는 닫힌 마음 때문이다. 자신의 경험을 앞세워 다른 사람들을 가르치려고 하거나 다른 사람들의 생각이나 태도를 고치려고 하는 것은 주위와의 관계를 가로막는 가장 큰 걸림돌이다. '나이가 들수록 입은 다물고 지갑은 열어야 주위로부터 환영을 받는다' 는 말을 명심할 필요가 있다.

특히 직장생활을 오랫동안 해온 남자는 영리라는 목적을 위해 모인 기업 조직에서 일하는 것에만 익숙해져 있기 때문에 개인적인 사소한 관계를 맺는 데 어려움을 겪는 경우가 많다. 하지만 퇴직 후 삶에서는 사소한 일상적인 관계가 행복을 찾는 데 가장 중요한 요소라는 점을 인식하고 개인적인 관계나 지역적인 네트워크를 만드는 것의 중요성을 인식해야 한다. 이런 인식의 전환이 잘 이루어지지 않으면 가족과의 관계도 엉망이 되고, 주위와 새로운 관계를 맺는 데도 어려움을 겪을 가능성이 커진다. 이런 상태가 점점 더 심해지다 보면 주위로부터 점차 기피의 대상이 되고, 스스로 왕따를 당하고 있다는 피해의식에 젖게 되어 갈수록 주위를 더 멀리하는 악순환에 빠질 염려가 있다.

나는 50세를 넘기면서 우연한 기회에 인터넷 모임에 합류할 기회를 갖게 됐다. 물론 이 기회도 그냥 생긴 것이 아니라 내가 책을 읽기 시작하면서 어떤 책의 저자강연회에 참석해 그 저자와 얘기를 나누고 명함을 교환한 것이 계기가 됐다. 그 일이 있고 얼마 있다가 그 저자가 인터넷 모임의 운영자를 맡게 됐고 그가 나에게 참여를 권유하여 자연스럽게 참여하게 된 것이다. 만약 내가 적극적으로 그 저자의 강연회에 참석하지 않았거나, 참석했더라도 그 저자와 인사를 하고 명함을 교환하지 않았거나, 그 저자로부터 참여 권유를 받았을 때 거절했더라면 그 인터넷 모임에 참여하지 못했을 것이다. 나는 그 인터넷 모임에 참석하면서 여러 사람들을 만나게 됐고, 이를 계기로 내가 관심이 있는 다른 인터넷 모임에도 자연스럽게 참석하면서 점차 만나는 사람들의 폭도 넓어지게 됐다. 지금은 내가 직접 인터넷 모임을 만들어 운영할 정도로 장족의 발전을 했다. 인터넷 모임을 운영하면서는 자연스럽게 페이스북과 트위터도 하게 됐고, 인터넷 모임을 통해 여러 사람들과 인터넷 친구 관계를 맺기도 했다(그 뒤 나는 슬로 라이프의 생활패턴을 실천하기 위해 트위터는 포기했고, 페이스북은 최소한으로만 하게 됐다).

인터넷 모임을 통해 새로운 친구들을 사귀면서 느낀 점은 '참 세상이 많이 달라지고 있구나' 하는 것이다. 예를 들어 옛날 같으면 50이 넘은 나에게

10대나 20대가 친구 하자고 할 수 있겠는가? 하지만 지금은 인터넷을 통해 자연스럽게 친구 신청이 오고 나도 기꺼이 수락한다. 하긴 친구라는 말의 의미 자체가 달라진 게 아니냐고 하면 더 할 말은 없다. 앞으로는 오프라인에서 대화를 나누고 같이 술을 마시는 친구만이 친구가 아닌 세상이 될 거라고 나는 생각한다. 그런 세상에 익숙해지려는 노력을 하는 것도 나이 든 우리가 해야 할 큰 의무라고 생각한다. 과거처럼 자신이 쌓은 경험을 젊은이들에게 나눠주면서 남은 인생을 즐기려는 자세로는 우리의 퇴직 후 삶이 비참해질 수밖에 없을 것이다. 새로운 세상을 알아가는 것도 퇴직 후 50년 이상을 더 살아야 하는 우리에게 큰 기쁨이 될 거라는 생각을 해본다.

건강은 의사가 지켜줄 거야?

나이 들어 퇴직할 즈음이 되어 가장 많이 고민되는 것은 돈과 건강일 것이다. 행복을 위해서는 일과 가족, 주위와의 관계 등 여러 가지 다양한 여건이 충족돼야 한다. 그런데 그중에서도 돈과 건강이 가장 현실적이고 기본적인 여건일 것이다. 돈과 건강은 서로 밀접하게 연관된 것이기도 하다. 돈 걱정을 많이 하는 사람들의 얘기를 들어보면, 그나마 건강할 때는 돈을 절약해 쓰면 되기 때문에 그리 크게 걱정되지 않는데 몸이 아프게 되면 목돈이 들어가기 때문에 노후가 많이 걱정되어 미리 돈을 축적해 놓아야겠다는 생각을 하게 된다는 것이다. 그렇다면 결국은 건강하기만 하면 돈에 대한 걱정도 그리 많이 할 필요는 없다는 얘기다. 나이 들어서는 건강이 가장 중요한 문제인 셈이다.

이처럼 퇴직한 뒤에는 건강이 가장 중요한데, 실제로는 퇴직 후 건강이 더 나빠질 가능성이 높다는 게 문제다. 퇴직할 즈음은 육체적으로 이미 전성기를 넘어 쇠락하는 시기이고, 젊은 시절에 몸을 혹사한 결과가 나타나는 시기이기도 하다. 더욱이 퇴직하게 되면 생활리듬이 갑자기 바뀌어 건강이 더 안 좋아지는 경우가 많다. 그렇기에 퇴직 후 건강을 챙기면서 가장 먼저 해야 할 일이 규칙적인 생활리듬을 찾고 유지하는 것이다. 그런데 건강도 건강할 때 챙겨야 한다는 말대로, 퇴직 후 규칙적인 생활리듬을 가지려면 젊은 시절부터 규칙적인 생활습관을 가져야 한다. 규칙적인 생활습관의 시작은 잠자고 일어나고 식사하는 것을 규칙적으로 하는 것이다. 직장생활을 하다보면 규칙적인 생활을 하기가 힘들긴 하지만, 그래도 조금이라도 노력해야 한다. 직장에 충성하느라 불규칙한 생활을 계속하다가 건강이 나빠지면 직장에서 내쫓기는 게 현실이다. 따라서 직장생활을 오래 하기 위해서라도 규칙적인 생활을 해야 한다.

퇴직한 뒤에 규칙적인 생활을 하겠다고 생각하는 경우가 있지만, 실제로는 오히려 퇴직한 뒤에 규칙적인 생활을 하기가 더 힘들다. 직장생활을 할 때는 출근시간만큼은 지켜야 하기 때문에 아침에 억지로라도 일어나고, 낮에 일하느라고 피곤해지기 때문에 밤에 자연스럽게 잠을 자게 되어 강제적으로라도 어느 정도는 규칙적인 생활을 하게 된다. 하지만 퇴직하고 나면 아침에 늦게 일어나도 되고, 낮에 하는 일이 없어 빈둥거리다보면 밤에 잠이 얼른 오지 않아 늦잠을 자게 되어 불규칙인 생활을 하게 된다. 그러다 보면 식사부터 불규칙해진다. 게다가 운동량이 적은데 식사를 꼬박꼬박 하다보면 배가 나오게 되어 당뇨, 고혈압 등의 질병에 걸리게 된다. 그러니 퇴직한 후 규칙적인 생활을 하려면 직장에 다닐 때보다 훨씬 더 많은 노력을 해야 한다. 낮에는 TV만 보지 말고 다른 활동을 하고, 적은 월급이라도 받으면서 일을 하거나 봉사활동을 하면서 육체적으로 피곤해지도록 해야 한다. 그래야 밤에 잠을 푹 잘 수 있다.

퇴직할 나이가 되어 건강을 챙기려고 할 때 고민해야 할 문제 중 하나는 건강검진이다. 내 주위의 친구들 몇 명도 건강검진을 받다가 대장에서 작은 용종이 발견되어 떼어냈다. 나도 언제부턴가 국민건강보험공단에서 건강검진을 받으라는 통지가 오기 시작했다. 40세 이상이 되면 아무래도 건강이 안 좋아지기 시작하니 미리 건강검진을 받아서 큰 병을 막으라는 취지에서 국민건강보험공단이 그런 통지를 보내는 것이라고 나는 이해하고 있다. 이는 호미로 막을 것을 가래로 막아야 하는 처지가 되지 말자는 것이니 환영할 일이다. 적은 돈만 들여서 건강을 미리 챙기면 국민들은 계속 건강하니 좋고 국민건강보험공단은 돈을 절약할 수 있으니 좋을 것이다. '누이 좋고 매부 좋고'라는 속담은 이럴 때 쓰는 것이라고 생각된다. 그런데 필수 건강검진 항목들은 몇 가지 간단한 검사로 끝나게 돼있고, 내시경 검사 등 비싼 검사항목들은 본인이 비용을 일부 부담하는 선택사항으로 돼있다. 나도 이제까지 국민건강보험공단에서 실시하는 건강검진을 몇 번 받았는데, 그때마다 선택사항으로 돼있는 내시경 검사를 꼭 받아야 하는지를 놓고 고민했다. 그러다가 나는 몇 년 전부터 건강검진을 받을 때 필수항목들만 받고 선택사항들은 받지 않고 있다.

내가 이런 결심을 하게 된 데는 몇 가지 이유가 있다. 우선 과거에 십이지장 출혈 때문에 위 내시경 검사를 몇 번 받고 대장 내시경 검사도 한 번 받았는데, 그때의 불편했던 기억이 나를 망설이게 했다. 특히 대장 내시경 검사를 받을 때 기구를 항문으로 집어넣고 꾸불꾸불한 장을 따라 이리저리 조정할 때마다 아랫배에서 느껴지던 불편한 느낌은 지금도 잊히지 않는다. 물론 요즘은 검사기구가 작아지고 검사기술도 발달해 그런 불편이 많이 줄었다고 한다. 특히 수면 내시경 검사의 경우 잠자고 있는 동안 검사가 끝나므로 걱정할 일이 없다고 한다. 하지만 수면 내시경 검사라는 게 결국은 마취제로 잠을 재우는 것인데 몸에 좋을 게 있을까 하는 생각을 하게 된다. 특히 검사를 받기 위해 미리 이런저런 약을 마시고 장을 비우는 과정은 아무리 생각해도 몸에 좋지 않을 거라는 생각이 든다. 이런 검사를 자주 받다보면 없던 병도 생길 것 같다는 게 나의 좁은 소견이다.

　　내가 내시경 검사 등 선택사항으로 돼있는 항목들을 검진 받지 않겠다고 결심한 또 다른 이유는 '만약 그래서 암이 발견되면 어쩌란 말인가?' 라는 생각에 있다. 물론 운 좋게도 대장암 증세를 아주 초기에 발견하여 절제수술을 통해 암의 뿌리를 없앨 수 있으면 얼마나 좋으냐고 반문할 수도 있다. 사실 많은 돈을 들이고 불편도 감수하면서 건강검진을 받는 목적이 바로 조기발견을 통한 예방이다. 하지만 암을 조기에 발견할 확률은 아주 낮은 편이라는 게 내 생각이다. 암이 말기에 가까워진 상태로 병원을 찾은 환자에게 의사가 "왜 일찍 병원에 와서 진단을 받지 않으셨어요?"라며 안타까움을 표시하는 경우가 많다. 그런데 일찍 병원에 가면 암을 초기에 발견할 확률이 높을까? 내가 좋은 자연환경에서 즐거운 생활을 한다면 암을 초기에 발견하지 않더라도 내 몸이 알아서 그 암을 물리쳐주지 않을까 하는 것이 내 생각이다.

　　만약 말기에 가까운 암이 발견됐거나 말기는 아니더라도 치유가 어려운 상태로까지 진전된 암이 발견된 경우라면 참으로 난감한 처지가 될 것이다. 물론 병원에서야 수술도 받고, 방사선 치료도 받고, 화학요법 처치도 받으라고 권유할 것이다. 하지만 그런 조치들이 단지 생명을 조금 더 연장하는 정도의 효과만 있다면 그렇게 하는 것이 무슨 의미가 있을까? 병원에서 수술, 방사선 치료, 화학요법 처치를 받으면서 몸이 만신창이가 되느니 차라리 암을 나중에 발견하고 그냥 조금 더 일찍 죽는 게 낫지 않을까? 각종 치료를 받으면서 머리카락이 빠지고 기진맥진해진 상태로 병원 침대에 누워 생명을 얼마간 더 연장하는 게 무슨 의미가 있을까? 게다가 가족에게 마음의 고통은 물론 경제적인 고통까지 안겨준다면 조금 더 오래 산다는 게 무슨 의미가 있을까?

　　나는 불편을 감수하고 고생하면서 건강검진을 받았다가 혹시 심각한 병이 발견되어 병원 침대에 누워 생명연장 장치에 의존하면서 남은 생을 살고 싶지는 않다. 그래서 나는 수시로 건강검진을 받기보다 불치의 병에 걸리지 않도록 평소에 즐거운 마음으로, 자연과 함께, 자연식을 먹으면서 지내려고 한다. 사소한 병에 걸리면 그 병과 친구처럼 지내고, 불치의 병에 걸리면 그 병을 그냥 받아들이고 남은 시간이나마 소중하게 쓰기 위해 노력할 것이다.

늙어서 생기게 마련인 병들은 차라리 '모르는 게 약'이라는 게 내 생각이다. 전에 어디에선가 '천수암(天壽癌)'이라는 말을 들은 적이 있다. 늙어서 죽은 사람이 있었는데 나중에 무슨 일이 있어서 그의 주검을 해부해보았더니 몸속에 암이 있었더라고 한다. 그런 암이 바로 천수암이다. 젊을 때 암이 생기면 빠른 속도로 퍼진다. 하지만 나이가 들면 세포분열 속도가 느려져서 암도 빨리 자라지 못한다. 그러니까 나이가 들면 암에 걸리더라도 전이속도가 빠르지 않으니 그냥 암과 사이좋게 공존하면서 살아도 문제 될 게 없다는 것이 천수암이라는 말의 의미일 것이다. 나도 암과 그냥 사이좋게 지내고 싶다. 실제로 우리 몸속에서 암이 수시로 생겼다가 저절로 사라지기를 반복한다고 하지 않는가. 다만 우리 몸의 면역체계가 약해지면 생겨난 암이 사라지지 않고 점점 더 커지는 게 문제일 뿐이다. 따라서 암이 생겼다가도 저절로 사라지게 할 수 있을 정도로 건강한 환경에서 마음 편하게 살면 모든 문제가 저절로 해결될 것이다. 건강이란 병에 걸리지 않기 위해 발버둥 쳐서 얻어지는 게 아니라 병이 왔다가도 자연스럽게 사라지도록 몸과 마음을 편안하게 하는 데서 얻어지는 것이라고 생각한다.

만약 내가 '행복한 시니어 공동체'에서 살게 되면 내가 하고 싶은 일을 적당히 할 수 있을 것이고, 좋은 사람들과 함께 재미있게 지내면서 좋은 공기를 마시고 유기농 건강식품을 먹을 것이다. 그러면 굳이 건강검진을 받지 않더라도 건강하게 살 수 있으리라고 나는 확신한다. 그렇게 함에도 불구하고 암이나 불치의 병에 걸려서 세상과 하직해야 한다면 그건 나의 숙명이라고 받아들일 것이다. 사소한 병에 걸리면 병과 친구 하면서 지내고, 불치의 병에 걸리면 그걸 그냥 받아들이면서 남은 시간을 소중하게 쓰기 위해 노력할 것이다.

물론 건강검진을 받지 않겠다는 내 생각에 반대하는 사람도 많을 것이다. 건강검진을 받을지 말지는 각자가 자유로이 선택할 일이기 때문에 옳다 그르다 하고 일률적으로 재단할 필요는 없다고 생각한다. 하지만 퇴직한 뒤에도 자신의 건강을 스스로 챙기지 않고 건강은 의사에게 맡기면 된다는 식의 사고방식을 갖고 있다면 그건 고쳐야 한다.

병원에서 치료하는 것이 효과적인 것은 대개 세균에 의한 전염병이나 다쳐서 얻은 상처다. 나이 들어 퇴직한 뒤에 생활습관 때문에 생기는 병은 자신이 스스로 노력해서 막아야 한다. 우리 몸은 제대로 돌봐주기만 하면 저절로 면역력이 생겨나 암도 저절로 낫게 돼있다. 문제는 우리 자신이 건강에 좋지 않은 음식을 먹고 운동도 제대로 하지 않아 몸을 제대로 기능하지 못하게 만드는 데 있다. 젊은 시절에야 몸을 혹사하더라도 골병은 들지언정 견뎌낼 수 있지만 나이가 들면 그렇지 않다. 퇴직한 뒤에는 건강도 스스로 노력한 만큼 결과가 나온다는 사실을 명심할 필요가 있다.

2장

현재를 받아들이자

퇴직 후 행복하기 위해 가장 중요한 것은 무엇일까? 돈, 건강, 일 등 여러 가지 조건이 있겠지만, 가장 중요한 것은 현재의 자신을 있는 그대로 받아들이는 것이라고 생각한다.

나이가 들어 퇴직하면 변하는 것이 너무도 많다. 우선 그동안 자신과 동일시해온 직장에서의 직위와 그 덕분에 누려온 사회적 지위를 모두 잃게 된다. 몸도 예전 같지 않아 여기저기 삐걱거리는 소리를 내기 시작한다. 머리카락이 빠지거나 하얘지고, 얼굴에 주름이 늘어간다. 생각하는 것도 예전 같지 않아 두뇌회전이 느려졌음을 새삼 느끼게 된다. 집 밖으로 나섰다가 '내가 지금 어디를 가려고 나온 거지?' 하는 생각이 들어 당황하는 경우도 점점 많아진다. 밤새 술을 마시고도 다음날 그럭저럭 견디던 몸이 이제는 더 이상 그래서는 견딜 수 없다는 듯 늘어질 때는 허망한 생각이 들게 된다.

하지만 잃는 게 있으면 얻는 것도 있게 마련이다. 청년기가 파릇파릇한 녹색 들판이라면 중년은 풍성함이 가득한 황금색 들판이다. 젊은 시절의 삶이 성공을 향한 달음박질이었다면 퇴직 후의 삶은 여유와 행복의 향유다. 안락한 의자에 느긋하게 앉아 뛰노는 아이들을 바라볼 수 있는 것이 퇴직 후 삶이다. 휴대폰으로 문자를 보내는 속도가 젊은이보다 느리다고 한탄할 게 아니다. 한 마디라도 인생의 노련함이 듬뿍 담긴 의미 있는 문자를 보내겠다고 생각하는 게 좋지 않을까.

우리는 '젊음은 아름다움과 풍요, 늙음은 추함과 빈곤' 이란 공식이 마치 진리인 것처럼 떠돌아다니는 '젊음 지향적 문화' 에 익숙해졌다. 하지만 행복은 어떤 조건에 의해 주어지는 것이 아니다. 내가 나를 스스로 인정할 때 느끼는 상대적인 감정에 의해 주어지는 것이다. 다시 말해 흘러간 과거를 그리워하거나 현재의 나를 스스로 인정하지 않을 때는 결코 행복할 수 없다. 따라서 퇴직 후에 행복하기 위해서는 눈앞에 닥친 현실을 직시하고 그대로 받아들이는 자세가 무엇보다 필요하다. 이는 물론 현실에 안주하여 주저앉으라는 얘기가 아니다. 현재를 직시하고 현재를 발판으로 행복을 쌓아올려야 한다는 얘기다.

나의 중년을 사랑하자

나는 나의 중년을 사랑한다. 아니 사랑하는 정도를 넘어 나의 중년을 예찬한다. 물론 '청년 예찬'은 들어봤어도 '중년 예찬'이라니 너무 과장하는 것 아니냐고 생각할 수도 있다. 하지만 나는 행복이라는 측면에서 보면 중년이 인생에서 가장 좋은 시기라고 확신한다. 실제로 인생에서 언제가 가장 행복한가를 조사해보면 50세부터 80세 정도까지가 가장 행복한 시기라고 한다.

유년기와 청년기는 무한한 가능성이 있기에 아름다운 것이 사실이지만, 실제로 행복한 시기일까? 나는 유년기와 청년기로 돌아갈 수 있다고 하더라도 돌아가고 싶지 않다. 오히려 자식들도 다 크고 스스로는 세상에 대해 어느 정도 아는 중년인 지금 시기가 가장 좋다. 개인적으로는 집안이 너무나 가난해서 끼니를 걱정해야 했던데다 명절 때가 아니면 새 옷을 구경하기도 힘들었던 어린 시절의 고통을 다시 겪어낼 자신이 없다는 게 가장 큰 이유다. 하지만 과거와 같이 가난한 상황에서가 아니라 지금과 같이 풍요 속에서 어린 시절을 보내게 된다고 해도 내 생각은 같다. 요즘 아이들을 보노라면 어린 시절을 다시 겪어낼 자신이 없기는 마찬가지다.

이런 현실적인 이유 외에 내가 중년을 예찬하는 또 다른 이유가 있다. 그것은 중년이 행복을 선택할 권리가 있는 시기라는 것이다. 청년기가 금전적인 수입을 위해 억지로라도 일해야 하는 시기라면 중년기는 자신이 하고 싶은 일을 할 수 있는 시기이기 때문이다. 가족을 부양하고 외형적인 성공을 이루기 위해 악착 같이 뛰는 시기가 청년기라면 자신만을 위해 쓸 수 있는 소중한 시기가 바로 중년기가 아니겠는가?

나의 경우 학생 때에는 공부를 하느라고 힘들기도 했지만 학비를 벌기 위해 입주과외를 해야 했고, 내 학비 부담이 커서 동생들은 제대로 학교도 다니지 못할 정도였다. 그후 대학원에 진학해서는 학비를 대기 위해 기업으로부터 장학금을 받았고, 그 대가로 약속한 의무근무를 위해 5년 동안 삼척에서 공장생활을 했다. 또한 내 아이들을 뒷바라지하기 위해 스트레스를 받으면서 회사에 다녔고, 회사에서 퇴출된 뒤에는 사업을 하느라 힘든 시기를 보냈다.

하지만 이제는 아이들도 다 컸으니 스트레스를 받으면서 회사에 다닐 이유가 없다. 그래서 이제는 내가 좋아하는 책도 읽고, 원고도 쓰고, 강연도 다니고, 여러 모임에도 나가고 있다. 중년에는 이렇게 내가 하고 싶은 일만 해도 되니 얼마나 좋은가. 내가 지금 중년을 맞아 행복한 것은 내가 하고 싶은 일이 무엇인지를 나 스스로 알고 있고, 용감하게 그 일을 하고 있기 때문이다. 나는 행복하기 위해 지금도 내가 좋아하고, 하고 싶은 일들을 하고 있지만 앞으로도 그런 일들을 계속 찾아내고, 그런 일들을 할 것이다.

인생을 계절에 비유하면 중년은 가을에 해당한다. 사계절 중 어느 계절이 좋으냐고 묻는다면 사람마다 다 다르게 대답할 것이다. 어떤 사람은 동면했던 뭇 생명이 되살아나듯 깨어나 움직이는 봄이 좋다고 할 것이고, 또 어떤 사람은 세상이 온통 무성한 나뭇잎으로 가득 차는 여름이 좋다고 하겠지만,

나는 가을이 가장 좋다. 왜냐하면 가을은 마무리를 하는 소중한 시기이기 때문이다. 봄의 생명력도, 여름의 치열함도 모두 가을의 추수를 준비하는 과정이 아니겠는가.

내가 가을을 좋아하는 또 다른 이유는 단풍에 있다. 물론 가을 단풍은 볼 때는 좋지만 금방 떨어질 것이기 때문에 쓸쓸함이 묻어나서 싫다고 하는 사람도 있다. 하지만 나는 가을 단풍의 속성이 좋고, 그래서 가을 단풍을 좋아한다. 가을 단풍은 성장의 상징인 녹색을 버리고 자신만의 고유한 색을 나타낸다. 그래서 가을 단풍은 예쁘다. 만약 나무가 녹색을 고집한다면 아름다운 색깔의 단풍이 겉으로 드러날 수 없다. 우리의 중년이 아름답기 위해서도 청년 시기의 치열함을 버리고 자신만의 아름다움을 드러내야 한다.

이런 생각에서 나는 요즘 젊었던 시절의 화려함을 버리고, 은근하지만 아름다운 나 자신을 찾아내어 드러내려고 노력하고 있다. 가을 단풍 같은 나의 아름다움이 무엇인지는 아직 확실하지 않다. 중년에 접어든 뒤 그동안 읽은 책에서 얻은 지식과 젊은 시절에 배운 공학적인 지식이 합쳐진 그 무엇일 수도 있을 것이고, 남에게 모진 말을 잘 하지 못하는 나의 우유부단함일 수도 있다. 나의 아름다움을 보여줄 나의 단풍 색깔이 무엇인지는 나 자신이 이제부터 부지런히 찾아야 하고, 이것은 나의 몫이다. 나는 그것을 이미 조금은 찾아냈고, 앞으로는 더 많이 찾아낼 수 있을 거라고 확신하고 있다.

가을이라는 계절이 쓸쓸하듯이 나도 중년에 접어들면서 우울할 때가 많아졌다. 하지만 중년의 우울은 세상의 성공만을 위해 열심히 뛰던 자세를 버리고 이제는 나의 내면을 들여다보라는 신호라고 생각한다. 중년에 진정으로 행복하기 위해서는 자신의 내면을 들여다보는 노력이 필요하다. 나의 내면을 들여다봄으로써 나에게 진정으로 필요한 것이 무엇인지를 발견할 수 있기 때문이다. 인간의 행복은 외부적인 조건에 있지 않고 내 마음속에 있다고 생각한다. 내 마음속에 있는 행복을 찾기 위해서는 나의 내면을 찬찬히 들여다볼 필요가 있다. 그동안 무엇인가를 열심히 해보려고 휘젓고 다니느라 스스로 흙탕물로 만들어놓은 나의 내면을 차분히 가라앉혀서 거기에 무엇이 있는지를 살펴볼 요량이다.

물론 중년이 되면 생각하기에 따라서는 나빠지는 것도 많이 있다. 육체적 쇠퇴도 그중 하나다. 그러나 그것마저도 인정하고 사랑할 수 있어야만 행복할 수 있다. 나이가 들어 눈이 잘 안 보이는 것은 '대충 전체적인 것만 보라'는 의미다. 나이가 들어 귀가 잘 안 들리는 것은 '남이 하는 얘기의 큰 의미만 알아들어라' 는 의미다. 물론 말은 이렇게 하지만 그게 쉽지는 않다는 것을 세월이 갈수록 점점 더 분명히 느끼게 된다. 눈이 잘 안 보이니까 이마에 주름을 잡아가면서 악착같이 보려고 하고, 잘 안 들리는 자기 귀를 탓하는 게 아니라 큰 소리로 똑똑하게 말하지 않는 젊은이들을 나무라게 된다. 눈과 귀만의 문제가 아니다. 갈수록 같은 이야기를 자꾸 반복하게 된다. 젊은이들의 태도가 못마땅해서 잔소리를 하고 싶어 입이 달싹거리는 것을 참느라고 힘들 때도 한두 번이 아니다.

나를 포함한 남자들이 나이가 들수록 자신감을 잃는 가장 큰 이유 중 하나로 성적 능력의 감소를 들 수 있다. 오죽하면 "어떤 상품이든 남자에게는 정력에 좋고 여자에게는 피부에 좋다고 하면 잘 팔린다"는 말이 나오겠는가. 물론 성적 능력이 떨어진다는 것은 노화가 시작되었다는 말이니 그리 기분 좋은 현상은 아니다. 나도 요가나 등산 등 정상적인 방법을 통해 체력을 향상시킴으로써 자연스럽게 성적 능력을 유지하려고 노력한다. 그러나 몬도가네식 혐오식품을 먹어서 성적 능력을 유지하려고 하는 것에는 반대한다. 또 어떻게 보면 성적 욕망이 감소하는 것을 슬퍼하면서 발버둥만 칠 게 아니라 나이가 들어감에 따라 본능적 욕망에서 해방되어 자유로워짐을 기뻐하는 게 나을 수 있다고 생각한다. 이제는 예쁜 여자가 지나가도 욕망의 대상이 아니라 예술적인 대상으로 삼을 수 있으니 이 얼마나 행복한 일인가.

누군가가 나에게 젊은 과거로 돌아가고 싶으냐고 물으면 나는 단호히 "아니요"라고 대답할 것이다. "그렇다"라고 아무리 대답해도 어차피 젊은 과거로 돌아갈 수 없기 때문이기도 하지만, 지금 현재의 삶을 즐길 수 없다면 젊은 과거로 돌아가더라도 행복할 수 없기는 마찬가지일 것이기 때문이다. 나는 나의 중년을 사랑한다. 그리고 앞으로 닥쳐올 나의 노년도 사랑할 것이다.

머리를 염색하면 젊어지나

나는 어릴 때부터 머리숱도 많았지만, 유난히 새치도 많았다. 그래서 그런지 어릴 때 별명이 하르방(제주 사투리로 할아버지)이었다. 물론 나 스스로는 이 별명이 내 머리에 새치가 많기도 했지만 말이 없고 하는 행동이 좀 어른스 러워서 붙여졌던 것이라고 생각하고 있다.

아무튼 젊었을 때도 새치가 많았지만 나이가 들수록 새치가 급속히 많아 져서 40세를 넘기면서부터는 머리털이 새치 수준을 훨씬 능가하는 정도가 됐다. 물론 나는 아직도 내 머리에 검은 머리털이 많다고 우기지만, 오랜만에 보는 사람들은 나에게 얼굴은 그대로인데 머리만 하얘졌다면서 염색을 하라 고 권하곤 한다. 물론 대부분은 직접적으로 "염색 좀 하지 그래"라고 말하기 보다는 "염색을 하면 훨씬 젊어 보일 텐데……"라고 은근히 안타까움을 표시 하는 수법을 동원한다. 그러면 나는 어느 선견지명 있는 분이 했다는 말을 인 용하면서 머리 염색을 단호히 거부한다. 그 말은 이것이다. "대머리가 어울 리는 사람은 대머리가 되고, 흰머리가 어울리는 사람은 흰머리가 된다." 그 러면서 나는 벌써 흰색으로 머리 염색을 했노라고 우기곤 한다. 또 내가 머리 염색을 해서 지금보다 훨씬 젊게 보이면 중고등학생들이 친구인 줄 알고 맞먹으려고 하면 어떡하느냐고 짐짓 너스레를 떨기도 한다.

실제로 나는 머리 염색을 할 생각이 추호도 없다. 추호도 없다는 얘기는 해볼까 하는 생각 자체를 한 번도 해본 적이 없다는 얘기다. 앞으로도 나는 머리 염색을 하는 일이 추호도 없을 것이다. 그 이유는 크게 두 가지다.

첫째는 신체적인 이유다. 나는 유난히 두피가 민감한 편이다. 그래서 샴푸도 무자극성 내지 저자극성 제품을 사용한다. 자극성 있는 샴푸를 쓰면 두피가 간지러워 계속 긁게 되고, 비듬도 많이 떨어진다. 이렇게 내 두피가 민감하게 된 것은 어릴 적 시골에서 살 때 동네 아저씨의 소독 안 된 이발기구(바리캉)로 머리를 깎는 바람에 피부병에 걸렸기 때문이다. 물론 지금은 그 피부병이 다 나은 상태이지만 그 때문에 사춘기 때 또래들과 잘 어울리지 못해서 그렇지 않아도 내성적인 내 성격이 더 내성적으로 변하기도 했다. 아무튼 내 민감한 두피 때문에 염색을 하려고 해도 아마 몇 번 하지도 못하고 그만두게 될 것이 뻔하다고 지레 결론을 내려버렸다. 이런 내 변명을 들은 몇몇 사람들은 요즘은 염색약이 좋아져서 자극성이 덜하다고 충고해주기도 한다. 하지만 화학공학을 전공한 나의 소견으로는 염색약이 아무리 천연원료를 사용해서 저자극성이 됐다고 해도 내 민감한 두피에 자극을 줄 정도는 된다는 확신을 갖고 있다.

더 나아가 자극성 있는 염색약을 사용하면 그렇지 않아도 나빠지고 있는 내 눈이 치명적인 피해를 입을 수 있다는 점도 핑계거리가 되고 있다. 나는 극도의 근시인데다 나이가 들면서는 원시까지 겹쳐서 다초점 렌즈 안경을 착용하고 있다. 눈이 조금 나쁜 정도가 아니라, 나에게 맞는 안경알의 무게가 무거워서(최대한 압축을 해도) 안경테를 폼 나는 얇은 테로 할 수 없을 정도로 나쁘다. 그런데 만약 염색약을 잘못 사용하여 눈이 더 나빠지게 된다면 어떻게 될까. 생각만 해도 끔찍하다. 내 경우에는 책을 읽고, 글을 쓰고, 강의를 하는 게 취미이자 생계수단인 마당에 눈이 머리색보다 훨씬 중요한 게 당연하지 않겠는가. 어떻게 보면 남들 앞에 서서 강의를 해야 하는 내 입장에서는 흰 머리야말로 나의 노숙함을 과시하는 데 오히려 도움이 되지 않을까 하는 생각도 해본다.

두 번째로는 심리적인 이유다. 나는 나이 드는 것을 환영하지도 않지만 거부하지도 않는다. 나는 젊게 보이기 위해 머리 염색을 해야 할 정도로 나이 드는 것에 대해 거부감을 갖고 있지 않다. 물론 나이 드는 것에 대해 체념하거나 포기한 상태는 결코 아니다. 신체적인 건강과 젊음을 유지하기 위해 운동도 하고 있고, 젊은이들과 어울릴 수 있을 정도로 생각도 젊게 하려고 노력하고 있다. 하지만 하루하루 젊음이 간다고 한탄하면서 어떻게 하면 노화를 멀리할 수 있을까 전전긍긍할 정도로 젊음에 대해 절대적인 애착을 갖고 있지도 않다. 한마디로 내 나이보다 젊게 체력을 유지하도록 노력은 하되 세월이 지나면서 자연스럽게 찾아오는 노화현상은 받아들이자는 게 내 생각이다. 그런 의미에서 흰 머리는 자연스럽게 찾아오는 노화현상으로 받아들이고 싶다. 더 나아가 나의 흰 머리가 나의 지식과 연륜을 나타내는 상징이 되었으면 하는 바람이다. 신체적으로나 정신적으로나 젊음을 유지하고 있으면서도 젊은이들이 갖고 있지 못한 세월의 무게를 고스란히 나타내주는 흰 머리를 갖고 있는 것을 자랑스럽게 여기고 싶은 것이 내가 머리 염색을 거부하는 두 번째 이유다.

내가 흰 머리라고 하니까 백발을 연상한다면 그건 오해다. 내 흰 머리는 그야말로 검은 머리에 흰색 브리지 염색을 한 것이라고 보면 된다. 어디까지가 흰 머리이고 어디까지가 새치냐에 대한 절대적인 기준은 없다고 생각한다. 다만 나의 경우에는 귀 옆의 머리카락이 하얘지기 시작하면서부터는 흰 머리를 새치라고 우기기를 그만두었다. 자식들이 예전에는 나의 새치를 뽑아주면서 한 가닥당 얼마를 줄 거냐고 묻곤 했는데 언제부터인가 그런 말을 하지 않았다. 아마 그즈음에 내 귀 옆의 머리카락이 하얘지기 시작한 것이 아닌가 생각된다. 또 그 비슷한 시기부터라고 생각되는데, 오랜만에 만난 사람들이 내 머리가 하얘졌다고 이구동성으로 말하기 시작했다. 그래서 나는 내가 흰 머리가 됐다는 것을 인정하기로 했다.

내 머리가 하얘진 것을 충격적으로 실감하게 된 것은 어느 날 지하철에서 어린 학생이 나에게 자리를 양보하려고 일어났을 때였다. 아마도 내 흰 머리를 보고 자리에 그대로 앉아 있는 것이 부담스러워서 일어났을 거라고 생각된다. 그때 나는 '아직도 이렇게 착한 학생이 있다니' 하고 감사하는 마음을 가져야 하는데도 불구하고 도망치듯 그 자리를 피하고 싶었고, 그래서 무조건 그 다음 정거장에서 내리고 말았다. 그리고 한참 동안 서서 충격을 가라앉히고 나서야 다시 지하철을 탈 수 있었다. 그 일이 있고 나서는 지하철을 타면 가능하면 경로석 근처에 가서 서 있게 됐다. 이제 내가 흰 머리니까 경로석에 앉을 자격이 생겼다고 생각해서 그러는 것이 아니다. 경로석 앞에 서 있으면 나에게 자리를 양보할 사람이 없을 것이 확실하기 때문이다.

나는 나의 흰 머리를 사랑한다. 나는 앞으로도 나의 흰 머리에서 중후한 세월의 무게가 느껴지도록 노력할 것이다. 사실 중요한 것은 겉으로 보이는 머리 색깔이 아니라 내면이다. 링컨이 말했듯이 40세 이후에는 자기 얼굴에 대해 자기가 책임져야 한다고 생각한다. 나의 내면이 행복으로 가득 차서 주위에 있는 사람들도 모두 행복하게 해준다면 나의 흰 머리는 빛나는 월계관이 될 수 있을 것이다. 얼굴에는 행복한 미소가 넘치고 흰 머리에는 행복한 세월이 모여 반짝거린다면 그야말로 환상적인 모습이 아니겠는가.

비아그라에 의지하지 말자

남자들이 퇴직하고 나이가 들면서 갖게 되는 말 못할 고민 중 하나는 성적 능력의 감퇴다. 하긴 요즘은 당뇨, 고혈압 등 생활습관병 때문에 40대 중에도 발기부전 환자가 많다고 하지만, 50대 이후에는 신체적 쇠퇴는 물론 퇴직으로 인한 자신감 상실로 인해 그 증상이 더욱 심해질 가능성이 높다. 사실 원만한 성생활은 부부관계의 아주 중요한 요소다. 성생활은 부부만 누릴 수 있는 특권이기 때문에 잘만 활용하면 부부 사이를 더욱 친밀하게 만들어주지만, 잘못하면 부부관계를 망치는 주범이 된다.

그런데 남자들, 특히 한국 남자들이 성생활에 대해 크게 오해하는 부분이 있다. 바로 '강한 남성' 신화다. 나이가 들면 성기능이 약해지는 것이 당연한데도 남자들은 나이가 들수록 강한 남성에 더욱더 집착하는 경향이 있다. 그래서 비아그라를 정력제로 착각해서 복용하고, 정력에 좋다면 어떤 혐오식품도 마다하지 않는다. 일부 몰지각한 남자들은 많은 돈을 들여 동남아에 원정 가서 곰 발바닥이니 뱀탕이니 하는 세계적으로 금지된 동물요리를 먹다가 걸려 국제적 망신을 당하기도 한다. 또 떨어진 정력을 보완하기 위해 비디

오나 인터넷에서 본 이상야릇한 체위들을 구사해서 아내를 만족시키려고 눈물겨운 노력을 하기도 한다. 이런 노력을 하는 남자들은 '섹스 클리닉, 이병주 원장의 성 노크' (문화일보 2007년 12월 17일)에 실린 어느 아내의 하소연을 보면 온몸에서 힘이 쫙 빠지는 느낌이 들 것이다. "제 남편은 저를 만족시키기 위해 정말 애를 많이 씁니다. 열심히 애무하고, 체위도 다양하게 구사하고요. 여성 상위부터 69체위에 이르기까지 온갖 체위를 다 시도하고 움직임도 여러 가지 방식으로 하는데 저는 좋은 줄 모르겠어요. 제 몸에 이상이 있는 건가요?" 아내들이 남편이 실망할까봐 가짜로 오르가즘을 느끼는 시늉을 한다는 것은 다 알려진 사실이다.

왜 이런 일이 일어날까? 그건 남자들이 성관계를 할 때 힘이나 기교보다 사랑의 감정을 나누는 것, 즉 정서적 교류가 더 중요하다는 것을 깨닫지 못하고 있기 때문이다. 온갖 체위를 다 구사하는 것보다 귀에 입을 대고 달콤하게 "사랑해. 당신 정말 예뻐. 당신이 내 곁에 있어서 얼마나 좋은지 몰라"라고 사탕 발린 얘기라도 한마디 해주는 것이 훨씬 더 효과적이라는 사실을 남자들이 모르기 때문에 생겨나는 비극이다. 이런 사소한 말 한마디는 돈도 시간도 별로 들지 않지만 효과는 비아그라보다 몇 십 배 뛰어나다.

남자가 성기능 저하를 자연스런 현상으로 받아들이고 정서적인 교류를 하려고 노력한다면 힘을 앞세우던 젊은 시절보다 오히려 더 알차게 성생활을 할 수 있다. 성생활을 일상생활과 동떨어진 것으로 생각하지 말고 생활의 일부로 받아들여 부부간 정서 교류에 활용한다면 부부애가 더욱 돈독해질 것이다. 어쨌거나 남자의 입장에서는 나이가 들어감에 따라 성기능이 떨어지는 것이 오히려 젊었을 때 힘으로 몰아붙이던 어리석음에서 벗어나는 전화위복의 기회가 될 수 있다. 여자가 진정으로 원하는 정서적인 교류로 약화된 성기능을 보완하면 아내와의 관계가 오히려 더 깊어질 수 있다. 남자가 젊을 때는 일방적으로 자신의 욕구 해소를 위해 섹스를 하는 경우가 많다. 그러나 나이가 들어서는 정서적인 교류와 결합된 섹스를 해야 아내와 진정으로 친밀한 관계를 유지할 수 있다. 또한 이렇게 하면 남자의 입장에서도 사정할 때에만 느끼던 순간적인 쾌락에서 벗어나 진정한 오르가즘을 느낄 수 있게 된다.

부부 사이의 활발한 성생활은 남편에게는 자신감을, 아내에게는 평온함을 느끼게 해주는 효과가 있다. 또한 이런 정신적인 유익함에서 더 나아가 육체적인 건강에도 상당히 긍정적인 효과가 있다. 심지어 어떤 전문가는 근육이나 관절에 문제가 생기는 남성 갱년기의 초기 증세는 성행위가 드물어지기 때문일 수 있다고 주장한다. 아무튼 대부분의 연구결과들은 활발한 성생활이 몸을 젊어지게 한다는 사실을 보여준다. 남자는 더 많은 섹스를 할수록, 여자는 더 강한 오르가즘을 느낄수록 몸이 더 젊어진다고 한다. 남자의 경우 그 이유는 성관계 횟수가 많을수록 테스토스테론 수치가 높아지는 데 있다. 남자는 성행위에 대한 충동을 자주 느끼거나 실제로 성관계를 많이 가질수록 테스토스테론 수치가 높아진다는 것이다. 물론 활발한 성생활을 위해서는 건강이 뒷받침돼야 한다. 특히 고혈압, 당뇨 등 혈액순환에 방해가 되는 질병은 발기에 직접적인 영향을 미치기 때문에 건강한 생활습관을 통해 고혈압이나 당뇨에 걸리지 않도록 하는 것이 중요하다. 다시 말해 활발한 성생활을 위해서는 건강해야 하지만, 반대로 활발한 성생활이 건강에 도움이 되기도 한다는 것이다.

나이가 들면 식욕이 떨어지지만 완전히 없어지지는 않는 것처럼 성적 욕구도 감소하기는 하지만 완전히 사라지지는 않는다. 하지만 나이가 들어감에 따라 성욕이 감소하는 정도가 남녀 사이에 크게 달라 큰 갈등요인으로 작용하기도 한다. 어느 조사결과에 따르면 65세 이상 남자는 89퍼센트가 정상적인 성욕을 유지하고 있고, 배우자가 있는 66~70세 남자는 62퍼센트가 월 1회 이상 성관계를 하고 있다. 그런데 여성은 완경기(폐경기)에 이르면 질 분비물의 양이 줄어들어서 성관계를 할 때 통증을 느끼게 되어 성관계를 거부하는 경향이 있다. 남자와 여자의 이런 성기능 차이로 인한 갈등을 줄이기 위해서는 젤 등을 사용하여 성교통(성교할 때 느끼는 고통)을 줄이려는 노력이 필요하다. 더 나아가 여자는 남자의 성적 욕구를 주책없다는 식으로 몰아붙이지 말아야 하고, 남자도 일방적으로 성관계를 요구하기보다 아내와 정서적인 교류를 갖도록 노력해야 한다. 사실 남자가 성관계를 요구한다는 것은 그만큼 건강하다는 증거일뿐더러 올바른 성관계는 정신적, 육체적 건강을 증진시키는 데 도움이 된다는 사실을 여자도 이해할 필요가 있다.

나이가 들어 활발한 성관계를 갖는 것은 노화, 치매, 건망증 등 나이와 함께 찾아오는 여러 질병의 진행을 억제하는 효과가 있다. 성관계를 할 때 뇌에서 분비되는 엔도르핀은 노년의 우울증과 의욕저하 등을 예방하는 데 효과가 크다고 알려져 있다. 실제로 전문가들은 여자가 남자의 성적 요구를 두 번에 한 번 이상 거부하면 남자가 자신감을 잃고 발기부전이 될 가능성이 높아진다고 말한다.

남자와 여자의 성관계에 부정적인 영향을 미치는 또 다른 요인으로 스트레스를 들 수 있다. 지속적인 스트레스는 남자의 발기에 직접적으로 악영향을 미친다. 그런데 스트레스를 받을 때 남자는 성관계를 가짐으로써 그것을 해소하려고 하지만, 여자는 반대로 성적 욕구가 현저히 낮아져서 남편과 갈등을 빚는 경우가 많다. 따라서 남자는 힘으로 아내를 만족시키겠다는 생각을 버리고 아내와 일상적인 대화를 통해 정서적인 교류를 충분히 할 필요가 있다. 이렇게 해보려고 하는 것이 아내와의 사이에 스트레스가 쌓이지 않게 하는 지혜다.

성관계가 단순한 성기의 결합이라는 젊은 시절의 오해를 버리고 성관계는 진정한 내면의 결합을 위한 수단이라는 사실을 명심할 필요가 있다. 성관계를 할 때 "어떻게 해주면 좋다"든가 "내 몸이 어떻게는 해줄 수 없는 상태다"라든가 하는 솔직한 커뮤니케이션을 하는 것도 필요하다. 이런 커뮤니케이션은 정신적인 교감을 촉진해줄 뿐 아니라 서로의 건강상태를 확인하는 기회가 되기도 한다. 나이가 들수록 성생활은 주책이라거나 육체적 건강을 과시하는 수단이라고 생각하지 말고, 서로를 아끼고 사랑하는 마음을 나누는 기회로 활용하는 지혜가 필요하다.

가끔은 화장이 필요하다

최근 어느 화장품 회사에서 여성 ROTC생들을 위해 위장용 크림을 만들었는데, 그것이 오히려 남자 사병들이 많이 찾아 대박 상품이 됐다는 신문기사를 봤다. 내가 젊었을 때만 해도 화장은 으레 여자들만 하는 것으로 알았는데 이제는 남자들도 자연스럽게 화장을 하는 시대가 됐다. 나는 아침에 세수를 하고 나서 햇빛에 피부가 상하는 것을 방지하기 위해 선블록 크림을 바른다. 선블록 크림을 바르는 것이 무슨 화장이냐고 할지 모르지만, 그래도 면도를 하고 나서 스킨을 바르고, 로션을 바르고, 선블록 크림까지 바르는 것이니 화장이라고 할 수도 있는 것 아닌가. 하긴 요즘 젊은 남자들 중에는 색조 화장품을 쓰는 경우도 있다고 하니 나는 한참 멀었기는 하다.

나는 본격적인 화장도 해본 적이 있다. 불교TV에서 강연을 할 때였다. 연예인들이 드라마에 출연하기 위해서 짙은 화장을 한다는 것은 알고 있었지만, TV 강연을 하기 위해서도 화장을 해야 한다는 것은 그때 비로소 알았다. 처음에는 참으로 쑥스러웠다. 하지만 화장을 하고 나서 강연을 한 다음 녹화된 TV 화면을 보니 확실히 얼굴 모습이 잘 나오는 것이었다. '아, 이래서 TV

에 나오는 사람들이 모두 화장을 하는구나' 하는 생각이 저절로 들었다.

TV 출연을 위한 얼굴 화장이야 방송국의 전문가가 해주니 아무 문제가 없는데, 입는 옷은 내가 챙겨야 하니 여간 신경이 쓰이는 게 아니었다. 물론 일반 강연을 할 때도 옷에 신경을 쓰긴 했지만, TV 강연은 일반 강연과 비교가 되지 않을 정도였다. 일반 강연을 할 때는 넥타이를 매고 계절에 맞는 양복을 입으면 대개는 그것으로 무난했다. 또 강연의 장소와 대상이 매번 다르기 때문에 늘 같은 의상을 입어도 별 문제가 없었다. 하지만 불교TV에서 강연을 할 때는 매번 다른 의상을 입어야 하니 보통 신경이 쓰이는 게 아니었다. TV 강연을 하면서 알게 된 사실이 또 하나 있다. 옷이나 넥타이의 색상이 눈으로 보는 경우와 화면에 나오는 경우가 다르다는 사실이었다. 눈으로 볼 때 화면에 어떤 색상으로 잘 나오리라고 예상한 옷이 막상 화면으로 보니 다른 색상으로 나오는 것이었다. 그때 의상에도 노하우가 있다는 걸 알게 됐다.

사실 나는 옷에 그리 신경 쓰는 편이 아니었다. 하지만 불교TV 강의를 하면서 옷에도 신경을 써야겠다고 생각했다. 특히 나이가 들수록 옷이 날개임을 명심해야겠다는 생각을 하게 됐다. 젊을 때야 아무렇게나 옷을 입어도 보기에 흉하지 않겠지만, 나이가 들면 아무래도 옷을 잘 입어서 흉하게 보이지 않도록 해야 할 것 같다. 나이가 들면 얼굴에서 광채가 사라지고 표정이 가라앉은 느낌을 주기 때문에 밝은 옷을 입어서 커버하는 게 필요하지 않을까 생각한다. 전에는 나이 든 사람들이 왜 원색에 가까운 밝은 색 옷을 입을까 하고 의아해 했는데, 이제는 그 이유를 알 것 같다.

옷에 대해 신경을 쓰기 시작하면서부터는 길거리에 다니는 다른 사람들의 옷도 찬찬히 살펴보게 됐다. 나이가 들었지만 밝은 색상의 옷을 깔끔하게 입고 다니는 사람을 보면 왠지 모르게 호감이 가는 걸 느낄 수 있었다. 반면에 가까이 다가가면 시큼털털한 냄새가 나거나 어두운 색 일색으로 옷을 입고 다니는 사람을 보면 과거의 내 모습이 연상되어 씁쓸한 미소를 짓게 된다. 나이가 드는 것이야 어쩔 수 없지만 옷에 조금만 신경을 쓰면 남들에게 좋은 인상을 줄 수 있을 텐데 하는 안타까움을 느낄 때가 점점 더 많아진다.

화장 얘기가 나온 김에 얼굴에 관한 얘기를 조금만 더 하겠다. 미국에서 유학할 때와 유학을 끝내고 한국에 돌아온 직후에는 골프를 칠 기회가 자주 있었다. 그런데 그때는 젊어서 그랬는지 얼굴에 선블록 크림을 바르기를 소홀히 했다. 그래서인지 얼굴에 검버섯이 많이 생겼다. 특히 양쪽 뺨 한복판에 크게 생긴 검버섯은 거울을 볼 때마다 나에게 큰 스트레스를 주었다. 결국 더 견디지 못하고 피부과에 가서 레이저로 검버섯을 제거했다. 몇 달간 고생은 했지만 검버섯을 없애고 나니 얼굴이 달라 보인다는 걸 느낄 수 있었다. 그 일이 있고 나서는 '아, 이래서 사람들이 성형수술을 하는구나' 라는 생각도 하게 됐다. 그렇다고 나이 들어 생기는 주름을 모두 없애거나 무작정 보톡스를 맞는 것에는 물론 반대한다. 주름을 없애려고 얼굴 피부를 바싹 뒤로 당겨 놓거나 보톡스를 너무 많이 맞아서 웃을 때 얼굴이 이상하게 일그러지는 사람들을 보면 안타까운 마음이 든다.

모든 일에 적절한 균형이 필요하다. 옷을 입고 화장을 하는 일도 마찬가지일 것이다. 그러나 나는 아직 어느 정도로 옷을 입고 화장을 하는 것이 적절한지를 잘 모르겠다. 아니 옷을 입고 화장을 하는 것 자체에 아직은 그리 익숙하지 않다고 말하는 게 옳을지도 모르겠다. 강연을 하거나 업무 때문에 누군가를 만나는 경우에는 어쩔 수 없이 차림새에 신경을 써야하지만, 계속해서 그런 데 신경을 써야 한다면 그것도 스트레스가 되지 않을까?

나는 지금은 도시에서 살기 때문에 차림새에 신경을 쓰지만, 몇 년 뒤 시골에 내려가게 되면 지금처럼 차림새에 신경을 쓰지 않아도 되지 않을까 하는 희망을 가져본다. 밀짚모자를 쓰고 작업하기에 편한 개량한복을 입고 있으면 설사 옷에 흙이 좀 묻더라도 크게 흉이 되지는 않을 것이다. 아니 오히려 편안한 복장이 화장과 같이 나를 돋보이게 하는 역할을 해주지 않을까 하는 생각을 해본다.

나이 들어 화장을 하려면 뭐니 뭐니 해도 마음의 화장을 하는 게 가장 중요하지 않을까? 나이가 들수록 세상이 못마땅해서 잔소리하고 싶어지는 마음이 가라앉도록, 고집스럽고 딱딱해진 마음이 가려지도록 조금은 마음의 화장을 하는 데 신경을 쓰는 게 나을 것 같다. TV 강연을 할 때 쌩얼 그대로보다는 화장을 하고서 하는 게 낫듯이, 나이 들어 세상을 향해 뭔가 얘기를 하고 싶을 때는 하고 싶은 말을 그대로 다 하기보다 약간은 참으면서 남이 하는 말을 먼저 들어주는 방향으로 언어의 화장을 하는 게 낫지 않을까 싶다.

행복해서 웃는 것이 아니라 웃어서 행복한 것이라고 하지 않던가. 나이가 들수록 얼굴을 찡그리기보다는 일부러라도 활짝 웃는 것이 낫다. 미소로 화장을 하는 것도 나이 들면서 실천해야 할 지혜다. 한국 사람들은 대부분 화난 얼굴 표정을 하고 있다지만, 특히 나이 든 사람들을 보면 웃는 얼굴을 찾기가 힘들다. 그러나 나이가 들수록 늘어나는 주름을 잘 활용하기 위해서도 웃는 수밖에 다른 도리가 없다.

젊을 때는 젊음 그 자체가 빛나기 때문에 화장을 할 필요가 없다. 그러나 나이가 들면 주름을 감추기 위해서라도 약간은 마음의 화장을 할 필요가 있다. 나도 전에는 얼굴 화장도, 마음의 화장도 할 필요가 없다고 생각했다. 하지만 이제는 옷도 잘 입고, 얼굴 화장에도 신경을 쓰고, 마음에도 약간은 화장을 해야겠다고 생각한다.

자신의 모습을 있는 그대로 보여주면 되는 것이지 화장까지 하면서 잘 보이려고 할 필요가 있느냐고 생각할 수도 있다. 나도 이제까지는 그렇게 생각했다. 얼마 전까지만 해도 옷은 있는 것을 깨끗하게 세탁해서 입으면 되고,

몸은 깨끗하게 씻으면 그것으로 예의를 다 차리는 것이라고 생각했다. 그러나 이제는 생각이 바뀌었다.

상대방의 약점을 얘기해주고 싶을 때 솔직하게 얘기하면 상대방의 마음이 상할 수 있으니 약간은 돌려서 얘기해야 할 때가 있다. 마찬가지로 내 얼굴이나 마음을 화장하는 것은 상대방의 마음이 상하지 않고 기분이 좋아지게 해주려는 배려의 행위다. 그런 화장 자체가 나이 든 표시라고 한다면, 그 말도 기꺼이 받아들이겠다. 아무튼 나이가 들어 머리카락이 빠지면 멋진 모자로 화장을 하고, 얼굴에 주름이 늘어나면 환한 미소로 화장을 하고, 몸동작이 어쩔 수 없이 느려지면 차 한 잔의 여유로 화장을 하자. 그래야 인생 후반부가 행복하지 않을까.

여자들은 어차피 화장하는 일이 일상화돼있으므로 나이가 들어도 화장하는 일이 문제가 되지 않는다. 하지만 남자들은 직장생활에 필요한 정도로 꾸미는 것 외에는 외모에 별로 신경을 쓰지 않는 게 일반적이다. 그렇기에 퇴직과 함께 직장생활을 중단한 뒤로는 자신의 외모를 꾸미는 일에 자연스럽게 소홀하게 된다. 하지만 퇴직 후에는 얼굴과 몸에 세월의 흔적이 고스란히 나타나기 때문에 외모에 더 신경을 써야 한다. 이런 이유에서 나는 나이 들어 퇴직한 후에는 남자들도 화장을 해야 한다고 주장하는 것이다.

일상에서 행복을 찾자

"네 잎 클로버는 행운을 상징합니다. 그렇다면 세 잎 클로버는 무엇을 상징할까요? 바로 행복입니다. 그런데 우리는 네 잎 클로버 하나를 찾으려고 수많은 세 잎 클로버를 짓밟고 다닙니다. 한 번의 행운을 찾으려고 일상의 행복을 저버리는 어리석음을 저지르고 있는 것입니다."

나는 유명 연예인인 김제동이 이 말을 했다고 알고 있지만, 실제로 이것이 그가 한 말인지를 확인해보지는 않았다. 어쨌든 나는 이 말에 전적으로 공감한다. 사실 행복은 바다를 건너고 산을 넘어 멀리 가야 찾을 수 있는 게 아니다. 행복은 내 주위에 이미 스며들어 있다고 생각한다. 다만 내가 그것을 찾지 못하고 있을 뿐이다. 그래서 나는 인생 후반부에 행복하기 위해 나의 일상 속에서 행복을 찾는 노력을 하려고 한다.

나이 들어 퇴직한 후 남자들이 여자들보다 행복하지 않다고 느끼는 이유도 바로 여기에 있지 않을까? 일상에서 행복을 찾는 능력에서 남자들은 여자들에 뒤떨어진다. 남자들은 거창한 일들, 예를 들면 한국의 정치를 어떻게 바꿔야 한다거나, 회사 사장이 무엇을 잘못하고 있다거나 하는 사회적 문제에는 관심이 많지만, 주변의 일상적인 일에는 관심을 덜 갖는 게 일반적이다. 물론 인생 전반부에 사회생활, 회사생활을 할 때는 그게 큰 문제가 되지 않고 오히려 도움이 될 수도 있지만, 인생 후반부에도 일상적인 일에 관심을 갖지 않는다면 큰 문제가 아닐 수 없다. 왜냐하면 인생 후반부에는 주변의 사람들, 즉 배우자, 가족, 친구 등과 일상적인 관계를 잘 유지하는 것이 아주 중요하기 때문이다. 퇴직을 맞은 남자들이 큰 충격을 받고 일상생활에 잘 적응하지 못하는 이유도 바로 일상적인 관계를 소홀히 하는 데 있다.

나도 물론 예외가 아니다. 아직도 주변 사람들을 잘 사귀지 못하고, 잡다한 수준의 일상적인 대화에는 쉽게 짜증을 내곤 한다. 대화를 한다면 거창한 주제에 대해 얘기해야 한다는 선입관을 아직 버리지 못하고 있고, 도움이 될 거라고 생각되지 않는 사람에게는 관심을 잘 갖지 않는 버릇도 쉽게 고치지 못하고 있다. 그래도 전보다는 쉽게 다가갈 수 있게 됐다는 얘기를 남들로부터 듣고는 있지만, 아직도 내가 주위에 장막을 쳐놓은 것 같다는 얘기도 가끔 듣곤 한다. 언젠가 내 강연을 들은 사람이 그렇게 말을 잘 할 줄 몰랐다면서 감탄하는 것을 보면서 내가 그렇게 말을 잘 못할 것 같이 보일 정도로 그동안 과묵했었나 하는 생각이 든 적도 있다.

물론 내가 타고난 내성적인 성격을 하루아침에 고칠 수는 없다고 생각한다. 하지만 표정만이라도 부드럽게 하고 주위 사람들과 일상적인 대화를 즐기려는 마음을 갖도록 노력하려고 한다. 그러기 위해서는 내가 일상적인 일들에 관심을 갖고 그런 일들을 실제로 해보면서 익숙해지는 게 중요하다고 생각한다. 집안일들, 예를 들면 세탁, 요리, 청소 등도 직접 할 수 있는 능력을 키우고, 집안의 대소사는 물론이고 아이들의 관심사에도 관심을 기울이는 태도를 가지도록 노력하려고 한다.

내가 일상에 대한 관심을 더 갖게 된 것은 인생 후반부의 행복에 대한 강연을 하면서부터, 특히 불교TV에서 '21세기 행복한 노후 특강' 이라는 방송을 하기 시작하면서부터다. 방송을 진행하면서 행복은 멀리 있지 않고 가까이에 있다는 사실을 새삼 깨닫기도 했지만, 거창한 이론보다 일상에서 느끼는 행복에 대해 얘기할 때 방청객이나 시청자들이 더 큰 호응을 보여주는 것을 느꼈기 때문이다. 그러다보니 자연스럽게 내 주변의 일상에서 느끼는 행복을 찾아내어 표현하는 데 관심을 갖게 됐고, 관심을 가지는 만큼 '내 주변에 행복이 널려 있었구나' 하는 깨달음을 얻게 됐다.

일상에서 행복을 찾기 위해서는 무엇보다도 일상에 감사하는 자세가 필요하다. 우리의 행복은 멀리 산을 넘고 물을 건너야 발견할 수 있는 것이 아니라 바로 우리 주위에 이미 배달되어 우리가 포장을 뜯어주기를 기다리고 있다는 것을 알아야 한다. 우리가 더 많이 가지려고 아등바등하기를 그치고 이미 가지고 있는 것들에 감사한다면 행복은 살며시 미소 지으며 우리 앞에 모습을 나타낼 것이다.

퇴직 후에 일상에서 행복하려면 남들에게 감사하게 생각하는 동시에 남들을 칭찬하는 마음자세를 가져야 한다. 감사와 칭찬은 단순히 상대방을 기분 좋게 하는 정도가 아니라 상대를 인정하고 상대가 있음으로 인해 내가 행복하다는 의사표시를 적극적으로 하는 것과 같다. 자신을 인정해주고 자신이 있음으로 인해 상대가 행복하다는데 기분이 좋지 않을 사람은 아마 없을 것이다. 그렇게 자신을 행복하게 해주는 상대를 싫어하고 거부하는 사람은 더욱더 없을 것이다. 오히려 자신이 감사와 칭찬을 받은 만큼 상대를 더 행복하게 해주기 위해 노력하게 될 게 틀림없다. 만약 남자들이 일상에서 아내와 가족, 친구에게 감사와 칭찬을 해주기를 실천한다면 틀림없이 그들에게 마음으로부터 환영을 받을 것이고, 그때부터 행복이 시작될 것이다.

남들에게 감사와 칭찬을 할 수 있으려면 자신에게 자존감이 있어야 한다.

자기 자신에게 감사하거나 칭찬하지 못하는 사람은 다른 사람에게도 감사하거나 칭찬하지 못한다. 그러니까 감사와 칭찬은 나를 인정하고 상대를 인정하는 건전한 관계의 지표라고 할 수 있다. 물론 감사와 칭찬을 할 때에는 건성으로 해서는 안 되고 거기에 진심이 담겨 있어야 한다. 진심이 담기지 않고 마지못해 하는 감사와 칭찬은 오히려 상대를 비참하게 만든다.

이런 면에서 보면 남자들이 여자들에 비해서 행복해지는 데 많이 불리하다는 생각이 든다. 일반적으로 남자들과 여자들이 대화하는 방식을 보면, 남자들은 상대를 공격하는 데 주력하고 여자들은 서로 맞장구쳐주는 데 익숙하다. 나도 대화를 하다보면 상대의 약점을 잡아내어 공격하거나 내가 옳다고 인정받는 데 중점을 두지 상대의 말을 듣고 상대를 칭찬하는 것에는 상당히 인색한 편이다. 물론 마음속으로는 상대를 인정하고 칭찬하는 경우도 있지만 겉으로 칭찬과 감사를 드러내는 것에는 매우 서툴다. 요즘 들어 칭찬과 감사가 내 인생을 행복하게 하는 데 중요함을 깨닫고 나서는 상대에게 감사와 칭찬을 하려고 노력은 하는데 역시 쉽지가 않다.

상대에게 감사하고 칭찬하기 위해서는 거창한 것보다는 사소한 부분에 관심을 가져야 한다. 남자들이 감사와 칭찬에 인색한 이유 중 하나도 사소한 부분은 무시하고 거창한 것에만 관심을 두는 데 있다. 이런 생각에서 요즘 나는 내 동생이 감사하고 칭찬하는 방법을 배우려고 노력한다. 내 동생은 요리에 관심이 많을 뿐만 아니라, 제수씨가 요리를 해서 내놓으면 감사와 칭찬을 늘어놓는다. "그냥 맛있다" 정도가 아니라 "어떻게 만들었느냐"고 자세하게 물어본다. 요리를 한 사람에게 진심으로 감사하는 방법은 관심을 갖고 물어보고, 요리를 맛있게 먹고, 보답으로 설거지를 하고, 다른 요리를 해서 대접하는 것이다. 이런 행위들이 서로 관심과 배려를 교환하는 계기가 되어 행복한 관계가 만들어지거나 더욱 굳어진다.

혼자서도 잘 지내자

"결혼할 때는 별도 달도 따준다고 하더니 이제 와서는 놀아달라고 보채기만 하는 남자가 귀찮다." 이 노래가사처럼 나이가 들어서 혼자 놀지 못하는 남자는 귀찮은 존재다. 흔히 하는 말로 남자들은 "회사 다닐 때는 바쁘다고 아내와 잘 놀아주지 않다가 퇴직하고 나서는 아내의 치맛자락을 붙잡고 놀아달라고 한다."

사실 남자들이 노는 방식이란 게 주로 술 먹고 왁자지껄하게 얘기하거나 노래하는 것인데, 회사를 그만두고 나서는 돈 문제도 그렇고 허구한 날 서로 어울려 술만 마시고 노래만 할 수도 없으니 아내에게 놀아달라고 할 수밖에 없다. 하지만 아내 입장에서도 그런 남편과 놀아주는 것도 하루 이틀이지 매일 같이 계속해서 놀아줄 수는 없는 노릇 아닌가. 그래서 남자가 퇴직하고 나면 처음 한두 달은 아내가 놀아주는 척하지만 결국 아내에게 버림을 받고 본격적으로 TV를 친구로 한 소파맨이 되는 것이다. 이 지경에 이르면 남자의 불행이 시작되는 것이니, 그 전에 하루 빨리 혼자 노는 방법을 찾아야 한다.

나는 그리 잘 놀지는 못하지만 혼자서는 비교적 잘 지내는 편이다. 내가 꼼꼼하게 실무를 잘 챙기는 성격을 타고난 것도 혼자서 지내는 데 도움이 된다. 회사에서 임원으로 있을 때도 해외출장 갈 일이 생기면 내 출장일정은 직접 챙기는 편이었다. 방문해야 하는 회사의 담당자와 업무연락을 하면서 방문일정과 논의할 사항들을 직접 챙겼다. 호텔과 항공편 예약도 내가 직접 여행사와 접촉하면서 조정했다. 그러다보니 내 회사를 차리고 처음에 혼자서 운영할 때도 혼자라서 문제인 적은 없었다. 또 회사를 정리하고 프리랜서를 하면서 책을 쓰고 강연을 다니는 것도 혼자 직접 챙기는데, 혼자라서 불편한 것은 전혀 없다.

하지만 인생 후반부에 혼자 지내는 것은 회사에서 업무를 혼자 직접 처리하는 것과 근본적으로 차원이 다른 얘기다. 더구나 단순히 혼자 지내기만 하는 것이 아니라 혼자 재미있게 잘 지내기 위해서는 나름대로 노하우를 가지고 있어야 한다. 하긴 요즘 아이들처럼 게임기와 스마트폰, 인터넷을 이용하면서 혼자 지낼 수도 있겠지만, 나는 그렇게 시간을 죽이면서 혼자 지내는 것에는 반대한다. 그렇지 않아도 나는 어떤 일에든 푹 빠지는 경향이 있다는 것을 스스로 알기 때문에 가능하면 비생산적인 일에 너무 빠지지 않도록 주의를 기울이는 버릇이 있다. 대학시절 같은 집에서 하숙을 하는 학생들이 바둑을 많이 두었는데, 나는 가끔은 바둑을 두었지만 그것에 너무 깊이 빠져 들지 않도록 스스로 주의했다. 바둑이 내 적성에 맞긴 하지만 바둑을 두면 장고를 하는 내 성격 탓에 한 판 두는 데 1시간 이상이 걸리고 몇 판 두다보면 하루가 금방 가버리기 때문에 삼가야겠다고 생각했기 때문이다.

요즘 내가 혼자 지낼 때 가장 많이 하는 일은 책 읽기와 글 쓰기다. TV는 보지 않고 있으니 혼자 있을 때는 할 일이 책 읽기와 글 쓰기 외에는 사실 별로 없다. 물론 가끔은 인터넷도 하고 블로그에 글을 올리는 일도 한다. 책을 읽다보면 한두 시간은 금방 지나간다. 더욱이 내가 관심 있는 분야의 책은 손에서 놓기가 아까워 몇 시간 동안 읽어서 단번에 끝내는 경우도 많다. 글 쓰기도 자주 하는 편이다. 책을 내기 위해서 글을 쓰는 경우도 있지만 뉴스레터를 작성하거나 요청 받은 칼럼을 쓰는 경우도 많다.

주말에는 등산도 하고 드라이브도 하지만 여럿이 어울려 다니는 것은 가능하면 삼가고 있다. 단체로 등산을 다니다보면 산에서는 즐겁고 좋은데 내려와서는 꼭 술자리로 연결되어 많은 시간을 빼앗기는 경우가 많기 때문이다. 같이 어울려 지내는 것도 좋긴 하지만 밤늦게까지 술을 마시면서 지내다보면 몸도 힘들어지고 시간도 아깝다는 생각이 들곤 했다. 그래서 등산도 가능하면 근처에 있는 산으로 가고, 먼 산은 한 달에 한 번 정도 가는 것을 원칙으로 하고 있다.

특히 주말에 밖에 나가지 않을 때는 청소나 세탁도 하고, 가끔은 요리도 한다. 혼자 잘 지내기 위해 가장 필요한 것이 바로 이런 일상적인 일이기 때문에 그것에 익숙해지려고 노력하고 있다. 가끔 아내를 대신해 화장실이나 부엌의 때 묻은 곳을 청소하고 나면 나 자신이 깨끗해진 것 같은 상쾌한 기분이 들어서 좋다. 또 가끔 진공청소기로 방 청소를 하는데, 청소 후 맨발에 느껴지는 방바닥의 깨끗함이 좋다. 청소기로 방바닥을 밀면서 옛날에 빗자루로 방바닥을 쓸고 걸레로 훔치던 때가 생각나 미소를 짓기도 한다.

나이가 들면 특히 자신의 인생을 돌아보고 앞으로 살아갈 날의 의미를 찾는 시간을 갖는 게 중요하다. 젊은 시절에야 세상이 정해준 대로 열심히 살면 그것으로 됐지만, 퇴직한 후에는 자신의 인생을 자신이 살아가야 하지 않겠는가. 그러기 위해서는 자신을 돌아보고 깊이 생각해보는 자신만의 시간을 갖는 게 무엇보다 중요하다. 친구들과 왁자지껄 떠들며 시간을 보내는 것도 좋지만, 자신을 돌아보기 위해 일부러 고독의 시간을 가지려고 노력하는 것도 필요하다. 혼자만 있는 시간과 여럿이 어울리는 시간을 적절히 조화

되도록 조정할 수 있는 능력은 퇴직한 남자라면 필수적으로 갖춰야 할 것 중
하나다.

2부

퇴직한 다음 가장 먼저 해야 할 일은 과거를 정리하는 것이다. 물론 과거 없이 어떻게 현재가 있을 수 있으며, 현재 없이 어떻게 미래가 있을 수 있느냐는 말에도 일리가 있다. 하지만 현재를 직시하기 위해 돌아보는 과거가 아니라 현재에서 한 걸음도 앞으로 나아갈 수 없게 발목을 잡는 과거라면 문제가 있다.

나이 50 전후에 퇴직했다면 이제까지 살아온 삶과는 전혀 다른 새로운 삶의 시작 지점에 서 있는 것이다. 이제까지 성공을 위해 달려온 삶이었다면, 앞으로는 행복을 위해 사는 삶이 돼야 한다. 이제까지는 외부적인 필요에 의해 만들어진 삶이었다면, 앞으로는 자기 내면의 소리에 충실한 삶이 돼야 한다. 이제까지는 밖으로 드러나는 '양'의 삶이었다면, 앞으로는 자기 내면의 소리에 귀를 기울이는 '음'의 삶이 돼야 한다. 이처럼 앞으로의 삶은 이제까지의 삶과 완전히 달라야 하기 때문에 과거의 삶은 버리도록 노력해야 한다.

퇴직은 나의 삶을 뒤흔드는 사건임에 틀림이 없지만, 달리 생각해보면 이제까지 달려온 삶에 쉼표를 찍는 소중한 순간일지도 모른다. 문장에 쉼표가 없으면 숨이 차서 읽을 수가 없듯이 인생에도

과거를 정리하자

숨을 고를 기회가 있어야 하는데, 퇴직은 인생 중반에 그런 기회를 주는 쉼표다. 누군가는 은퇴를 의미하는 영어단어 'retire'를 '타이어를 갈아 끼운다'는 의미로 읽을 수도 있다고 했다. 인생이라는 길을 달리다가 멈추고 쉬면서 타이어를 갈아 끼우는 것이 곧 퇴직이다. 타이어가 다 닳았는데도 계속 달리면 타이어에 펑크가 나고, 그러면 자동차가 뒤집혀지는 큰 사고가 일어날 수도 있다. 우리 인생도 퇴직을 계기로 새로운 인생 후반부를 설계하지 않으면 의미가 빠져나간 삶을 계속하는 비참한 인생이 될 가능성이 높다.

하지만 인생 중반에 단지 쉰다고만 해서 모든 문제가 저절로 해결되는 것은 결코 아니다. 문장이 쉼표 다음에도 그냥 계속 쉬어버리면 미완성인 상태로 남게 된다. 쉼표 다음에 이어지는 구절을 '그 덕분에'로 시작할지 '그 때문에'로 시작할지는 자신이 결정해야 한다. 여기서 중요한 점은 새로운 구절을 시작할 때는 그 전에 있었던 문구를 반복해서는 안 되고, 좀 더 발전적인 의미의 새로운 문구를 써야 한다는 것이다. 퇴직한 뒤에 과거를 잊어야 한다는 말은 바로 이렇게 하기를 주문하는 것이다.

3장

과거의 흔적 정리가 우선이다

나는 인터넷 모임을 비롯해 비교적 다양한 모임에 다니는 편이지만, 나이 많은 사람들의 모임에는 잘 가지 않는다. 그 이유는 내가 늙은 축에 드는 게 싫은 데도 있지만, 과거의 흔적에 파묻혀 떠드는 분위기가 싫은 데도 있다. 또 마이크를 잡으면 놓지 않으면서 다른 사람들이 어떻게 생각하든 아랑곳하지 않고 제 장광설만 늘어놓는 소리가 듣기 싫어서 그렇기도 하다. 내가 그들에 비해 과거 경력이 화려하지 않아서 꿀리니까 그러는 것 아니냐고 한다면 할 말은 없지만, 어쨌든 나는 과거를 먹고 사는 분위기에 빠지고 싶지 않다.

나이가 많은 사람들의 모임이 보여주는 특징 중 하나는 자체 직책과 감투가 많다는 것이다. 각자의 과거 경력에 맞춰 회장, 고문, 자문위원 등의 직책이 난무하고 명예회장, 명예위원장 등의 감투를 나누어 가진다. 하긴 나도 몇몇 모임에서 자문위원, 고문 등을 맡고 있긴 하다. 이런 모임의 또 다른 특징은 자신이 직접 자신을 소개하는 경우가 드물다는 것이다. 꼭 옆에 있는 사람이나 진행을 맡은 사회자로 하여금 자신의 전직이 무엇이었는지를 알리면서 자신을 소개하게 해서 다른 사람들로 하여금 자신의 위상을 알아보게 한다. 이런 모임을 만든 이유 자체가 사회의 공식적인 조직에서는 더 이상 직위를 유지할 수 없는 사람들이 회장이나 대표 등의 사적인 직위라도 만들어 나눠 가지는 데 있는 것 아닌가 하는 생각이 든다. 과거의 영광을 재현하려는 눈물겨운 노력이라고나 할까.

하지만 퇴직한 뒤에도 '왕년에 내가 이런 사람이었다' 고 과시하는 것은 현재 자신의 초라함을 고백하는 것이나 다름없다. 자신의 현재 모습이 자랑스럽고 현재의 자신이 행복하다고 느끼는 사람은 결코 자신의 과거를 그리워하지 않는다. 과거를 그리워하는 것은 그야말로 퇴행적 태도다. 나의 과거가 나의 밝은 미래에 밑받침이 되게 해야지 나의 미래를 가로막는 방해물이 되게 해서는 안 된다. 몸도 마음도 더 이상 움직이지 않는 노년의 최후 시기에야 안락의자에 앉아 과거를 회상하며 행복한 미소를 짓는 것이 자연스러운 모습일 수 있다. 아직 활발하게 움직일 수 있는 50~60대에도 과거를 먹고 산다면 큰 문제가 아닐 수 없다. 과거의 영광을 그리워하고 미래를 두려워하는 것은 곧 자신이 늙었음을 자인하는 것과 마찬가지다. 퇴직을 기점으로 과거는 과거로 놔두고 현재의 나 자신을 돌아보고 새로운 미래로 나아갈 수 있어야 한다.

하지만 과거를 정리하는 것이 그리 쉬운 일은 아니다. 특히 과거의 삶이 성공적이었다고 생각하는 경우에는 더욱 정리하기가 힘이 드는 것이 사실이다. 과거의 삶이 성공적이었다면 그 상태를 지속시키고 싶은 마음이 드는 것은 자연스러운 현상일 것이다. 하지만 삶의 목적 자체가 달라진 상황에서도 과거의 삶에 집착한다면 그것은 비극이 아닐 수 없다. 어쩌면 외면적인 성공을 위해 무작정 달린 인생 전반부의 삶에서 성공한 것이 내면의 행복을 위해 살아야 할 인생 후반부의 삶에 짐이 될 수도 있다. 더 나아가 과거의 성공에 대한 집착이 자신의 삶을 퇴행적으로 만드는 데 그치지 않고 주위 사람들, 특히 새로운 시대를 살아야 할 자녀에게까지 악영향을 미친다면 큰일이 아닐 수 없다. 산업사회에서 성공한 대한민국의 중년들이 미래사회에서 살아가야 할 현 세대에게 주입식 교육을 강요하는 현실의 비극을 예로 들 수 있다.

물론 과거의 삶이 성공적이지 못했던 사람들이라고 해서 과거를 정리하기가 쉬운 일인 것이 아니다. 스펙에 의해 승패가 좌우되는 인생 전반부의 싸움에서 패배했더라도 인생 후반부에 전혀 다른 삶을 시작할 수 있다는 사실을 외면하는 경우도 많이 본다. 과거는 과거일 뿐이다. 퇴직과 함께 과거를 과감히 정리하고 새로운 미래를 만들어가자.

인생 전반부의 흔적을 지우자

어디에든 강연을 하러 가면 강연이 시작되기 전에 꼭 거치는 절차가 있다. 바로 나에 대한 소개다. "오늘 연사로 모신 김송호 박사님은 1979년 서울대학교 화학공학과를 졸업하시고……"로 시작한 뒤 학력과 경력을 소개하고 나서 내가 저술한 책 제목들을 일부 소개하는 것으로 대개 끝난다.

그렇게 나를 소개하는 말을 가만히 듣다보면 그래도 내가 꽤 그럴듯하게 살아왔다는 생각이 들기도 한다. 뭐랄까, 포장이 화려하지는 않지만 봐줄 만은 하다고 해야 할까. 물론 장차관을 지내고 방송뉴스에 자주 나온 정도의 경력은 아니다. 그래도 나는 다른 누구에게도 뒤지지 않는 학력과 경력을 갖고 있다고 자부한다. 만약 누군가가 나에게 "인생 전반부의 삶을 후회하는가?" 혹은 "다시 인생 전반부로 돌아간다면 더 나은 삶을 살 수 있겠는가?"라고 묻는다면 나는 자신 있게 "아니요"라고 대답할 것이다.

책을 낼 때 나를 소개하는 경우에도 그렇다. 대개는 책 표지 안쪽에 저자 소개가 나가게 되는데, 그 부분을 쓸 때도 그리 고민하지 않고 쓸 수 있을 정도는 된다. 어쩌면 출판사에서 내 책을 출간하기로 결정하는 데도 내 학력이

나 경력이 조금은 영향을 미치지 않았을까 하는 생각을 해본다. 물론 요즘은 공학과 관계없는 주제의 책을 많이 쓰다 보니 오히려 공학박사라는 타이틀을 비롯한 공학 관련 학력과 경력이 내 책이 팔리는 데 지장을 주지는 않을까 하는 생각이 들 때도 있긴 하다. '공학박사가 인생에 대해서 뭘 알겠어?' 라든가 '공학박사가 썼으니 딱딱할 거야' 라는 선입견을 가질 수도 있을 테니.

아무튼 인생 후반부에는 인생 전반부와 다른 삶을 살아야 하고 그런 의미에서 인생 전반부의 삶은 인생 후반부를 살아가는 데 큰 의미가 없다고 할 수도 있겠지만, 나는 인생 전반부와 완전히 단절된 인생 후반부는 없다고 생각한다. 나 자신의 경우에도 기술자로서 살아온 인생 전반부의 삶을 완전히 버리고 인생 후반부를 살아갈 수는 없다. 인생 후반부에도 인생 전반부와 같이 기술자로서의 삶을 살아갈 수는 없겠지만, 기술자로서 살아오면서 굳어진 습성을 완벽하게 버리고 인생 후반부를 살아갈 수도 없다. 아니 어쩌면 기술자로서 살아온 나의 인생 전반부가 나의 인생 후반부를 풍요롭게 해주는 큰 자산일 수도 있다. 예를 들면 나는 '행복한 시니어 공동체' 를 이루면서 살아가는 것을 인생 후반부의 가장 큰 목표로 삼고 있는데, 그 공동체에서 중요하게 부각될 '에너지를 어떻게 친환경적으로 조달할 수 있느냐' 는 문제를 해결해나가는 데 기술자로서, 특히 화학공학 기술자로서 내가 쌓은 경험이 큰 도움이 될 수 있다고 본다.

이렇게 나의 인생 전반부에 대해서 얘기하다보니 내가 너무 자화자찬을 늘어놓는다는 비난을 받을 수도 있겠다는 생각이 든다. 하지만 결코 나를 자랑하기 위해 그런 얘기를 꺼낸 게 아니다. 그보다는 인생 전반부 삶의 흔적이 인생 후반부 삶의 발목을 잡게 해서는 안 된다는 점을 강조하기 위해 그렇게 서두를 뗀 것이니 너그럽게 이해해주기 바란다.

나는 그런 자랑스러운(?) 인생 전반부의 흔적들을 버리기 위해 끊임없이 노력하고 있다. 사람들이 부러워하는 대학을 다니고, 공학박사 학위를 따고, 대기업에 다니고, 상장회사 임원을 지내고, 사장도 해본 등등의 학력과 경력을 다 묻어버리고 새로 시작한다는 자세로 인생 후반부를 살자고 다짐하고 있다. 하지만 뭔가를 하려면 과거의 학력과 경력을 요구하는 사회 시스템에 적응하며 살아온 탓에 인생 전반부의 이력으로부터 자유로울 수가 없다. 아니 어쩌면 나도 모르게 내가 인생 전반부의 그림자에 은근히 기대고 있는지도 모르겠다.

내가 인생 전반부 삶의 흔적들을 버리기가 이렇게 힘든데, 인생 전반부에 누가 봐도 빛나는 업적을 쌓은 분들은 얼마나 그러기가 힘들까 하는 생각을 해본다. 한편으로는 한국사회에서 인생 전반부에 어설프게 성공한 사람들이 인생 후반부에 힘들어하는 것도 체면을 중시하는 한국문화 때문이 아닌가 하는 생각도 든다. 인생 전반부에 사회적 지위가 높아 잡다한 일들을 누군가가 대신 해줬던 경우에는 모든 일상생활을 자신이 직접 처리해야 하는 인생 후반부의 삶에 적응하지 못할 가능성이 높다. 다행히 나의 경우에는 그 정도로 사회적 지위가 높았던 적도 없고, 원래 내 천성이 내 일은 내가 직접 처리해야 직성이 풀리는지라 지금 인생 후반부를 살아가는 데 큰 지장은 없다.

지금 나는 기업에 인재를 소개해주는 헤드헌팅 일을 하고 있는데, 기업에서는 과거의 이력을 기준으로 필요한 인력을 찾는 경우가 대부분이다. '어느 분야에서 몇 년 이상의 경력을 가진 사람'이 가장 흔한 기준인데, 심지어는 10년 이상의 경력을 가진 인력을 뽑으면서도 대학 순위에서 어느 대학 이상 출신으로 추천대상을 한정하는 경우도 있다. 그러니까 그 어느 대학 이상으로 좋다는 대학을 나오지 않은 사람은 평생 그 회사에 들어갈 자격 자체가 안 되는 것이다. 이런 경향은 대기업일수록, 그리고 전통적 제조업체일수록 더 심하다. 물론 지원자가 너무 많으니까 손쉽게 원하는 인재를 골라내는 방법으로 어느 수준 이상의 대학 출신을 선호하는 것 자체는 이해가 되지만, 그렇게 하는 것은 사람들로 하여금 대학의 굴레를 평생 쓰고 다니게 하는 것이어서 좀 너무하는 게 아닌가 하는 생각도 든다.

누군가가 농담으로 나이 50이 넘어가면 학력, 미모, 경력이 모두 지워지고 새로운 인생이 시작된다고 했는데, 나는 이 말에 전적으로 동의한다. 인생 전반부에 장차관을 지냈다 하더라도 인생 후반부에는 그 흔적을 지우고 평범한 개인으로 돌아와야 주위와 좋은 관계를 맺으면서 행복하게 살 수 있다. 물론 그렇게 인생 전반부를 완전히 지우고 백지상태에서 새로 시작한다는 것이 쉬운 일은 아니다. 또 인생 전반부가 없는 인생 후반부는 존재할 수도 없다. 관건은 인생 후반부에는 인생 전반부에 가졌던 마음가짐을 버리고 완전히 새로운 패러다임을 취하여 거듭나야 한다는 것이다. 다시 말해 인생 전반부에 자랑스러운 자신의 학력과 경력을 출세하고 부를 쌓는 데 사용했다면, 인생 후반부에는 자신의 능력을 나누어 남을 위해 봉사하는 삶을 살아야 한다. 인생 전반부에 남을 누르고 경쟁에서 이겨야겠다는 생각만 했다면, 인생 후반부에는 남을 도우며 서로 같이 행복해지려는 삶의 자세를 가져야 한다.

퇴직은 인생 전반부의 흔적을 지우고 인생 후반부를 새로 시작할 수 있는 소중한 기회다. 인생 전반부의 흔적을 지워야 한다는 말을 인생 전반부가 없는 단절된 인생 후반부를 만들어야 한다는 의미로 잘못 해석해서는 안 된다. 인생 전반부의 흔적은 있는 그대로 놔두고 새로운 인생 후반부를 만들어가라는 의미다. 인생 전반부의 성공을 그대로 밀고 나가면 인생 후반부에도 성공할 것이라고 생각하지 말라는 것이다. 또 인생 전반부에 실패했으니 인생 후반부도 포기해야겠다고 생각하지 말라는 것이다. 인생 전반부에 성공했든 실패했든 그 결과의 상태를 새로운 출발점으로 삼아 새로운 삶을 살아갈 수 있다는 사실이 중요하다.

떠밀려 사는 삶을 청산하자

아침에 눈을 뜨면 무슨 생각이 먼저 드는가? 직장생활을 하고 있는 사람이라면 '아, 조금만 더 잤으면 좋겠다. 언제 잠이라도 실컷 자보나?' 라는 생각이 들 것이고, 이미 퇴직한 사람이라면 '아니 벌써 아침이야? 오늘 하루는 또 어떻게 보내야 하나?' 라는 생각이 드는 경우가 많을 것이다. 직장생활을 할 때 그렇게 소원이었던 '잠을 실컷 잘 수 있는 삶' 이 퇴직과 동시에 실현됐음에도 불구하고 감사하기보다 또 다른 불평을 늘어놓는 것이 우리네 삶의 자세이기도 하다.

그러면 왜 직장생활을 할 때 아침에 일어나기가 싫은 것일까? 가장 큰 이유는 직장생활이 잠보다 즐겁지 않기 때문이다. 만약 골프를 처음 배우고 있는데 모처럼 예약이 되어 새벽 골프를 치러 가게 됐다면 아마도 밤에 잠도 설치면서 기다렸다가 예정시간보다 더 일찍 일어나서 갈 것이다. 그런데 직장생활은 마지못해 떠밀려 하는 것이기 때문에 잠에서 깨어나고 싶지 않은 것이다. 물론 현대그룹의 고 정주영 회장은 "회사에 가는 것이 너무도 즐거워서 언제면 아침이 되나 하고 늘 생각했다"고 하지만, 그거야 그가 직장인이 아니라 자신의 사업을 한 사람이니 다른 얘기다.

과거에 내가 자랄 때만 해도 직장생활은 떠밀려서 하더라도 그 전의 학교 생활은 그렇지 않은 편이었는데, 요즘은 태어나자마자부터 떠밀려 사는 것 같다. 초등학생 때부터 학교에 갔다 오면 각종 학원에 가랴, 과외공부를 하랴 자신의 시간이라고는 거의 찾아볼 수 없다. 그렇게 떠밀려서 수능시험을 보고, 점수에 맞춰 대학에 가고, 다닌 대학의 수준에 맞춰 회사에 들어가고, 회사에서는 경쟁시스템에 적응하며 살다가 나이가 들면 떠밀려서 퇴직하는 세상이 됐다. 물론 이렇게 떠밀리며 사는 삶도 내가 원하기만 하면 퇴직과 더불어 끝낼 수 있다. 그런데 떠밀리며 사는 삶이 싫다고 하면서도 그런 삶에 익숙해지다 보니 떠밀리며 살지 않으면 불안해지게 된 것이 문제다. 그렇지만 행복하게 살기 위해서는 떠밀리며 살아서는 안 된다. 내가 주체가 되어 내 삶을 살아야 한다. 그러려면 내 인생의 운전대를 내가 잡아야 한다.

하지만 떠밀려 사는 삶이 싫다고 생각하기만 해서는 해결되는 것이 아무것도 없다. 우리는 떠밀려 사는 데 너무 익숙해져 있기 때문에 그런 생활을 중단하면 금단현상이 일어날 수 있다. 아니 금단현상 정도가 아니라 삶이 완전히 파괴될 수도 있다.

새장 속의 새가 자유로워지고 싶다고 해서 무작정 탈출한다면 야생에 적응하지 못해 오히려 죽을 수도 있다. 새장 속에 있을 때는 자유롭지는 않지만 주는 먹이를 먹으며 편안하게 살 수 있다. 하지만 자유를 찾아 새장을 나서는 순간부터는 야생에서 먹이를 찾아야만 생존할 수 있다. 자유로우면서도 편안하게 먹이 문제를 해결할 수 있는 방법은 없다. 편안하게 먹이를 먹으려면 자유를 포기해야 하고, 자유를 찾으려면 먹이를 찾는 수고를 감당해야 한다. 야생에서 먹이를 찾지 못하면 배고픔의 고통을 겪을 수도 있고, 심하면 굶어죽을 수도 있다. 그렇기 때문에 동물원의 반달곰을 야생으로 내보내려면 그

전에 몇 달 내지 몇 년 동안 야생적응 훈련을 시켜야 하는 것이다.

퇴직한 다음에 삶의 자유를 찾으려면 그 전에 적응훈련을 해야 한다. 하지만 회사가 주는 고정된 월급이라는 달콤한 먹이에 익숙해진 우리로서는 퇴직 후를 대비한 야생적응 훈련의 필요성을 대부분 절감하지 못한다. 더구나 그 적응훈련은 자신이 스스로 그 필요성을 인식하고 스스로를 단련시키기 위해 해야 하는 것이기 때문에 어려움이 크다.

나는 직장을 다니다가 그만두고 10여 년간 사업을 하는 기간을 거치고서 프리랜서 생활을 시작했는데도 불구하고 여전히 야생에서 생존하는 데 어려움을 겪고 있다. 사업도, 프리랜서 생활도 야생에서 생존하기 위한 것이라는 점에서는 나에게 마찬가지다. 그런데 사업을 하는 과정을 거쳤는데도 프리랜서 생활이 힘들다. 프리랜서 생활을 하기 전에 미리 책도 쓰고 강연도 하는 등 어느 정도 준비를 했는데도 어려움이 있다.

그러니 직장생활만 하다가 갑자기 퇴직한 경우에는 어려움이 얼마나 크겠는가. 그렇다고 하더라도 떠밀려 살던 삶을 떠나 야생에서 살기 위한 준비를 해야 하는 책임은 바로 자신에게 있다. 누군가가 이런 사실을 깨우쳐주고 미리 대비하라고 조언하는 경우는 극히 드물다. 설사 주위에서 누군가가 그런 조언을 하더라도 직장생활을 하는 동안에는 귓등으로 흘려들을 가능성이 높다. 물론 직장생활을 하는 동안에 야생적응 훈련을 하는 것도 쉬운 일은 아니다. 하지만 언제든 야생으로 나갈 수도 있다는 생각을 갖고 마음속으로라도 대비하는 것이 아예 대비하지 않는 것보다는 훨씬 낫다. 마음속으로라도 대비한다면 하다못해 직장을 옮겨본다든가, 개인 브랜드를 만든다든가, 책을 쓴다든가 하며 미리 준비할 생각을 할 테니까.

애완동물에 비유하면 직장생활에 충실한 인생 전반부 삶은 강아지의 삶이고, 퇴직 후 삶은 고양이의 삶이라고 볼 수 있다. 강아지와 고양이는 둘 다

애완동물이지만 특성은 완연히 다르다. 강아지는 주인에게 충실한 애완동물로 정평이 나 있는 데 비해, 고양이는 애완동물로 취급되기는 하지만 인간에게 완전히 길들여지지 않았다.

나는 애완동물을 아주 좋아하지는 않지만 아주 싫어하지도 않는 편이다. 만약 강아지와 고양이 중 어느 것을 기르겠느냐고 누가 물으면 나는 강아지를 기르겠다고 대답할 것이다. 하지만 만약 내가 죽은 다음에 환생할 때 강아지로 태어나고 싶냐, 고양이로 태어나고 싶냐고 누가 물으면 나는 고양이로 환생하기를 선택할 것이다. 그 이유는 강아지는 주인에게 충실하니 주인은 좋겠지만 강아지의 입장은 독립적이지 못하다고 생각하는 데 있다. 강아지와 달리 고양이는 주인에게 그리 충실하지 못하니 주인은 좋지 않겠지만 고양이 자신은 독립성이 있어 언제든지 야생으로 돌아가 혼자 살아갈 수 있다. 집밖을 돌아다니는 야생 고양이를 본 사람은 많겠지만 야생 강아지를 본 사람은 별로 없을 것이다. 동네를 어슬렁거리며 돌아다니는 주인 없는 강아지가 가끔 있긴 하지만, 그런 강아지는 주인이 아니어도 누군가로부터 먹이를 구하지 스스로 먹이를 해결하는 경우는 보지 못했다. 야생 고양이는 혼자서도 살아가지만, 강아지는 설사 야생 상태로 돌아가더라도 무리를 짓지 않으면 살아갈 수 없다. 그래서 나는 죽은 뒤 환생한다면 강아지보다는 고양이가 되고 싶다는 것이다.

퇴직한 다음에는 분명히 자유롭게 살면서 행복을 추구할 기회가 주어진다. 하지만 그 기회는 떠밀려서 살던 삶의 방식을 버리고 야생에서 살아갈 능력을 갖추고 있을 때만 낚아챌 수 있다. 주인에게 버림받고 나서도 주인을 그리워하는 강아지의 삶을 살 것인지, 아니면 주인이 버리기 전에 스스로 야생의 삶을 택하는 고양이의 삶을 살 것인지는 각자가 스스로 결정해야 한다. 그리고 고양이의 삶을 선택한다면 야생성을 찾는 노력도 스스로 해야 한다.

많이 버릴수록 행복하다

불교TV에서 '21세기 행복한 노후 특강'을 진행하면서 '행복지수=소유/욕구' 라는 행복공식을 자주 사용했다. 이 공식이 뜻하는 바는 행복하려면 소유를 늘리거나 욕구를 줄이면 된다는 것이다. 우리는 대부분 인생 전반부 삶에서는 욕구가 일정하다고 보고 소유를 늘려 행복지수를 높이려고 한다. 그런데 문제는 소유를 늘려서 행복지수를 높이는 방법에는 치명적인 단점이 있다는 것이다. 그것은 욕구가 고정돼 있지 않다는 것이다. 소유를 늘리면 욕구가 더 큰 비율로 늘어난다.

예를 들어 자동차가 없던 사람이 소나타를 사면 소유가 늘어나므로 행복하지만, 친구가 에쿠스를 타고 다니는 것을 보게 되면 욕구가 늘어나서 소나타를 산 것만으로는 더 이상 행복하지 않고 오히려 비교가 되어 불행해진다. 이런 예는 어디에서나 찾을 수 있다. 자녀가 인 서울(in Seoul) 대학에 들어가서 행복하다가도 동창의 자녀가 SKY 대학에 들어갔다는 얘기를 듣고 나면 더 이상 행복하지 않게 된다.

내가 이 공식을 즐겨 사용하는 것은 이 공식을 보면 행복해지는 방법을 간단하게 알 수 있기 때문이다. 즉 행복하기 위해서는 소유를 늘리되 그에 따라 욕구가 늘어나지 않도록 하면 된다. 소나타를 사서 행복하다면 친구가 에쿠스를 타고 다니더라도 부러워하지만 않으면 계속 행복할 것이다. 내 자녀가 인 서울 대학에 들어갔다면 동창의 자녀가 SKY 대학에 들어가도 부러워하지만 않으면 계속 행복하다.

하지만 소유를 늘리면서 욕구는 있던 그대로 잡아두거나 줄이는 것은 웬만한 공력으로는 불가능하다. 나도 그러기가 쉽지 않다. 이론적으로 잘 알고 있고 다른 사람들에게 설명도 하지만, 막상 내 문제로 돌아오면 그게 그렇게 간단하게 해결되지 않는다. 나도 다른 많은 사람들이 보기에는 부러울 것이 없을 정도로 많이 가진 사람으로 보이겠지만 나보다 더 나은 사람과 스스로를 비교하게 되고, 그러면 행복하다고 느끼던 기분이 싹 사라지는 걸 느끼곤 한다. 노후에 연금이 한 달에 몇 백 만원씩 나오는 교수 친구들이 부럽고, 부모를 잘 만나 물려받은 재산이 많아 돈 걱정이 없는 친구가 부럽다. 자식이 대기업에 취직하거나 의사가 되어 고생하고 있다고 은근히 자랑하는 친구를 보면 한 대 콕 쥐어박고 싶다. 교육에 그렇게 많이 투자했는데도 일류 직장에 들어가지 못한 내 자식들이 생각나서다.

행복공식을 자세히 들여다보면 행복해질 수 있는 쉬운 방법을 깨닫게 된다. 그것은 소유를 늘리기보다 욕구를 낮춰서 행복해지는 방법이다. 쉽게 말하면, 이미 소유하고 있는 것에 감사하는 마음을 가지고 욕구를 줄여나가면 행복해진다는 것이다. 이것이 바로 인생 후반부, 즉 퇴직한 뒤에 추구해야 할 삶의 자세다. 그런데 욕구는 버리겠다고 마음먹는 것만으로 낮춰지는 것이 아니다. 나는 소유를 버리면 욕구가 더 큰 비율로 낮춰지는 것을 점점 더 분명하게 느끼고 있다. 가장 이상적으로 말한다면, 욕구를 다 버려서 제로(0)로 만들면 행복이 무한대가 될 것이다. 하지만 인간인 내가 욕구를 많이 버리려는 노력은 할 수 있겠지만 완전히 제로로 만들 수는 없지 않겠는가.

평범한 나로서 할 수 있는 가장 현실적인 방법은 내 욕구 중에서 정말로 나에게 필요한 것이 무엇인가를 알아내어 그 꼭 필요한 것만 원하는 것이다. 이런 과정을 거치면 자연스럽게 그 필요한 것만 남기고 다른 것들은 모두 버리게 될 거라고 생각한다. 이게 바로 무소유다. 무소유로 유명한 법정 스님의 무소유에 대한 정의가 바로 '나에게 진정으로 필요한 것만 남기고 다 버리는 것'이다. 부처의 경지에 이르면 내 육신까지 보시하고 세상에 아무것도 남기지 않고 사라질 수 있겠지만, 평범한 나로서야 그 정도까지 완벽한 무소유의 경지에는 이르지 못할 것이 확실하다.

세상을 떠나 도를 닦는다면 무소유가 자연스러울 수 있지만, 이 세상의 일원으로 살아가면서 무소유로 살기란 거의 불가능하다. 왜냐하면 이 세상 자체가 소유의 삶을 전제로 움직이기 때문에 나만 홀로 무소유로 살 수가 없기 때문이다. 그래서 스님들의 경우에는 절이라는 공동체를 통해서 무소유의 삶을 실천하는 것이다. 마찬가지로 천주교의 수도자들도 수도원이라는 공동체에서 무소유의 삶을 실천하고 있다. 종교적인 이유에서가 아니라 삶을 풍족하게 하기 위해서 무소유를 추구하는 야마기시 공동체의 경우에도 '실현지(實現地)'라는 이름으로 자신들만의 공동체를 형성해서 살고 있다. 물론 야마기시 공동체의 경우에는 궁극적으로 자신들만의 폐쇄적 공동체에 그치는 것이 아니라 이 세상 전체를 야마기시즘 실현지로 만들겠다는 목표를 갖고 있다.

그런 의미에서 나도 무소유의 삶을 추구하기 위해 '행복한 시니어 공동체'를 추진하고 있다. '행복한 시니어 공동체'를 통해 '자급자족하는 생활 공동체'를 지향하면서 무소유의 삶을 실천하고자 하는 것이다. 즉 진정으로 우리에게 필요한 것이 무엇인지를 생각하고, 소유를 늘리려고 아등바등하지

않는 것이 '행복한 시니어 공동체'가 추구하는 바다. 자급자족하는 정도로
만 노력하고, 남는 시간에는 내가 행복하기 위해 나의 노력과 시간을 쓰자는
것이다. 도를 닦는 스님처럼 욕구를 모두 내려놓는 것은 평범한 우리에게는
벅찬 일이니 그저 욕구가 늘어나지 않도록 묶어두기라도 하자는 것이다. 몇
년 후 '행복한 시니어 공동체'가 실현되면 자급자족할 수 있을 정도로만 최
소한의 노동을 하고, 나머지 시간에는 취미활동이나 각자 좋아하는 일을 할
수 있을 것이라고 생각한다. 더 나아가 자신이 좋아하는 일을 하면 저절로 자
급자족이 가능해지도록 하는 것을 궁극적인 목표로 삼고 있다. 그렇게만 된
다면 저절로 행복해지지 않겠는가.

공동체를 만들기 위해 많은 사람들이 모이면 갈등이 생길 텐데 어떻게 해
결할 것이냐고 걱정하는 말을 많이 듣는다. 나는 '행복한 시니어 공동체'가
내가 구상한 대로 자급자족하는 형태가 되면 그 문제는 저절로 해결될 수 있
을 것이라고 확신한다. 왜냐하면 갈등은 서로의 이해관계가 대립될 때 생기
는 것이고, 그런 갈등은 소유를 서로 늘리려고 할 때 나타나기 때문이다. 즉
구성원들이 자급자족하는 정도로 욕구를 줄이고 소유를 더 이상 늘리지 않
으면 이해관계가 대립할 필요가 없고, 그러면 갈등도 생기지 않을 것이다.

물론 이론적으로는 이렇게 쉽지만 실제로 소유를 늘리기에 익숙한 현대
도시인들이 욕구를 줄이고 소유를 더 이상 늘리지 않는다는 '행복한 시니어
공동체'의 취지에 완벽하게 따를 수 있으리라고는 생각하지 않는다. 그러므
로 '행복한 시니어 공동체'에 들어오기 전에 충분히 교육을 받고, 체험을 하
고, 실제로 생활해보는 등 다양한 방법으로 문제점을 파악하고 서로 토론하
고 이해해가는 과정을 거치도록 할 것이다.

그렇다고 무소유의 삶을 실천하기 위해 반드시 공동체를 만들어야 한다
는 것은 아니다. 퇴직 후에는 비록 완벽하게 무소유의 삶을 실천하지는 못하

더라도 앞에서 제시한 나의 행복공식 '행복지수=소유/욕구' 에서 소유를 늘리는 데 집착하지 않고 욕구를 서서히 낮춰가는 노력만으로도 충분히 행복을 누릴 수 있다. 자신의 욕심을 조금씩 내려놓는 노력만으로도 우리의 삶은 행복으로 점점 더 차오를 것이다.

실패도 중요한 자산이다

얼마 전에 평창에 있는 고루포기산을 혼자서 등산한 적이 있다. 평창의 알펜시아에서 워크숍이 있어서 참석했다가 오전에 워크숍 일정이 일찍 끝나서 근처에 있는 고루포기산에 간 것이다. 물론 내가 등산을 워낙 좋아해서 미리 워크숍 일정을 살펴보고 등산 준비를 하고 갔다. 워크숍 일정을 마치고 알펜시아에서 출발할 때는 날씨가 맑았는데 등산 출발지점인 대관령 휴게소에 도착하니 안개가 자욱했다. 비가 오지 않는 것만도 다행이라 생각하고 산행을 시작했다.

평일이라 그런지 등반하는 사람이 거의 없어서 혼자 걸었다. 호젓한 산길을, 그것도 안개가 자욱한 산길을 혼자 걸으려니 으스스한 기분이 들기도 했다. 안개 낀 산길을 걸으면서 문득 이런 생각이 들었다. '왜 저 아래는 날씨가 맑은데 여기는 안개가 자욱할까?' 물론 자연과학적으로 설명한다면, 낮은 지역에 있던 고온의 공기가 높은 지역으로 올라오면서 온도가 낮아져서 수증기가 응결됐기 때문이다. 좀 더 전문적인 용어로 설명하자면, '푄(Föhn) 현상' 때문에 서쪽에서 넘어오던 공기 속의 수증기가 태백산맥을 넘으면서 온도가 낮아져 응결되면서 안개가 형성된 것이다. 용평에 스키장을 세운 이유도 바로 이런 푄 현상 때문에 겨울에 평창 지역에 눈이 많이 내리기 때문이다.

내가 이렇게 안개 얘기를 하는 것은 안개를 보면서 떠오른 생각 때문이다. 사실 공기가 낮은 지역에 있을 때도 공기 속에 안개(수증기)가 있다. 다만 그 수증기가 공기 속에 자신의 실체를 숨기고 있기 때문에 우리 눈에 보이지 않을 뿐이다. 그 수증기가 높은 산 때문에 형성된 낮은 기온이라는 조건을 만나면 제 형태를 드러낸다. 다시 말하면, 안개가 자신의 속성을 나타내기 위해서는 낮은 기온이라는 조건이 필요한 것이다. 우리 인간에게도 공기 속의 수증기와 같은 속성이 있다고 생각한다. 그 속성은 평상시에는 우리 눈에 잘 보이지 않다가 어떤 특별한 조건, 특히 시련을 만나면 본모습을 드러낸다.

어떤 사람을 평가해보려면 같이 여행이나 게임을 해보면 된다는 말이 있다. 사람은 평상시와 다른 어려운 상황에서 자신의 숨겨졌던 진면목을 드러내는 속성이 있기 때문이다. 그러니까 우리가 인생길을 가다가 만나는 시련은 우리 안에 들어있는 진면목이 겉으로 드러날 기회를 신이 우리에게 주는 것이다. 누군가가 얘기했듯이, 신은 나중에 큰 행운이나 복을 주기 위해서 우선 시련을 주어 우리를 단련시킨다고 하지 않는가. 아무런 시련도 겪어보지 않은 채 복이나 행운이 주어지면 감당이 안 되어 오히려 불행해진다. 로또 복권에 당첨된 사람들 중에 결국은 인생 파탄의 비운을 맞는 경우가 많은 것도 이런 이유에서다.

그런 의미에서 나는 인생 전반부에 겪은 실패는 오히려 큰 자산이라고 생각한다. 실패가 없이 승승장구한 사람은 자신의 진면목을 제대로 알지 못할 가능성이 많다. 실제로 실패를 한 번도 안 해보고 계속 성공만 한 사업가는 나중에 크게 실패할 확률이 높다고 한다. 인생에서도 시련을 통해 단련돼야만 진정한 성공의 길을 알고 성공의 가치를 알 수 있다. 강한 칼은 무수한 담금질을 통해서만 만들어질 수 있다. 그냥 틀에 넣어서 만든 칼은 보기에는 좋을지 모르지만, 강한 물건을 자를 때는 바로 두 동강 나고 만다.

실패를 겪고 그걸 극복한 경험이 있다면 나중에 비슷하거나 더 큰 시련이 오더라도 이겨낼 수 있다. 세균에 의해 발생하는 치명적인 질병을 예방하기 위해 그 세균을 약하게 해서 인체에 넣어 일부러 약하게 그 질병을 앓도록 하는 예방주사가 바로 이런 원리에 따른 것이다. 우리 몸이 어떤 세균과 싸워본 경험이 있으면 나중에 그 세균이 더 강한 상태로 들어오더라도 준비가 돼있기 때문에 이겨낼 수 있다. 감기에 한 번도 걸려본 적이 없는 에스키모 인들에게는 감기가 한 번 걸리면 생사를 넘나들게 할 정도로 치명적인 질병이라고 한다. 하지만 감기에 자주 걸리는 우리에게는 감기가 앓게 되기는 하지만 얼마든지 극복할 수 있는 질병이다. 스키를 배울 때 가장 먼저 배우는 것이 넘어지고 일어서는 방법이다.

만약 인생 전반부에 큰 실패를 겪었다면 큰 자산을 가진 셈이니 오히려 기뻐할 일이다. 문제는 대부분 보물인 줄도 모르고 그 소중한 실패의 경험을 버린다는 사실이다. 한 번의 실패로 낙담하고 자신을 패배자로 낙인찍는 우를 범하는 경우가 너무나 많다. 누군가의 말대로 "내가 실패라고 포기하지 않는 한 인생에서 실패란 있을 수 없다." 한 번 실패를 하더라도 다시 일어서면 그 실패는 실패가 아니라 다시 앞으로 나아가면서 사용하는 소중한 자산이 된다. 물론 한국의 사회 환경에서는 한 번 실패한 사람이 다시 일어서기가 너무나 힘든 것이 사실이다. 하지만 한국 사회도 경제적으로 파탄에 이른 사람들에게 개인회생이나 파산 절차를 통해 다시 시작할 기회를 주고 있지 않은가. 물론 그런 절차와 같은 외부적 힘을 빌리지 않고 자신의 힘만으로 다시 일어서면 더 좋겠지만.

인생 전반부에 겪는 실패는 어쩌면 신이 우리에게 그 방향으로 가지 말고 다른 방향으로 가라고 암시를 주는 것인지도 모른다. 그동안의 방향으로 계속 나아가면 좋지 않은 결과가 나올 것을 미리 알고 있는 자비로운 신이 우리에게 방향을 틀라고 툭툭 때리는 것인지도 모른다. 그걸 눈치 채지 못하는 우리를 바라보면서 신이 얼마나 안타까워하고 있을까 생각해보는 기회를 가져보면 어떨까. 마치 몸에 해로운 물건을 달라고 조르는 어린 자식에게 그걸 주지 못하고 더 좋은 다른 것을 주기 위해 애쓰는 부모처럼 말이다. 그러니 실패를 하고 나서는 실패한 사실에 집착해서 의기소침할 게 아니라, 신이 나에게 가르쳐주려고 하는 방향을 바라볼 줄 아는 지혜를 가져야 한다. 앞만 보고 달려왔던 발걸음을 일단 멈추고 좌우상하를 살펴볼 일이다. 그러고 나서 보면 아마도 앞에는 낭떠러지요 바로 옆으로 좋은 길이 나있는 것을 발견하게 될 것이다.

인생 전반부에 실패했다면 자신에게 진정으로 필요한 것이 무엇인지를 발견했을 수도 있다. 예를 들어 자신에게 힘이 되어주는 배우자와 가족이 옆에 있다는 사실을 새삼스럽게 느꼈을 수 있다. 실패를 겪고 나서 모두가 떠난 후에도 옆에 있으면서 다시 일어설 수 있도록 격려해주는 가족의 힘을 느꼈다면 그 무엇과도 바꿀 수 없는 소중한 것을 발견한 것이다. 만약 실패를 겪지 않았더라면 가족이 옆에 있는 것을 너무나 당연하게 생각했겠지만, 실패함으로써 비로소 그 소중함을 가슴으로 느끼게 된 것이다. 마치 공기 중에 있지만 평상시에는 눈에 보이지 않던 수증기가 낮은 기온을 만나면 안개로 제 모습을 드러내듯이 말이다. 가족뿐만이 아니라 친구들의 경우도 마찬가지다. 내가 성공하고 뭔가 베풀 수 있을 때는 주위에서 알랑대던 친구들도 내가 실패하면 대부분 곁을 떠난다. 하지만 진정한 친구는 그때야 제 모습을 드러내는 법이다. 실패를 통해 그런 진정한 친구만 발견할 수 있어도 그 실패는 충분한 가치가 있는 게 아니겠는가.

　실패를 하면 인생의 밑바닥을 경험해보게 된다. 무엇을 해보려고 해도 가로막히고 누구에게 부탁을 해도 거절당하는 경험을 통해 세상의 삭막함을 새삼 느끼게 된다. 전에는 무심히 지나쳤을 노숙자의 모습도 내가 실패하고 나면 다른 눈으로 보게 된다. 잘 나갈 때는 무시하던 친구에게 내가 너무했다는 생각을 할 수도 있다. 역설적이게도 바닥으로 떨어져 세상의 삭막함을 느낄 때 비로소 세상의 따뜻함에 눈을 돌리게 된다. 추운 겨울을 지나고 나서야 봄 햇살의 따스함이 새삼 고맙게 느껴지듯이 말이다. 그러니 인생 전반부에 실패했다고 해서 너무 실망하거나 주저앉지 말자. 인생 전반부에 좋은 경험을 했으니 이제부터 진정한 나의 인생 후반부를 시작할 수 있다고 마음먹어 보자. 인생 50에는 학력, 미모, 재물을 비롯해 모든 것이 리셋된다고 하지 않는가.

돈을 벌겠다는 생각을 버리자

얼마 전에 컨설팅을 하는 친구를 만났는데, 요즘 실버창업 컨설팅을 하고 있다고 했다. 구체적으로 무슨 컨설팅을 하느냐고 물어봤더니 퇴직한 사람들을 모아놓고 창업 컨설팅을 하는데, 국가에서 장려하는 사업이어서 국가에서 1인당 얼마씩의 컨설팅비를 받는다고 했다. 그래서 나는 그 친구에게 "자네야 컨설팅비를 받아서 좋겠지만, 자네가 그 사람들에게 몹쓸 짓을 하고 있는 건 아닌지 생각해보라"고 충고했다.

국가의 입장에서야 당장 실업률을 낮춰야 하니까 퇴직한 사람들이 창업하도록 유도하는 게 당연할 수도 있다. 구직 의사를 갖고 있는 퇴직자들도 실업자 수에 포함되어 실업률을 높이는데, 그런 퇴직자들이 창업을 하면 실업자 수에서 빠져 실업률이 낮아지기 때문이다. 하지만 그런 퇴직자들이 사업에 실패하면 어떻게 되는가? 사업을 하지 않으면 그나마 준비한 노후자금으로 최저생활이라도 할 수 있지만, 사업에 실패하면 최저생활 유지도 걱정해야 하는 처지가 된다. 젊을 때 창업을 했다가 실패하면 다시 일어설 기회가 있지만, 나이 들어 퇴직한 뒤에 창업을 했다가 실패하면 다시는 일어설 수 없다. 그래서 내가 창업 컨설팅을 하는 친구에게 신중하게 다시 생각해보라고 충고한 것이다. 그 친구야 국가에서 컨설팅비를 받아서 좋겠지만, 만약 그 친구의 컨설팅을 받고 창업한 사람이 실패한다면 그 사람에게 큰 손해를 입히게 되기 때문이다.

실제로 창업한 뒤 10년 후까지 살아남는 비율은 10퍼센트도 안 되는 것으로 나타나고 있다. 한 조사에 따르면 1년 이내에 폐업하는 비율이 약 30퍼센트, 3년 이내에 폐업하는 비율이 약 50퍼센트에 이른다고 한다. 이것은 창업자 전체의 통계일 뿐이고 창업자 중 퇴직자의 창업 실패율은 그보다 낮을 거라고 생각하는가? 퇴직자는 직장 경험이 있고 어떤 분야의 전문지식을 갖추고 있을 뿐더러 대부분 프랜차이즈 등 안정적인 사업 분야를 택하기 때문에 그 정도로 창업 실패율이 높지는 않을 거라고 항변하는 사람도 있을 수 있다. 하지만 퇴직자는 직장생활에 너무 익숙해진 탓에 사업자로 자신의 체질을 바꾸기가 힘든 경우가 많다. 또한 퇴직금이라는 목돈을 갖고 있다 보니 상대적으로 돈을 많이 들여 몸이 편한 사업을 하려는 경향이 있다. 게다가 사회적인 지위를 의식하다 보니 돈을 더 들어서라도 남에게 멋지게 보이는 사업을 택하는 경향도 있다. 하지만 이런 자세로 사업에 임하면 실패할 확률이 더 높아진다. 사업은 을의 입장에서 올려다보며 해야지 갑의 입장에서 내려다보며 하면 성공하기 어렵다. 퇴직자들 가운데 진정으로 을의 입장이 되어 사업을 해나갈 수 있는 사람들의 비율이 얼마나 될까?

나는 퇴직한 다음에 사업을 시작하겠다면서 나에게 조언을 구하는 사람들에게는 무조건 돈이 들지 않는 사업을 택하라고 말해준다. 사업을 하더라도 비축한 자금 중 최소한의 노후자금에는 절대로 손대지 않는 것을 원칙으로 삼아야 한다. 그런데 이 경우에도 주의해야 할 사항이 있다. 사업을 시작할 때 여윳돈 내에서 시작해도 사업이 순조롭게 진행되지 않으면 진창 속으로 빨려 들어가듯 갖고 있던 돈을 조금씩 더 집어넣다가 결국에는 최소한의 노후자금까지 모두 집어넣게 되고, 심지어는 빚까지 지게 된다. 그러니 아예 처음부터 돈이 들어가는 사업은 시작하지 않는 것을 원칙으로 삼는 것이 좋다.

하지만 대부분의 퇴직자들은 사업을 시작할 때 사회적 체면 때문에 큰 사무실을 빌리고 좋은 차를 장만한다. 이는 불행한 결말을 재촉하는 행위다. 아무리 쉬워 보이는 사업도 막상 시작하면 계획대로 잘 진행되지 않는다. 그러다보면 운영자금이 모자라 자꾸 돈을 더 집어넣게 되고, 그래도 안 되면 본전이 아까워서 가진 돈을 자꾸 더 집어넣다가, 결국에는 주위의 돈까지 빌려서 집어넣게 된다. 그러니 퇴직한 뒤에 사업을 할 경우에는 수입이 적더라도 운영자금이 많이 들어가지 않는 사업을 택하는 것이 현명하다. 아니 새로 사업을 시작하는 것은 아무리 돈을 많이 벌 수 있을 것 같아도 삼가는 것을 원칙으로 삼아야 한다.

퇴직 후에는 돈을 버는 것보다 지키는 것이 중요하다. 돈을 버는 일에는 위험이 따르기 때문에 안전하게 돈을 절약하는 방법을 택하는 것이 원칙이다. 최근 내 또래들이 많이 퇴직하면서 보험설계사가 되는 경우가 많은 모양이다. 여러 친구들에게서 보험에 들라는 전화를 받았다. 보험설계사를 하게 되면 남에게 사정을 해야 하는 처지가 된다. 그래서 보험설계사가 되기는 싫다고 하는 사람들도 적지 않다. 하지만 자신의 사업을 하게 되면 보험설계사가 고객을 유치하기 위해 사정을 하는 것은 저리 가라 할 정도로 다른 차원에서 더 많은 사정을 해야 한다. 예를 들어 식당을 한다면 고객에게 최상의 서비스를 제공해야 하는 것은 물론이고 술주정도 받아줄 정도의 마음자세가 돼있어야 한다. 보험설계사의 경우는 그나마 자신이 적극적으로 고객을 찾아서 확보할 수 있지만, 식당과 같은 자영업을 하게 되면 고객이 제 발로 찾아오게 해야 한다. 다시 말해 보험설계사의 경우에는 내가 노력만 하면 고객을 직접적으로 확보할 수 있지만, 식당을 하는 경우에는 내가 아무리 노력해도 고객을 직접적으로 확보하기가 쉽지 않다. 이런 측면에서는 보험설계사를 하는 것보다 식당을 하는 것이 훨씬 더 어렵다. 예를 들어 설명해보려고 하니 보험설계사와 식당을 비교했지만, 둘 중 어느 쪽이 더 좋다거나 나쁘다거나 하는 의미에서 그런 것이 아니다. 퇴직한 사람의 경우에는 많은 수입을 올리기 위해 목돈을 들여서 식당을 하기보다 돈이 들지 않고 노력만 하면 적은 돈이라도 벌 수 있는 보험설계사 같은 일을 해보는 게 낫다는 의미다.

요즘 저축은행들이 잇달아 퇴출되면서 피해를 보는 사람들을 보면 나이 든 사람들이 많다. 그 이유는 젊은 사람들은 목돈을 많이 갖고 있지도 않지만 갖고 있다고 하더라도 집을 사거나 자녀 학자금을 대는 데 써야 하기 때문에 돈을 장기간 예치할 수 없어서 이자에 크게 연연하지 않는다. 반면에 나이 든 사람들은 목돈은 가지고 있지만 앞으로 수입이 변변치 않은 상태에서 살아가야 하기 때문에 조금이라도 높은 이자에 연연하게 된다. 하지만 세상 이치가 '높은 수익에는 높은 위험이 따르기 마련'이다. 높은 이자를 보장한다는 얘기는 원금을 떼일 염려를 더 많이 해야 한다는 의미다. 이자를 조금 더 받으려다가 노후자금을 잃게 될 가능성을 높이게 된다. 실제로 그렇게 되면 큰일이 아니겠는가. 그러니 무리하게 이자 욕심을 내지 말고, 차라리 씀씀이를 줄이는 노력을 하는 게 퇴직 후에 살아가는 지혜다.

씀씀이는 줄인다 하더라도 아프면 어떡하느냐고 걱정할 수도 있다. 실제로 나이가 들면 들수록 가장 급속도로 지출이 늘어나는 항목이 바로 의료비다. 내 부모님의 경우만 봐도 무릎 수술, 어깨 수술, 백내장 수술, 허리통증 치료, 치과 치료 등으로 의료비가 만만치 않다. 그 밖에도 암과 같은 큰 질병 때문에 갑작스럽게 많은 돈이 필요하게 될 수도 있으니, 의료비가 걱정되는 것은 당연하다. 하지만 의료비는 미리 보험을 들어두던가 다른 비용을 절감해서 마련해야지 의료비 때문에 고수익에 눈을 돌렸다가 노후자금을 날리면 정말로 큰 낭패를 당하게 된다. 그나마 노후자금이라도 남아 있으면 아깝지만 그 돈으로 급한 불은 끌 수 있다. 하지만 만약 엉뚱한 데서 노후자금마저 날린다면 이러지도 저러지도 못하는 비참한 신세가 될 수도 있으니 주의해야 한다.

자식들과 올바른 관계를 정립하자

자신의 과거가 남긴 가장 큰 흔적은 아마도 자식들일 것이다. 물론 결혼을 했어도 자식이 없거나 아예 결혼을 하지 않은 경우는 예외다. 한국에서 퇴직한 후의 삶을 준비하면서 가장 골치 아픈 문제가 바로 과거의 가장 큰 흔적인 자식들과의 관계를 정리하는 일일 것이다. 40~50년, 아니 그 이상이 될지도 모르는 남은 인생을 준비하기도 벅찬데 자식들은 부모의 재산을 바라보고 있으니 고민이 아닐 수 없다. 하지만 나는 이런 고민은 한국의 부모들이 괜히 스스로 만들어서 하는 고민이라고 생각한다.

가장 쉽게 생각하면, 자식들에게 재산을 물려주지 않으면 된다. 나는 자식들에게 물려줄 재산이 없기도 하거니와 설사 물려줄 재산이 있다고 해도 물려주지 않을 것이다. 이런 얘기를 하면 어떤 사람들은 그래도 자식들에게 재산을 물려준다고 해야 노후에 자식들이 찾아오지 않겠느냐고 반문한다. 하지만 나는 그런 생각 자체에 반대한다. 재산을 보고 찾아오는 자식이라면 '부모가 언제 죽어서 저 재산이 내 차지가 되나?' 하고 살피러 오는 것이라고 말하고 싶다. 정말로 부모자식 간의 사랑으로 보고 싶어 찾아오는 것이라면 반갑겠지만, 내가 빨리 죽기를 바라는 마음으로 찾아오는 자식이라면 차라리 찾아오지 않는 게 낫지 않겠는가. '자식한테 안 주면 맞아서 죽고, 반만 주면 목 졸려서 죽고, 다 주면 굶어서 죽는다'는 말이 있다. 어차피 이리 해도 죽고 저리 해도 죽는다면 재산을 지켜서 나의 노후라도 행복해야 하지 않겠는가.

부모의 재산 때문에 자식들 간에 싸움이 벌어지거나 부모와 자식 간에 의가 상하는 경우를 많이 보게 된다. 자식에게 재산을 물려주려면 차라리 일찍 물려주라고 권하고 싶다. 그렇지만 이 경우에도 있는 돈 없는 돈 다 털어서 자식들에게 다 주고 자식들에게 얹혀서 살겠다는 생각은 버려야 한다. 자식에게 꼭 필요한 정도만 미리, 그러니까 자식이 20세 무렵일 때 주고 나머지는 자신의 노후를 위해 쓰겠으니 더는 바라지 말라고 선언하라. 물론 자식에게 꼭 물려주어야 할 정도가 어느 정도냐 하는 것은 각자 다르겠지만, 너무 많은 돈을 주면 오히려 자식에게 독이 되는 것만은 틀림없다. 돈을 일찍 주었는데 다 써버리면 어떻게 하냐고 걱정할 수도 있다. 당연히 돈을 주기 전에 돈을 잘 관리하는 방법을 가르쳐주는 것이 중요하다.

설사 미리 물려준 재산을 자식이 까먹는다고 해도 물려주려면 미리 물려주는 게 낫다. 왜냐하면 자식이 돈을 날려봄으로써 돈의 소중함을 깨닫는 계기를 얻을 수도 있고, 최소한 부모의 재산에 대해 기대를 하거나 부모가 재산을 물려주지 않아서 손해를 봤다는 생각은 하지 않을 테니까. 만약 물려준 재산을 날린 뒤에 다시 부모의 재산을 탐내는 자식이 있다면 그 자식에게는 돈을 더 물려줘도 소용이 없다. 이 경우 부모의 입장에서는 미리 재산을 물려줌으로써 자식이 부모의 재산을 물려받을 능력이 안 된다는 것을 스스로 깨닫게 한 이점이 있다. 미리 물려준 재산을 날린 자식이라면 부모의 재산을 더 물려받아도 또 날릴 게 틀림없다고 판단하면 된다. 그래도 미리 물려주었는데 자식이 물려준 돈을 날린 경우에는 부모에게 조금이라도 남은 돈이 있을 테니 그 돈으로 그 자식의 최소생계비에 도움을 줄 수 있지 않겠는가.

돈을 나중에 늦게 자식에게 물려주면 무슨 소용이 있겠는가 생각해보자. 과거에는 부모의 수명이 60세 정도였기 때문에 부모가 죽은 다음에 재산을 상속받더라도 자식의 나이가 40세가 채 안 되니 자식에게 도움이 됐다. 하지만 지금은 부모가 100세에 죽은 다음에 재산이 상속되면 자식은 70세에 재산을 상속받게 된다. 70세에 재산을 물려받으면 그 자식의 노후 생활에는 도움이 될지 모르겠지만, 부모의 재산을 바라보는 동안 흘러간 긴 세월이 아깝지 않겠는가.

차라리 조금이나마 일찍 재산을 물려줌으로써 자식이 젊을 때 자립하는 데 도움을 주는 게 낫지 않을까. 20~30대에 적으나마 목돈을 물려주면 자식이 그것으로 돈을 활용하는 법을 배울 기회를 갖게 되고, 그래서 스스로 재산 형성을 할 수도 있을 것이다. 유대인은 성인식 때 부모를 비롯한 일가친척이 돈을 모아 성인이 되는 아이에게 준다고 한다. 그러면 그 아이는 그때부터 그 돈을 밑천으로 부모로부터 독립해서 스스로 살아간다. 자식에게 돈을 물려주되 그 돈을 밑천으로 앞으로의 자기 삶을 스스로 책임지게 하는 유대인의 지혜를 따르면 어떨까? 하긴 요즘 한국의 부모들을 보면 자식이 결혼할 때 부담이 될 정도로 자식들에게 많이 투자하는 경향이 있어서 문제이긴 하다. 하지만 이런 행위는 자식들이 잘 되도록 독립시키기 위한 행위가 아니라 자식들을 자신의 그늘에 가두어두려는 부모의 욕심 때문인 경우가 많다.

요즘 친구 자녀들이 결혼을 많이 하기 때문에 가끔 결혼식에 참석하게 되는데, 결혼식장에 가서 눈이 휘둥그레질 때가 많다. 결혼식 비용만도 1억 원을 넘을 것 같고, 집을 마련하고 혼수까지 장만하다 보면 몇 억 원은 족히 들어갈 것 같다. 자식들도 아예 결혼할 때 부모로부터 최대한 재산을 많이 빼내려고 작정한 것 같다는 생각이 든다. 혼수 문제나 집 문제로 결혼식을 하고 나서도 파혼하는 경우도 많다고 하니 이건 보통 일이 아니다. 서로 체면 때문에 판을 크게 벌려서 노후자금으로 써야 할 돈까지 다 써버리면 어쩌자는 말인가. 물론 돈이 아주 많아서 그런 기회에 돈 자랑을 하고 싶다면 내가 관여할 바가 아니다. 하지만 나는 그렇게 돈 자랑을 하면서 결혼시킨 자녀가 제대로 잘 살 거라고 생각하지 않는다.

아무튼 나는 자식들에게 "내가 너희들 대학까지 공부 다 시켜줬으니 그 다음은 너희들이 알아서 하라"고 선언했다. 지금 내가 가진 재산은 내 노후를 위해 쓸 것이니 그렇게 알라고 얘기했다. 물론 내가 가진 돈이 많다면 아무리 이런 선언을 해도 자식들이 아무래도 곁눈질할 것이다. 그래서 나는 내가 재산을 많이 갖고 있지 않은 것에 감사하다. 자식들도 내가 노후를 보낼 정도의 빠듯한 돈만 갖고 있다는 것을 알기 때문에 내 말의 진정성을 믿는 눈치다. 이제부터 자신들의 힘으로 살아야 한다는 것을 절실하게 느낀다면 자식들도 더 열심히 살지 않을까 하는 것이 내 바람이다. 물론 나도 자식들에게 내 노후를 책임지라고 하지 말아야 한다는 것을 잘 안다. 그러니까 나도 앞으로 열심히 살 것이다.

제주도는 삼다삼무(三多三無)로 유명하다. 삼다는 바람, 여자, 돌이 많다는 것이고, 삼무는 거지, 도둑, 대문이 없다는 것이다. 나는 제주도 출신이라 삼다삼무에 관한 질문을 가끔 받곤 한다. 삼다 중에서 바람과 돌이 많은 것은 지형적인 영향 때문이므로 별도로 설명할 게 없지만, 여자가 많은 것에는 두 가지 원인이 있다고 설명한다. 첫째 원인은 자연적인 것이다. 제주도는 풍랑이 심하기 때문에 과거에 남자가 작은 배로 고기를 잡으러 바다에 나갔다가 죽는 경우가 많았기 때문에 상대적으로 여자가 많았다. 두 번째 원인은 역사적인 것이다. 4·3사건 때 남자가 많이 죽어서 여자가 상대적으로 많아진 것이다.

이 정도는 제주도 출신이면 누구나 다 아는 얘기지만, 삼무라는 말이 왜 생겼는지에 대해서는 제주도 출신도 잘 모르는 경우가 많다. 제주도는 땅이 척박하기 때문에 농사가 잘 안 되고, 바다가 깊어서 과거에는 어업도 제대로 할 수 없었다. 그렇게 자연조건이 나쁘다보니 누구나 노력해야만 겨우 살 수 있었고, 부자는 있을 수 없었다. 부자가 없으니 당연히 구걸하는 거지가 있을 수 없고, 훔쳐갈 정도의 재산을 가진 부자가 없으니 대문이 필요 없고, 훔칠 만한 것이 없으니 자연스럽게 도둑도 없게 된 것이다.

삼무 때문에 생긴 제주도만의 독특한 풍습이 있다. 제주도에서는 자식이 결혼하면 바로 분가한다. 집이 가난해서 별도의 집을 마련해줄 수 없으면 같은 집 안에서도 안팎을 나눠서 결혼한 자식과 부모가 별도의 생활을 했다. 밥도 별도로 해먹고, 살림도 별도로 했다. 그러다보니 부모도 늙어 죽을 때까지 열심히 일한다. 그래도 물론 부모자식 간에 정이 있고, 길흉사 등의 집안일은 서로 도와가면서 처리한다.

내가 제주도 풍습을 장황하게 얘기한 것은 그런 제도에 장점이 있다고 생각하기 때문이다. 부모자식 간이라도 서로 무조건 의지하기보다는 서로 독립적으로 살면서 정을 나누는 것이 더 바람직하지 않을까. 부모는 자식에게 '내 재산을 줄 테니 내 노후를 책임져라' 하고 요구하지 말고, 자식은 부모에게서 재산을 물려받아 편안하게 살 생각을 하지 말고 스스로 독립적으로 노력해서 살겠다는 생각을 해야 서로 행복하지 않을까 하는 게 내 생각이다.

자식에게 재산을 물려주는 부모의 마음은 자식이 잘 살길 바라기 때문일 것이다. 하지만 자식에게 재산을 물려주는 것이 자식을 잘 살게 하는 길인지 곰곰이 생각해볼 필요가 있다. 자식이 잘 되기를 바란다면 생선을 줄 게 아니라 고기 잡는 법을 가르치는 게 맞다. 만약 자식이 잘 되는 것이 부모에게 유일한 자랑거리가 된다면, 그래서 한도 끝도 없이 자식을 도와준다면 부모도 자식도 모두 불행하게 된다. 부모자식 간에 부모도 행복하고 자식도 잘 되는 유일한 길은 자식이 부모의 도움 없이 자립할 수 있는 능력을 갖추는 것이다. 부모의 재산으로는 자식이 일시적으로 잘 될 수는 있겠지만, 지속적으로 잘 될 수는 없다.

4장

이제부터 시작이다

직장에서의 퇴직은 이제까지 모든 것을 걸고 뛰어온 삶을 무효화시키는 엄청난 사건이다. 어렸을 적에 초·중·고등학교를 거쳐 대학교를 나온 이유도 대부분 좋은 직장에 들어가 좋은 대우를 받고 일을 하며 살기 위해서였다고 볼 수 있다. 그런데 퇴직은 그런 삶을 무효화시킨다.

물론 청년기까지 받은 교육과 무관하게 자신이 진정으로 하고 싶은 일을 해왔다면 퇴직을 걱정할 필요가 없을 것이다. 그냥 죽을 때까지, 자신이 그만두고 싶을 때까지 그 일을 쭉 하면 될 테니까. 퇴직의 충격이 큰 경우는 대부분 공부를 마치고 직장에 들어가 자신에게 주어진 임무를 충실히 수행하면서 살다가 어느 순간 떠밀려서 직장을 그만두게 된 사람들이다. 자신의 의사와는 상관없이 그저 나이가 많다는 이유로, 또는 더 이상 할 일이 없다는 이유로 등을 떠밀려 직장에서 나온 사람들에게 퇴직은 큰 충격일 수밖에 없는 사건이다.

하지만 가만히 생각해보자. 다니던 직장에서 죽을 때까지 일하다가 일생을 마치면 행복할까? 물론 많은 월급을 받고 좋은 환경에서 좋은 대우를 받으면서 회사를 계속 다닐 수 있다면 그것도 한번 생각해 볼만 하다. 하지만 그런 자리는 월급쟁이에게 주어질 리가 없다. 월급을 받는다는 것은 뭔가 스트레스를 받으면서 해결해야 할 문제가 있고, 자신이 받는 대우보다 훨씬 많은 성과를 내주어야 한다는 의미다. 그러므로 그런 자리에 있다가 밀려났다는 것은 자신이 이미 그런 능력을 발휘할 상태가 아니게 됐다고 누군가가 판단했다는 얘기다. 누군가가 나보다 훨씬 더 좋은 성과를 낼 만한 사람이 내 자리를 대신 꿰찼다는 얘기다. 돌이켜보면 지금 내가 후배에게 밀려났듯이 과거에 내가 어떤 선배를 밀어내고 그의 자리를 대신 차지했던 것이 틀림없다. 그러니 돌고 도는 세상 이치상 퇴직은 자연스러운 것이다.

다행스러운 것은, 나이 50을 전후해 퇴직한다면 그 나이는 행복한 인생 후반부를 시작하기에 좋은 타이밍이라는 것이다. 그러니 미련을 버리고 인생 전반부를 깨끗이 정리한 다음 새로이 인생 후반부를 시작해보자고 마음먹는 게 어떨까? 부모의 기대, 가족부양 의무, 사회적 역할 등을 충족시키기 위해 살아온 인생 전반부 삶의 목적을 버리고 내 인생의 진정한 행복을 위해 살기 시작할 절호의 기회가 온 것이다. 이런 의미에서 과거의 나를 정리한 다음 지금부터 어떻게 새로이 인생 후반부를 시작해야 하는지를 살펴보기로 하자.

후반부를 시작하기에 좋은 타이밍이라는 것이다. 그러니 미련을 버리고 인생 전반부를 깨끗이 정리한 다음 새로이 인생 후반부를 시작해보자고 마음먹는 게 어떨까? 부모의 기대, 가족부양 의무, 사회적 역할 등을 충족시키기 위해 살아온 인생 전반부 삶의 목적을 버리고 내 인생의 진정한 행복을 위해

내 인생의 주인공이 되자

어릴 적 어느 휴일에 실컷 놀다가 이제 책상을 정돈하고 막 공부를 시작하려는데 엄마가 "야, 이제 그만 놀고 공부 좀 해라" 하면 대답은 "네" 하지만 괜히 하고 싶던 공부가 갑자기 하기 싫어지는 경험을 해봤을 것이다. 직장에서도 이와 똑같은 것은 아니겠지만 비슷한 경험을 해본 적이 있을 것이다. 같은 일을 하더라도 내가 자진해서 하면 즐겁지만 남이 시켜서 하면 괜히 짜증이 난다. 내가 제안하고 또 하고 싶어서 하는 일은 늦게까지 남아 해도 별로 힘드는 줄 모르지만, 별로 하고 싶지 않은 일을 상사가 시켜서 늦게까지 남아 하게 되면 끊임없이 투덜거리게 된다.

우리는 직장생활에 대해 상반되는 두 가지 감정을 갖고 있다. 우선 직장생활은 스트레스를 준다. 실제로 세계보건기구(WHO)도 직업상 스트레스가 21세기에 건강을 해치는 주범이라는 조사결과를 발표했다. 직장을 다니면 정해진 시간에 출퇴근해야 하고, 주어진 업무를 정해진 시간 안에 수행해야 한다. 별로 상대하고 싶지 않은 사람도 포함된 조직원들과 협력해서 성과를 만들어내야 하는 경우도 있다. 그런 과정에서 엄청난 스트레스를 느끼게 된다. 더욱이 지위가 올라갈수록 누가 먼저 더 높은 자리를 차지하느냐는 경쟁이 심해진다. 심지어 누가 먼저 퇴출되느냐는 지경에 이르면 스트레스가 최고조에 오른다. 이런 스트레스라면 직장을 그만두면 모든 게 다 해결될 것 아닌가? 그런데도 불구하고 왜 우리는 직장을 그만두지 못하는가? 바로 직장이 제공하는 급여와 각종 혜택이라는 달콤한 유혹 때문이다. 직장생활이 제공하는 안락함이 작장생활에 대한 우리의 두 번째 감정을 형성한다. 하지만 잘 생각해보자. 직장생활이 제공하는 급여와 각종 혜택이라는 안락함은 어쩌면 마약을 맞을 때 느끼는 황홀감일지도 모른다. 마약은 황홀감을 주지만 중독이라는 치명적인 부작용이 있다. 직장이 주는 안락함도 중독이라는 치명적인 부작용이 있다는 점에서 마약과 같다. 직장에서 일을 하면서 스트레스를 받아도 매달 꼬박꼬박 통장에 들어오는 월급의 유혹을 떨쳐버리기는 힘든 게 사실이다.

퇴직은 이러한 스트레스와 안락함이라는 두 가지를 동시에 날려버린다. 퇴직을 대하는 마음은 스트레스와 안락함 중 어느 것에 더 비중을 두느냐에 따라 달라진다. 안락함이 더 이상 필요하지 않은데도 스트레스를 계속 받고 있었다면 퇴직의 충격은 그리 크지 않을 것이다. 아니 이런 경우에는 자진해서 퇴직을 선택할 것이다. 반면에 스트레스는 크지만 안락함이 아직은 더 필요하다면 퇴직은 달가운 일이 아니다. 하지만 안락함이 어느 정도나 필요한가를 잘 생각해볼 필요가 있다. 정말 현실적으로 안락함이 절실한 정도로 필요한가? 아니면 안락함에 중독돼있어 금단현상이 나타나는 것인가? 나이 50 정도가 되어서도 스트레스를 계속 견디면서 직장생활이 주는 안락함을 추구해서는 안 된다고 나는 생각한다. 왜냐하면 인생 후반부에는 안락함보다 스트레스 없는 삶이 더 절실하기 때문이다. 인생 후반부는 성공이 주는 달콤함보다는 스트레스가 없는 행복한 삶을 추구해야 할 시기다.

사실 스트레스라는 것은 자신이 주체가 아닐 때 생겨나는 감정이다. 내가 극복할 수 없는 상태로 어쩔 수 없이 내몰릴 때 생기는 감정의 상태가 바로 스트레스다. 그러니까 내가 주체가 되어 즐겁게 일한다면 아무리 힘들어도 스트레스를 느낄 이유가 없다. 직장생활에서 스트레스를 느끼는 가장 큰 이유는 내가 하고 싶지 않은 일을 어쩔 수 없이 해야 하는 데 있다. 이런 의미에서 퇴직은 나의 주권을 되찾을 소중한 기회다. 이제부터는 내가 주체가 되어 내가 하고 싶은 일을 할 수 있으니 말이다. 물론 직장이 주는 안락함, 즉 통장에 매달 꼬박꼬박 들어오는 급여가 사라질 것이다. 하지만 나이 50이 넘어도 매달 꼬박꼬박 급여가 들어오는 통장이 꼭 필요할까? 아니 그런 급여통장이 나의 행복보다 더 중요할까 생각해볼 필요가 있다. 물론 나이가 들수록 돈이 더 필요하고 돈이라는 것은 많으면 많을수록 좋은 게 아니냐고 반문할 수도 있다. 하지만 나의 주권과 돈 둘 다를 동시에 확보할 수 없다면 과감하게 급여통장을 버리는 용기가 필요하다. 아니 퇴직을 해야만 하는 시점이라면 급여통장이 없어진다는 현실을 인정하고, 이제부터는 행복에 눈을 돌리는 지혜가 필요하다.

1930년대 말에 하버드대학교 2학년생이었던 268명의 삶을 72년간 추적하며 조사한 조지 베일런트는 《행복의 조건》이라는 저서에서 행복하기 위해 가장 필요한 조건으로 '성숙한 방어기제'를 제시했다. '성숙한 방어기제'란 인생행로에서 어떤 시련이 닥칠 때 그 시련에 긍정적인 마음가짐으로 대응하게 하는 심리적 기제다. 다시 말해 자신에게 닥친 시련에 대해 그것을 극복할 수 있다는 생각을 하고 실제로 그런 노력을 하는 태도가 바로 '성숙한 방어기제'다. 이런 '성숙한 방어기제'는 자신이 인생의 주인공이라는 의식을 바탕으로 하여 생겨난다. 내가 내 인생의 주인공이라는 의식이 있어야만 나에게 닥친 시련에 대해 외부조건 탓을 하지 않고 내가 충분히 극복할 수 있다는 생각을 하게 될 것이다. 퇴직이 자신의 인생을 풍요롭게 할 수 있는 기회라고 생각하고서 적극적인 준비를 하고 있다면 성숙한 방어기제를 갖고 있는 것이다. 하지만 회사 내 파벌싸움 때문에 자신이 억울하게 퇴직 당했다고 생각하거나 퇴직을 했으니 이제 자신은 쓸모없는 인간이 됐다고 생각하여 풀이 죽어 있다면 성숙한 방어기제를 갖고 있지 못한 것이다.

자기 인생의 주인공이 되면 세상을 보는 눈이 달라진다. 예를 들어 행복한 여행의 기준이 무엇인가를 생각해보자. 편안한 잠자리, 비행기 1등 좌석, 맛있는 식사 등이 행복한 여행의 조건인가? 만약 이런 여행이 행복한 여행이라면 직장생활을 하던 시절의 해외출장이 바로 행복한 여행일 것이다. 그런데 누구도 직장생활을 하면서 다니는 해외출장을 행복한 여행이라고 생각하지 않는다. 하긴 내가 젊을 때 다니던 해외출장은 그나마 좀 여유가 있었고, 해외 현지에서 색다른 경험을 해보는 재미도 있었다. 또 당시에는 일반적으로 해외여행을 갈 기회가 별로 없었기 때문에 해외출장 가는 것 자체가 포상의 성격이 있었다. 하지만 지금 직장인들이 다니는 해외출장을 보면 그야말로 현지에 가서도 밤늦게까지 회의를 하고 화려한 호텔은 그야말로 잠자는 장소일 뿐이다. 이국의 낭만이 깃들 틈은 조금도 없다. 그런 해외출장이 화려한 호텔에서 자고 맛있는 저녁식사를 먹을 수 있다는 이유만으로 행복한 여행이라고 생각하는 사람은 없을 것이다.

오히려 싸구려 숙소에서 자고 현지의 시장에서 값싼 음식을 먹어도 자유롭게 돌아다니는 배낭여행이 행복한 여행이다. 비행기 요금을 아끼기 위해서 공항에서 배낭을 베개 삼아 새우잠을 잔다고 해도, 심지어는 지갑을 소매치기 당한다고 해도 배낭여행은 행복한 추억으로 남는다. 남들이 보기에는 그런 고생을 왜 사서 하나 하는 생각이 들겠지만, 정작 본인은 또 다시 그런 고생을 하지 못해서 안달이 나는 게 배낭여행이다. 화려한 해외출장과 달리

고생길인 배낭여행이 행복한 여행인 이유는 바로 내가 좋아서 내가 선택한 여행이라는 데 있다. 퇴직 후 인생길도 내가 좋아서 내가 선택하면 행복한 길이 될 수 있다. 인생길에서 어떤 고생을 하느냐가 행복의 여부를 좌우하는 게 아니다. 내가 그 인생길의 주인공이냐가 행복의 여부를 좌우한다.

가장 먼저 나를 사랑하자

성경에 "네 이웃을 네 몸같이 사랑하라"(마태복음 22장 39절)는 구절이 있다. 이 성경 구절은 말 그대로 '이웃을 사랑하라'는 의미로 주로 해석된다. 하지만 이 구절에는 '자신을 사랑해야 한다'는 의미가 숨겨져 있고, 이것이 더 중요한 의미인지도 모른다. 즉 아무리 이웃을 사랑하더라도 나 자신을 사랑하는 것 이상으로 사랑할 수는 없다는 의미가 담겨 있다. 그러니 이웃을 많이 사랑하려면 먼저 나 자신을 많이 사랑해야만 한다는 의미라고 확대 해석할 수 있다. 나 자신을 완전히 버리고 이웃을 위해 봉사하는 경우에도 결국은 그런 봉사의 행위 자체가 나를 위한 것이라는 의미도 될 것이다. 자신을 버리고 아프리카의 가난한 사람들을 위해 일생을 바친 슈바이처 박사나 이태석 신부도 자신의 삶의 목적을 위해 아프리카로 달려간 것이니 자신을 진정으로 사랑한 사람이라고 생각해볼 수 있다.

불교에서도 자신을 '본래 부처'로 생각하라고 가르친다. 내가 '본래 부처'라는 말을 처음 들은 것은 우연한 기회에 좋은 벗들과 남도를 여행하던 길에 실상사에 들렀을 때였다. 그때 도법 스님이 법문을 하던 중에 '본래 부처'라는 말을 했다. 우리는 흔히 인간은 불완전하기 때문에 부처(완전한 인간)가 되도록 노력해야 한다고 알고 있다. 하지만 도법 스님에 따르면 불교의 가르침은 인간은 모두 '본래 부처'인데, 우리 인간들 자신이 그걸 알아보지 못하고 있다는 것이다. 그러니까 깨달음이란 우리가 '본래 부처'라는 것을 발견하는 것이다. 하긴 기독교에서도 인간은 하느님의 형상에 따라 만들어졌다고 하는데, 괜히 우리 자신이 원죄니 뭐니 해서 스스로를 죄인으로 만든 게 아닌가 하는 생각이 든다. '나는 죄인이요' 하면서 겸손해지는 것도 중요하지만 내가 '본래 부처', '본래 하느님'이라는 것을 깨닫고 자신감을 얻는 것도 중요하지 않을까 하는 생각이 들었다. 성경이나 부처님 말씀의 중심에는 '너 자신을 사랑해야 한다'는 깊은 의미가 자리 잡고 있는 것이다. 자신을 사랑하지 않고 남을 사랑한다는 것은 땅에 발을 딛지 않고 높이뛰기를 할 수 있다고 주장하는 것과 같다.

퇴직은 바로 자신을 사랑할 권리를 되찾을 소중한 기회다. 이제까지는 나를 버리고 주위의 요구에 맞추는 삶을 살아왔다면, 이제부터는 진정으로 나를 위해 살 권리를 되찾아야 한다. 가족을 위하고 사회가 베풀어준 은혜를 갚는다는 명분으로 자신을 희생하던 자세에서 벗어나 남은 인생 후반부는 나의 진정한 삶의 의미를 찾겠다는 의지를 갖고 실천할 계기를 퇴직이 제공하는 셈이다. 그러니 퇴직하게 되면 자신을 살펴보고, 자신을 자랑스럽게 생각하고, 스스로 당당해지는 연습부터 할 필요가 있다. 출세를 위해 비굴하게 굽실거리는 데 익숙해진 허리를 곧게 펴고, 이제부터는 나를 위해 살겠다고 선포해보자. 퇴직이 나를 쓸모없는 존재로 만들었다는 생각을 버리고, 이제부터 진정한 나의 삶을 찾을 기회를 만났다고 생각해보자. 그러기 위해서는 나 자신을 진정으로 사랑해야만 한다.

인생 후반부의 행복을 위해 가장 필요한 조건 중 하나가 주위와의 올바른 관계 회복이다. 그리고 주위와 올바른 관계를 맺기 위해 가장 중요한 조건은 바로 내가 있어야 한다는 것이다. 내가 없는데 어떻게 주위와 올바른 관계를 맺을 수 있겠는가? 관계란 서로 독립적인 둘 이상의 개체가 맺는 것이다. 그런데 내가 없다면 한쪽으로 기울어진 관계가 만들어지고, 그 관계는 불편한 관계가 된다. 예를 들어 퇴직한 다음에 의기소침하여 방안에만 틀어박혀 있다면 주위와 올바른 관계를 맺기가 힘들다. 열등감에 휩싸여 있다 보면 모임에서 다른 사람들을 만나도 기가 죽게 되고, 무슨 말을 들어도 그 말을 비딱하게 해석하게 된다. 그러다보면 더욱 왕따를 당하게 되고, 더욱더 기피의 대상이 되는 악순환을 겪게 된다. 하지만 퇴직한 다음에 새로운 삶의 활력소를 찾아서 당당해지면 주위에서 그 당당함에 이끌려 나와 좋은 관계를 맺게 된다.

다른 사람들과 좋은 관계를 맺고 그들로부터 사랑을 받으려면 먼저 내가 나 자신을 사랑해야 한다. 내가 나 자신을 스스로 사랑하지 않는데 다른 사람이 나를 사랑할 리가 있겠는가. 아니 설령 다른 사람이 나를 사랑한다고 하더라도 내가 나를 사랑하지 않으면 그 다른 사람의 사랑을 올바로 받아들이지 못한다. 나를 사랑하는 사람도 내가 그 사랑을 올바로 받아들이지 않으면 떠나는 게 당연하지 않겠는가. 그러니 다른 사람으로부터 사랑받기를 원한다면 우선 자기 자신을 사랑해야만 한다.

퇴직한 후에 인생 후반부를 행복하게 살아가려면 나는 물론 다른 사람들도 행복하게 만들어야 한다. 다른 사람을 행복하게 만드는 가장 좋은 방법은 바로 나 자신이 행복해지는 것이다. 반면에 나 자신을 행복하게 만드는 가장 좋은 방법은 다른 사람을 행복하게 만드는 것이다. '닭이 먼저냐, 달걀이 먼저냐?' 하는 물음과 같은 이런 상호관계 속에서 먼저 시작해야 하는 일은 내가 나 자신을 사랑하고 스스로 행복해지는 것이다. 다른 사람을 사랑하고 행복하게 만드는 것보다는 내가 나 자신을 사랑하고 스스로 행복해지는 것이 더 쉽다. 그것은 내가 마음먹고 실행하기만 하면 얼마든지 할 수 있는 일이기 때문이다.

나 자신을 사랑하는 일을 어렵게 생각할 필요가 없다. 이제까지 남을 칭찬하던 방법을 나에게 그대로 실행하는 것도 한 가지 방법이다. 내가 무언가를 이루거나 잘 했을 때 나 자신에게 칭찬을 해주고 무언가 보상을 해주는 것이다. 예를 들면 아침에 규칙적으로 일어나서 운동을 하기로 했는데 일주일 동안 잘 실행했으면 영화 관람을 상으로 주는 식이다. 다이어트를 하기로 해서 몸무게를 1킬로그램 뺐다면 맛있는 회 한 접시를 자신에게 대접하는 것도 자신을 칭찬하는 한 가지 방법이다. 이처럼 자신을 칭찬하다보면 자존감이 높아진다. 자존감이 높아지면 이제까지 직장생활에서 적을 만들지 않기 위해 나 자신을 낮추도록 강요하던 강박관념에서 벗어날 수 있다. 왜냐하면 이제는 더 이상 남과 경쟁할 일이 없고, 오직 나 자신만의 삶을 살면 되기 때문이다.

내 자존감이 높아지면 다른 사람들에게 나를 사랑할 여유를 주게 된다. 자존감이 없는 사람은 그 누구도 행복하게 해줄 수 없다. 자존감이 없는 사람은 남이 자신을 사랑하거나 행복하게 해주는 것을 받아들이지 못하기 때문이다. 물론 여기서 말하는 자존감을 잘난척하는 자만심과 혼동해서는 안 된다. 자존감이 자신의 가치를 스스로 인정하고 다른 사람을 대등한 위치에서 받아들이는 열린 마음이라면, 자만심은 자신의 열등감을 감추기 위해 남을 받아들이지 않는 폐쇄적인 마음이다. 그러니 지금부터 행복하기 위해 자존감을 갖고 나 자신을 당당하게 사랑하도록 하자.

이제부터 아내와 친구 하자

중년 여자에게 필요한 세 가지는 무엇일까? 돈, 딸, 강아지라고 한다. 그럼 중년 남자에게 필요한 세 가지는 무엇일까? 아내, 마누라, 와이프라고 한다. 중년 여자에게 꼭 필요한 세 가지에는 남편이 아예 들어있지도 않은데, 중년 남자에게 필요한 세 가지는 모두 아내가 차지하고 있다. 나는 이 유머를 들으면서 요즘 중년 부부의 상황을 어쩌면 그렇게 잘 표현했을까 하고 감탄했다. 그러면서 나도 중년 남자이니 이 유머가 적용된다고 생각하니 한편으로 씁쓸한 기분을 떨칠 수가 없었다.

그렇다면 중년 남자가 이런 비극의 주인공이 된 원인은 도대체 무엇일까? 나는 우리 중년 남자들 자신에게 그 책임이 있다고 단언한다. 인생 전반부에 직장생활을 핑계로 삼고 경제력을 책임진다는 것을 명분으로 하여 가정을 소홀히 하다가 퇴직으로 인해 경제력을 상실했거나 더 이상 가족에게 경제력이 절대적인 영향을 미치지 않게 됐음에도 군림하는 자세를 계속 고집함으로써 위기상황을 자초하고 있다. 이런 현상을 그 결과로써 잘 나타내주는 것이 이혼율의 상승이다. 한국의 40~50대 이혼자 수를 보면 2000년 40만 명에서 2005년 77만 명으로 거의 두 배 가까이 증가했다. 2005년 기준으로 보면 40~50대 중년 남녀 17명 중 1명이 이혼자다. 더욱 심각한 문제는 실제 이혼으로 이어지지는 않았지만 사실상 이혼 상태로 살고 있는 부부가 더 많다는 사실에 있다.

한국의 현실을 살펴보면 부부관계가 과도기적인 단계에 와있는 것으로 보인다. 가정이 아직은 부부 위주로 재정립되지 않았는데 부부 각자의 개인적인 욕구는 커져서 부부 위주의 사랑에 서로 목말라 하는 상황이다. 특히 여자들은 새로운 수평적인 관계를 요구하는데 남자들은 아직도 수직적인 관계를 고집하기 때문에 문제가 발생하고 있다. 과거에는 남자들이 대부분 경제력을 갖고 있었기 때문에 여자들에게 군림하는 것이 어느 정도 용인됐지만, 최근에는 여자들도 경제력을 갖게 되면서 더 이상 그런 일방적인 관계가 성립하지 않게 됐다. 이제는 설사 여자가 경제적인 활동을 통해 돈을 벌어오지 않더라도 그것은 가정을 지키고 자식을 잘 키우기 위한 역할분담의 일환일 뿐이지 과거와 같이 남자에게 의존하기 때문이 아니라는 점을 남자들은 명심해야 한다. 사실 이런 동등한 파트너십이 형성돼야만 젊어서나 나이 들어서나 행복한 결혼생활을 유지할 수 있다. 요즘 젊은이들은 부부 간의 동등한 파트너십을 쉽게 받아들이지만 중년 남자들은 아직 그렇지 못하기 때문에 문제가 생긴다. 중년 남자들은 아내를 동등한 파트너로 대우하지 않다가 퇴직해서 우월적인 지위를 잃게 되면 멘붕 상태에 빠지고, 중년 여자들은 자식들이 독립하고 나서는 이혼해도 위자료만 가지고 생활할 수 있으면 이혼을 감행한다.

조금만 생각을 바꿔 해보면, 부부 사이의 관계를 재설정하면 퇴직 이후야말로 진정으로 행복한 부부관계를 누리는 시기가 될 수 있다. 단순한 육체적 욕망도 옅어지고 자식부양이라는 부담도 사라지기 때문에 그야말로 둘만의 내면적인 사랑이 전부인 부부관계를 되찾을 수 있기 때문이다. 중년 이후의 부부관계는 전투를 같이 치른 전우와 같은 관계로 볼 수 있다. 그만큼 미운 정 고운 정이 다 들어 부부라기보다는 친구 같은 관계가 되는 것이다. 경제적 역할분담이나 자식부양이라는 부담에서 자유로워진 중년 이후의 결혼생활은 둘만의 진정한 사랑이 아니면 계속해야 할 필요가 없다. 부부관계에서 중년 이후는 그만큼 소중한 시기인 것이다. 이 시기에 부부는 서로에 대해 사랑스러운 연인이자 서로를 가장 잘 이해하는 친구가 될 수 있다.

그러기 위해서는 남자들이 이제까지 가져왔던 역할분담의 사고방식과 가부장적인 사고방식을 버려야 한다. 아직까지는 내가 돈을 벌어오기 때문에, 더 심한 경우에는 과거에 내가 돈을 벌어왔기 때문에 내가 가장으로서 군림하는 것이 당연하다고 생각하고 아내에게 나를 위해 봉사해야 한다고 우기면 거기서 불행이 시작되는 것이다. 설사 이제까지 군림하는 자세를 가졌더라도 퇴직한 다음에는 배우자를 동등한 파트너로 인정하는 쪽으로 마음가짐을 바꾸어야만 '불행 끝, 행복 시작'의 전환점을 마련할 수 있다.

특히 젊을 때 군림하는 남편이었다면 아내가 살아오면서 실망하고 힘들었던 기억과 원망 등이 쌓여 남편에게 부정적인 감정을 갖고 있을 가능성이 높다. 이 점을 고려하여 더욱 관계 재설정에 힘을 기울여야 한다. 이런 경우 남자들은 자신의 잘못을 인정하고 "앞으로 잘할게"라고 아내에게 말해주는 것으로 모든 문제가 다 해결된다고 생각하는 경향이 있다. 남자들은 친구와 말다툼을 했다가도 화해하면 그것으로 끝이지만, 여자들은 감정적인 응어리를 쌓아놓는다는 사실을 명심해야 한다. 그러니까 설사 남편이 잘못했다고 사과하더라도 아내가 감정적인 응어리를 풀려면 어느 정도 세월이 흘러야 한다는 점을 남자들은 이해해야 한다. 남편이 지속적으로 노력해야 아내의 마음이 조금씩 풀린다는 점을 명심하고 "내가 사과했는데 왜 받아들이지 못하느냐"고 아내를 다그치지 말아야 한다.

퇴직 후 부부관계에 어려움이 따르는 또 다른 이유로 둘이 지속적으로 붙어서 생활할 시간이 많아진다는 점을 들 수 있다. 이것을 좀 더 전문적인 용어로 말하면, 여자에게 '남편 재택 스트레스 증후군'이 생긴다고 한다. 이제까지는 아내가 남편에게 불만이 있더라도 낮 동안에는 남편과 떨어져 있었기에 다른 곳에서 스트레스를 풀 수 있었는데, 남편이 퇴직하고 나서는 아내가 외출에 제약을 받게 되면서 스트레스가 풀리기는커녕 더 쌓이기만 한다는 것이다. 그래서 요즘 여자들 사이에 유행하는 말로 하루에 한 끼도 안 챙겨줘도 되는 '영식이'가 가장 환영을 받고, 하루에 세 끼를 꼬박꼬박 챙겨줘야 하는 '삼식이'가 가장 미움을 받는다고 한다. 더 나아가 요즘 밥 세 끼는 물론이고 간식까지 챙겨줘야 하는 '종간나 세 끼'는 아예 성토의 대상이라고 한다.

다른 관계에서도 마찬가지이겠지만 부부 사이의 관계는 난로에서 불을 쬐는 정도여야 한다. 너무 가까이 다가가면 뜨거운 난로에 화상을 입을 수 있고, 너무 멀리 떨어져 있으면 난로의 온기를 느끼지 못한다. 그러니 너무 멀지도 않고 너무 가깝지도 않은 거리를 유지하는 것이 좋은 부부관계를 지키는 비결이라고 할 수 있다. 이런 거리가 서로 편안함을 느낄 수 있는 거리다. 그런데 남편들은 직장을 다닐 때는 너무 멀리 떨어져서 아내가 온기를 느끼지 못하게 하다가 퇴직 후에는 너무 가까이 붙어서 아내가 화상을 입을 지경이 되게 하니 문제다. 사실 관계가 아무리 친밀한 부부라도 때로는 각자 고독 속에서 자신을 찾아야 할 때가 있다. 그렇기 때문에 각자 혼자만의 시간을 가질 수 있는 동시에 서로 친밀한 관계를 유지하는 지혜가 필요한 것이다. 서로 속박되지 않고 자유를 느끼면서도 상대의 존재가 나의 가슴에 가득 차있는 절친한 친구관계가 퇴직 후의 좋은 부부관계다.

부드러운 사람이 되자

나는 나이가 들면서 몸도 굳어지지만 마음도 굳어진다는 생각을 많이 하게
된다. 왜 그렇게 주위에서 못마땅한 것들만 눈에 많이 띄는지, 그래서 나이가
들면 표정이 굳어지는가보다 하는 생각이 든다. 예를 들어 지하철 안에서 음
식을 먹는 사람을 보면 못마땅하다. 요즘 젊은이들은 빵이나 햄버거, 커피,
음료수 등은 지하철 안에서 먹어도 된다고 생각하는 것 같다. 햄버거를 먹는
젊은이 옆에 있으면 냄새가 나는 것도 문제이지만, 그런 젊은이가 자기도 모
르게 부스러기를 흘리는 것도 문제다. 커피를 마시다가 실수로, 아니면 옆 사
람과 부딪쳐서 쏟는 경우도 있다. 그런데 이런 경우에 그냥 놔둬야 하는 건
지, 한마디 해야 하는 건지 판단이 서지 않는다. "당신이 뭔데 그런 잔소리를
하느냐?"고 대들면 창피를 당할 수 있으니 염려가 되기도 하고, 그 전에 내가
너무 고지식한가 하는 생각이 들기도 한다.

　요즘 헤드헌팅 일을 하다 보니 퇴직한 동년배나 선후배를 많이 만나게 된
다. 나를 찾아오는 퇴직자들은 새로운 직장을 찾는 경우가 대부분이다. 그들
에게 적절한 자리를 찾아주지 못해 안타까울 때도 많지만, 대화를 하다보면

답답함을 느낄 때도 많다. 눈높이를 낮춰서 새로운 직장을 찾는 경우는 다행이지만, 퇴직 전에 다닌 직장에서 누렸던 것과 비슷한 조건의 자리를 고집하는 사람을 보면 괜히 화가 난다. 게다가 그런 자리를 고집하는 사람 치고 제대로 직장을 구하는 경우를 나는 아직까지 보지 못했다. 더 심한 고집은 창업을 하려는 사람들에게서 발견된다. 나는 나이 50이 넘어서 사업을 새로 시작하려는 사람을 만나면 적극적으로 말리는 편인데, 한번 사업을 하기로 결심한 사람의 마음을 바꾸기가 쉽지 않다. 젊은 사람들이라고 해서 마음이 다 유연한 것은 아니겠지만, 내 나이 또래의 사람들을 만나면 만날수록 나이가 들면 마음이 굳어진다는 걸 점점 더 확신하게 된다.

나이가 들면 마음만이 아니라 몸도 굳어진다. 갓 태어난 아이들은 몸이 매우 유연하다. 하지만 사람의 몸은 나이가 들면서 점점 더 많이 굳어지고, 죽으면 완전히 굳어진다. 전에 요가를 배울 때 같이 배우는 사람들의 동작을 살펴보니 여자보다는 남자, 나이가 어린 사람보다는 나이가 든 사람의 몸이 더 굳어 있었다. 남자인데다 나이도 든 나는 두말할 필요도 없이 몸이 가장 굳어 있는 축에 속했다. 요즘 나는 몸을 부드럽게 하기 위해 나름대로 많이 노력한다. 등산도 열심히 다니고, 걷기도 부지런히 하며, 특히 스트레칭도 꾸준히 아침마다 20분 정도 한다.

그래도 나이가 들면서 몸이 굳어지는 것은 사실 어쩔 수 없다. 마음이 굳어지는 것은 조금만 노력하면 막을 수 있을 것 같은데, 이것도 쉽지 않다. 나의 경우에는 강연을 하고 책을 쓰는 일을 하기 때문에 마음이 더 굳어지는 게 아닐까 하는 생각도 해본다. 나름대로 세상을 어떻게 살아야 한다는 기준을 가지고 강연도 하고 책도 쓰다 보니 그 기준에 어긋나는 경우를 보게 되면 마음이 불편해지는 게 아닐까? 유치원 선생을 오래 하다보면 배우자나 자식도 유치원생 다루듯 한다던데, 내가 다른 사람들에게 어떻게 살아야 한다고 애기하다보니 나도 모르게 사감선생이 된 게 아닌가 하는 생각이 든다. 어쨌든 나이가 들수록 세상을 더 다양하게 경험했을 테니 마음이 더 너그러워지고 다른 사람들을 더 많이 이해해야 할 텐데 실제로는 그 반대이니 이상하다는 생각이 든다.

물론 나이 들어 소통하는 게 잘 안 되는 것은 나만의 문제도 아니고 나이 때문만도 아닌 것 같다. 휴대폰, 이메일, SNS 등 소통수단은 획기적으로 발전하고 있지만 소통은 점점 더 안 된다는 느낌이 든다. 정치권에서 패를 갈라 싸우는 것을 봐도 그렇고, SNS에서 다른 의견을 얘기하는 사람에게 뭇매를 가하는 세태를 봐도 그렇다. 최근 심각한 사회문제로 대두된 학교의 왕따 문제도 세상이 점점 더 딱딱해지고 있음을 단적으로 보여주는 것 같아 염려된다. 그렇다고 나 자신의 부드럽지 못함을 세태 탓으로 돌리려는 것은 아니다. 오히려 나는 부드럽지 못한 세상을 부드럽게 바꾸기 위해 나름대로 노력하려고 한다.

누구나 퇴직할 즈음의 나이가 되면 나처럼 몸과 마음이 굳어지는 경험을 많이 할 것이라고 생각한다. 몸과 마음이 굳어진 사람의 가장 큰 문제는 자신이 굳어있다는 사실 자체를 인식하지 못한다는 점이다. 자신이 굳어있다는 사실을 인정한다면 그런 자신을 부드럽게 만들기 위해 노력할 수 있지만, 그런 사실을 인정하지 않으면 문제를 해결할 방법이 별로 없다. 굳어있는 몸과 마음을 부드럽게 만들려는 노력을 하지 않으면 주위로부터 왕따를 당하게 되고 자신만 불행해진다.

굳어진 몸은 스스로 감당해야 할 일이니 논외로 친다 하더라도, 굳어진 마음은 주위 사람들에게 피해를 주기 때문에 문제다. 마음이 굳어진다는 것은 결국 뇌가 활발하게 움직이지 않게 된다는 것이고, 이는 곧 노화가 시작된다는 의미다. 우리의 뇌세포는 어릴 때 한번 형성되면 더 이상 늘어나지 않고 줄어들기만 한다. 하지만 뇌의 활동에 중요한 역할을 하는 시냅스(신경전달 물질을 이용해 뇌세포 사이를 연결하는 지점)는 나이가 들어서도 얼마든지 늘어날 수 있다. 우리 뇌의 기능은 뇌세포뿐 아니라 시냅스에 의해서도 좌우된다. 그런데 알츠하이머 병 등으로 뇌세포가 파괴되지 않는 한 일반적인 노화에 의해 뇌세포가 줄어들어도 뇌의 기능에는 별 차이가 없다. 나이가 들어 뇌 기능이 떨어지는 이유는 주로 시냅스가 급격하게 줄어드는 데 있다. 시냅스가 증가하려면 외부의 자극이 필요하다. 그런데 마음이 굳어지면 외부의 자극을 스스로 차단하기 때문에 시냅스가 점점 줄어든다. 다시 말해 마음이 굳어지면 뇌가 더 이상 성장하지 않고 퇴화하게 되는 것이다. 그리고 뇌의 퇴화는 결국 몸 전체의 퇴화라는 비극으로 이어진다.

마음을 부드럽게 만들기 위해서는 무엇보다 열린 마음의 자세가 중요하다. 열린 마음의 자세는 곧 다른 사람의 생각을 받아들이는 자세를 의미한다. 다른 사람의 생각을 받아들이기 위해서는 '다른 사람의 생각이 틀린 게 아니라 다를 뿐'이라고 생각하는 것이 중요하다. 백인백색이라고 백 명의 사람이 있으면 백 가지 다른 생각이 있을 수 있다고 생각하는 것이 첫걸음이다. 세상을 이분법적으로 재단하는 것은 열린 마음의 가장 큰 적이다. 그런데 퇴직할 무렵이 되면 그동안 세상 경험을 많이 했기에 나름대로 가치관을 갖고 있어 남의 다른 생각을 받아들이기가 그리 쉽지 않다. 열린 마음을 갖기 위해서는 부단한 노력이 필요하다. 열린 마음을 갖기 위한 방법은 여러 가지가 있지만, 가장 손쉬운 방법은 책을 읽는 것이다. 책을 읽는 것은 저자의 생각을 받아들인다는 의미이기 때문이다. 이에 대해서는 나중에 별도로 자세히 설명하도록 하겠다.

마음을 부드럽게 하는 요령으로 내가 권하고 싶은 또 하나는 '123 방법'이다. 내가 전에 쓴 책 《행복하게 나이 들기》에서 소개하기도 했지만, 이 방법은 1분 동안 말하고, 2번 맞장구쳐주고, 3분 동안 들어주는 것이다. 마음이 부드럽다는 것은 다른 사람의 말을 잘 들어주고 이해한다는 것과 같은 의미이기 때문이다. 내가 하는 말을 상대로 하여금 받아들이게 하려면 상대와 공감대를 형성하는 것이 중요하다. 그러기 위해서는 2번 맞장구쳐주고, 3분 동안 들어주면서 일단 상대와 공감대를 형성한 다음에 자신은 1분 동안만 짧게 말할 필요가 있다. 이는 물론 무조건적으로 남의 말이 옳다고 하라는 게 아니라 상대를 이해한 다음에 얘기하라는 것이다.

나는 말없이 듣기는 잘하지만 내 생각과 다른 얘기가 나오면 맞장구쳐주지는 못하는 편이다. 하지만 이런 태도는 다른 사람과의 소통을 가로막는 큰 요인이라는 점을 나는 새삼 느끼고 있다. 직장을 다닐 때는 경쟁에서 이기기 위해 남을 설득해야 했으니 듣기보다는 말하기에 비중을 두게 된다. 그러나 퇴직한 후에는 남들과 좋은 관계를 맺어야 행복해질 수 있으므로 열린 마음으로 다른 사람의 다른 생각을 받아들이려고 노력하는 것이 무엇보다 필요하다.

인생 하산길을 조심하자

나는 등산을 좋아한다. 그렇다고 주말마다 명산을 찾아 멀리 가는 정도는 아니지만, 주말이면 가까운 산에라도 다녀오지 않으면 허전함을 느낄 정도는 된다. 주로 집 주위에 있는 대모산, 구룡산, 청계산 등을 다니지만, 한 달에 한두 번은 비교적 먼 산을 간다. 그래도 최근 몇 년 사이 지리산을 세 번 다녀왔고, 서울 근교에서는 북한산, 도봉산, 관악산은 물론 운악산, 용문산, 운길산, 예봉산 등을 다녀왔다. 먼 데 있는 산으로는 태백산, 소백산, 가리왕산, 오대산 등을 비롯하여 모악산, 마니산, 덕유산 등도 다녀왔으니, 결코 산에 적게 다닌 것은 아니다.

그런데 2011년 초 마니산에 갔다가 다리를 다친 뒤로는 높은 산에 가는 것은 좀 삼가고 있다. 누구나 나이가 들면 등산이나 운동을 하다가 자주 겪는 일이라고 하는데, 종아리 근육이 파열되어 몇 달간 등산과 운동을 제대로 하지 못했다. 그래서 이제는 가능하면 높고 바위가 많은 산보다 낮으면서 흙이 많은 산에 가서 오래 걸으려고 노력한다. 이런 면에서는 대모산과 구룡산이 참 좋다. 나지막하면서도 두 산을 이어서 '종주' 하면 네 시간 넘게 걸을 수 있으니 나에게 딱 맞는다. 집에서도 가까워 언제든지 가벼운 마음으로 갈 수 있다. 물론 먼 산을 가는 것도 나름대로 재미가 있다. 공기부터가 다르고, 자주 가는 곳이 아니어서 새로운 기분을 느낄 수 있다. 그래서 한 달에 한두 번은 먼 산을 가려고 노력한다.

등산을 자주 다니게 되면서 등산이 인생과 참 비슷하다는 생각을 하게 됐다. 우선 산을 올라갔다가 내려오는 과정이 인생과 비슷하다. 정상을 향해 부지런히 올라갔다가 정상에 이르면 다시 내려와야 한다는 점은 인생과 똑같다. 정상까지 힘이 넘쳐서 쏜살같이 올라간 사람이나 중간에 지쳐서 겨우겨우 올라간 사람이나 결국은 다시 내려와야 한다. 그런데 산을 올라갈 때는 모두 정상이라는 한 가지 목표를 향해 올라가지만, 내려오는 길은 각자 다르게 선택할 수 있다. 어떤 사람은 정상에 오르고도 힘이 남아돌아서 옆에 있는 다른 봉우리에 다시 오를 수 있다. 어떤 사람은 정상에서 곧바로 계곡으로 내려와서 냇가에서 쉬다가 하산할 수 있다. 바쁜 사람은 지름길로 빨리 내려와서 집으로 간다. 인생도 마찬가지다. 인생 전반부에는 누구나 성공이라는 공통된 목표를 향해 열심히 뛴다. 그러나 정상에 도달하고 나서는 성공을 연장하기 위해 노력하는 사람도 있고, 이제는 쉬면서 여행이나 하며 살겠다는 사람도 있다. 어느 쪽이 옳고 어느 쪽이 그르다고 단정할 수 없다. 어느 쪽이든 각자가 선택할 일이기 때문이다.

나는 일단 나지막한 정상을 오른 뒤 고만고만한 능선으로 천천히 걸어가는 길을 택하고 싶다. 가다가 좋은 풍경이 보이면 앉아서 구경도 하고, 걸어가면서 배낭에서 간식을 꺼내 먹기도 하면서…. 같이 걸으며 가볍게 웃음이 묻어나는 대화를 나눌 수 있는 친구와 동행하면 더 좋을 것이다. 어스름한 저녁 무렵 산에서 내려와 허름한 식당에 들러 같이 저녁을 먹으면서 막걸리 한잔 나눌 수 있으면 더욱 좋겠다. 내가 올라갔다 내려온 산이 얼마나 높았는지에 대해서는 신경 쓰지 않으려고 한다. 다른 사람이 더 높은 산을 올랐다고 자랑해도 그저 한번 씽긋 웃어주고 말겠다. 다만 좋은 친구와 함께 걸은 길만 기억하고, 나에게 손짓을 하던 길가의 나뭇잎만 기억하고, 나의 숨을 가쁘게 한 가파른 언덕길만 기억하련다.

산을 올라갈 때보다 내려올 때 다치는 경우가 많은 것도 인생과 비슷하다. 산을 오를 때 보면 먼저 오르는 사람도 있고 뒤처져 오르는 사람도 있다. 마찬가지로 인생에서도 성공을 향해 뛰면서도 남보다 뒤처져 스트레스를 받는 경우가 있다. 하지만 인생 후반부를 제대로 준비하지 않으면 뒤처지는 정도가 아니라 아주 비참해질 수 있다. 산을 오를 때는 넘어져도 조금만 다치지만, 하산할 때 넘어지면 크게 다친다. 마찬가지로 인생에서도 전반부에는 실패하더라도 다시 일어설 기회가 많이 주어지지만, 후반부에는 한번 넘어지면 다시 일어서기 어렵다. 그래서 퇴직 후 인생 후반부에는 조심하고 또 조심해야 한다. 무엇이라도 크게 이루기보다는 조그만 행복을 찾아 천천히 걸어가는 게 바람직하다.

등산은 계절에 따라, 날씨에 따라 그 맛이 다르다. 겨울 산은 겨울 산대로 멋이 있고, 봄 산은 봄 산대로 멋이 있다. 대부분의 사람들은 날씨가 좋을 때, 또는 좋은 계절인 봄이나 가을에 산에 가기를 좋아한다. 하지만 겨울 산의 멋도 만만치 않다. 겨울 산에서 환상적인 눈꽃을 보고 새하얀 눈 위로 발자국을 남기면서 살을 에는 바람을 뚫고 올라갔다 내려올 때의 기분은 느껴보지 않은 사람은 알 수 없다. 우리 인생에서도 봄이나 가을과 같이 일이 잘 풀리는 날만 계속되면 행복할 것 같지만, 겨울과 같은 고난이 있어도 그것을 즐기는 여유가 있으면 인생의 참맛을 느낄 수 있다. 차가운 겨울바람을 느껴본 사람이어야 따스한 봄바람을 더 절실하게 느끼지 않겠는가. 직장을 다닐 때는 견딜 수 없을 정도로 모진 시련이라고 생각했던 일들도 퇴직한 다음에 돌아보면 얼마든지 극복할 수 있는 조그만 시련이었음을 깨닫게 된다. 아니 그런 시련이 있기에 인생의 묘미가 있었던 거라는 생각까지 들게 된다.

나는 비가 올 때 가까운 곳의 나지막한 산을 오르는 것을 좋아한다. 태풍이 불거나 벼락이 치는 아주 궂은 날씨에는 산에 가기를 삼가야겠지만, 가벼운 비가 올 때 산길을 걸으면 맑은 날에 비해 색다른 기분을 느낄 수 있다. 우선 주위와 단절된 나만의 존재를 확실하게 느낄 수 있다. 아마도 비가 나와 주위를 차단하고, 볼을 스치는 찬바람이 머릿속을 시원하게 해주기 때문인 듯하다. 또한 나뭇잎에 빗방울이 떨어지는 소리는 물론이고 평소에는 잘 느끼지 못하던 나뭇가지 스치는 바람 소리도 선명하게 들린다. 우산을 들고 걸어가노라면 우산 안에 갇힌 나의 작은 존재를 느끼게 된다. 땅에 떨어지자마자 자신의 길을 찾아 부지런히 달리는 빗물이 꼭 정신없이 앞만 보고 달리는 우리의 인생을 보는 것 같기도 하다. 어디를 향해 무엇을 위해 그리 앞만 보고 열심히 달리는지. 인생에서도 나를 주위와 단절시키는 시련이 닥치면 비로소 자신을 돌아볼 기회를 갖게 된다. 그러니 시련이 꼭 나쁜 것만은 아니다. 발을 헛디뎌 낭떠러지로 떨어진 것 같은 상황에 빠져 우울증을 앓게 되더라도 시련의 시기를 겪으면서 생긴 면역력이 그런 상황을 감당할 힘을 준다.

젊었을 때는 산에 가면 꼭 정상을 올라야 한다고 생각했다. 하지만 나이가 들어서는 꼭 정상까지 가지 않아도 산을 즐길 수 있으면 그만 아닌가 하는 생각을 하게 됐다. 인생에서도 젊었을 때는 성공을 해야 하고, 경쟁에서 남들을 꼭 이겨야 한다고 생각했다. 하지만 인생 후반부에는 성공보다는 행복을 추구하고, 경쟁에서 남들에게 좀 져주는 것도 필요하지 않을까 하는 생각을 하게 된다. 이런 묘미 때문에 나는 앞으로도 계속 산을 찾을 것 같다.

슬로 라이프로 살자

횡단보도를 건너기 위해 서있다 보면 신호가 바뀔 때까지의 몇 분을 기다리지 못하고 차도에 미리 내려가서 반대편 신호등만 쳐다보고 있는 사람들을 많이 보게 된다. 그들을 보고 있으면 마치 출발 신호를 기다리면서 준비 자세를 취하고 있는 백 미터 달리기 선수 같다는 생각을 하게 된다. 그들 뒤에서 그들을 보고 있노라면 쏜살 같이 달리는 차에 치이게 될까봐 걱정스럽기도 하다. 그렇다고 신호가 바뀐 뒤에 그들이 다른 사람들보다 엄청나게 빨리 건너가는 것도 아니다.

하긴 나도 전에는 차도에 내려가 서있기까지는 하지 않았지만, 횡단보도의 차도 쪽 맨 앞부분에 서있었던 것 같다. 그때는 다른 사람들이 모두 그러니까 나도 무의식중에 그랬을 것이다. 하지만 언제부터인가 여유를 갖고 뒤쪽에 서서 신호를 기다리면서 주위 풍경도 즐기게 됐다. 그러다보니 그전에는 횡단보도 건너기에만 바빠서 놓쳤던 많은 사실들을 알게 되고 느끼게 됐다. 신호가 바뀌기를 기다리는 몇 분 동안에만도 돌 틈에 나 있는 풀을 보게 되고, 다른 사람들의 다양한 표정도 보게 된다. 사실 몇 초나 몇 분 늦는다고 해서 세상이 어떻게 되는 것도 아니다. 조금만 더 여유를 가지면 그동안 보지 못하고 놓쳤던 많은 것들을 볼 수 있다.

이와 마찬가지로 나는 언제부터인가 행복이란 조급증을 내며 쫓아다녀야 찾을 수 있는 게 아니라는 생각을 하게 됐다. 행복은 내 주위에 이미 있으니 조심스럽게 찾으면 얼마든지 찾아진다는 생각을 하게 된 것이다. 그러면서 나는 슬로 라이프에 관심을 갖게 됐다. 나이가 들어서 세상의 빠른 리듬을 따라가지 못하게 되니까 그런 생각을 하게 되는 거라고 비난한다면 더 할 말이 없지만.

요즘도 그런지는 모르겠지만, 한국 사람들이 관광을 많이 가는 동남아 지역의 가이드들이 가장 먼저 배우는 한국말이 '빨리빨리' 라는 말을 들은 적이 있다. 관광에 들이는 돈이 아까우니까 가능한 한 많은 것을 봐야 직성이 풀리는 한국 사람들이 '빨리빨리' 를 외치다보니 그들이 자연스럽게 그 말을 배운 것이다. 나도 회사에 다닐 때는 바쁜 출장일정 중 주말에 잠깐 들른 관광지에서 얼른 '증명사진' 을 찍고 빨리빨리 움직인 적이 많았기에 이해는 한다. 출장이 아니라 그냥 관광을 가더라도 될 수 있는 대로 많은 것을 보기 위해 빨리빨리 돌아다니는 것이 우리에게는 자연스러운 일이었다. 하지만 이제 나는 '증명사진' 을 찍기 위한 '빨리빨리 관광' 보다는 자연을 느끼고 문화유산에 깃든 조상의 숨결도 느끼는 '느릿느릿 여행' 을 하고 싶다. 나이가 들어 빨리빨리 다니지 못하는 것에 서글픔을 느끼기보다는 느릿느릿 다녀도 답답함을 느끼지 않게 된 것을 나는 다행스럽게 여긴다.

내가 어렸을 때만 해도 '빨리빨리' 보다는 '코리언 타임' 이 우리에게 익숙한 말이었다. 약속을 해놓고는 으레 늦게 나타나는 한국 사람들의 특성인 '코리언 타임' 은 한국이 선진국으로 가기 위해서는 한국 사람들이 가장 먼저 고쳐야 할 단점이었다. 하지만 언제부터인가 '코리언 타임' 은 사라지고 '빨리빨리'가 한국 사람들의 특성이 돼버렸다. '빨리빨리'라는 특성이 한국의 경제발전에 공헌한 바가 크다는 점을 인정한다. 하지만 행복을 찾기 위해서는 과거의 '코리언 타임'을 되찾아야 하지 않을까 생각해본다. 이제 성공보다 행복에 관심이 더 많은 나로서는 느릿느릿한 삶이 더 가치가 있다고 느끼고 있다. 너무 빨리 달리다 보면 주위에 널린 행복의 조각들을 발견하지 못하고 지나쳐버릴 수 있기 때문이다.

'빨리빨리'는 사실 한국 사람들만의 특성은 아니다. 산업사회에서는 속도가 곧 경쟁력이기 때문에 빨리빨리 서두를 수밖에 없다. 그래서 경제학 교과서도 '거대한 놈이 작은 놈을 잡아먹는 게 아니라, 빠른 놈이 느린 놈을 잡아먹는다'고 한다. 이런 산업사회의 '빨리빨리' 특성 때문에 선진국에서 가장 인기 있는 올림픽 종목도 육상이나 수영 등 기록경기다. 하지만 100미터 달리기에서 기록을 0.1초 단축하는 것이 우리의 실생활에 무슨 큰 의미가 있을까? 현대인이 속도경기에 열광하는 것은 아마도 산업사회의 가장 큰 덕목이 '빨리빨리'이기 때문일 것이다. '코리언 타임'이 농업사회의 특성을 대변한다면, '빨리빨리'는 산업사회의 특성을 대변한다. 한국 사람들이 농업사회의 패러다임인 '코리언 타임'을 버리고 산업사회의 패러다임인 '빨리빨리'를 채택해서 잘 실행한 것은 한국이 '한강의 기적'으로 불리는 급속한 경제성장을 이루는 데 배경이 됐다.

하지만 퇴직한 뒤에 성공보다 행복을 바란다면 '빨리빨리'보다 슬로 템포를 중요하게 여겨야 한다. 우리가 행복하기 위해서는 자신과 주위를 분리시켜 볼 수 있어야 하고, 그러기 위해서는 천천히 주위를 살펴야 하기 때문이다. 생활을 '빨리빨리' 템포로 하면 아무 생각 없이 기계적으로 움직일 수밖에 없고, 그러면 자신의 내면을 들여다볼 겨를이 없게 된다. 내가 실제로 횡단보도를 건널 때 서두르지 않고 뒤편에 서서 신호를 기다리다보니 주위의 풍경을 즐기게 됐고, 바쁘게 건널 때 놓쳤던 많은 사실들을 느끼게 됐다. 몇 초, 몇 분이 늦는다고 해서 세상이 어떻게 되는 게 아니라면, 조금은 여유를 갖고 세상을 살피는 슬로 라이프를 사는 게 낫지 않을까?

'행복=소유/욕구' 라는 행복공식을 가지고 말한다면, 인생 전반부가 소유를 늘리기 위해 '빨리빨리' 서둘렀던 시기라면 인생 후반부에는 욕구를 줄이기 위해 나의 내면을 살피는 여유를 가져야 한다. 그래야 행복지수가 높아질 수 있다. '천천히' 나의 내면을 잘 살피면 욕구 중에서 진정 나에게 필요한 부분만 남기고 나머지는 버릴 수 있게 된다. 이런 과정을 통해 욕구를 버리는 과정이 바로 '자발적 가난' 을 추구하는 삶이다. 물론 슬로 라이프 자체가 나의 행복을 보장해주는 것은 아니다. 슬로 라이프를 통해 나의 내면을 살피고 내 욕구를 버려야만 비로소 행복해진다. 극단적인 예로 어쩔 수 없이 슬로 라이프를 사는 노숙자들이나 언제나 소파에 누워 TV 리모컨만 누르는 소파맨들의 경우는 자신의 내면을 살피지 않기 때문에 행복하지 않은 것이다.

나의 내면을 살피는 가장 좋은 슬로 라이프 방식은 명상이라고 생각한다. 명상을 효율적으로 빨리빨리 하라는 얘기는 들어본 적이 없을 것이다. 나는 명상의 전문가는 아니지만, 천천히 자신의 내면을 들여다보는 것이면 어떤 형태든 다 명상이라고 불러도 된다고 생각한다. 그러니까 가만히 앉아서 자신의 호흡에 집중하든, 자연의 소리에 귀를 기울이면서 걷기를 하든 그런 행위가 자신의 내면에 집중하는 것이라면 바로 명상이다. 심지어 음식을 먹을 때도 그것이 주는 감각을 충분히 느끼면서 천천히 맛을 음미하면 바로 명상이 된다.

실제로 나는 걸을 때 주위 풍경을 천천히 음미하고, 음식을 먹을 때 그 맛을 천천히 음미하려고 노력해보았다. 그러자 나 자신에 대해 그동안 느끼지 못했던 것들을 많이 느끼게 됐다. 걸을 때 발의 어느 부분이 불편한데 그동안 그런 사실을 느끼지 못했음을 알게 됐다. 내가 너무 뜨거운 음식을 입안에 마구 집어넣어 몸을 혹사했다는 사실도 새로이 알게 됐다. 이런 사소한 것들을 느끼면서 나는 나 자신을 사랑하고 돌봐야겠다는 생각을 하게 됐다.

퇴직한 뒤에는 이런 의미의 슬로 라이프를 살 수 있는 조건이 마련되니 퇴직이 나쁜 것만은 아니다. 직장생활을 할 때는 효율이라는 명목으로 어쩔 수 없이 '빨리빨리' 살아만 하지만, 퇴직과 동시에 그럴 이유가 없어진다. 인생 전반부에는 세상의 물결에 밀려서 어쩔 수 없이 '빨리빨리' 살았지만, 이제 인생 후반부에는 자신의 내면을 살피면서 슬로 라이프를 살아야 한다. 행복은 멀리 있지 않고 나의 내면에 있으니까. 천천히 나의 내면을 들여다보면 바로 거기에서 미소를 지으며 기다리고 있는 행복을 발견할 수 있다고 나는 확신한다. 이제는 천천히 그 행복을 찾자. 소중한 것은 천천히 다뤄야 하는 거니까.

3부

나이가 들어서 늙는 것이 아니라 꿈꾸기를 중단하는 순간부터 노화가 일어난다는 말이 있다. 이제까지 쌓아온 것만으로도 충분하다는 생각이 들면 이미 노화는 시작된 것이다. 새로운 꿈을 꾸고 그 꿈을 이루기 위해 노력하는 동안에는 노화가 정지된다. 이런 의미에서 퇴직한 뒤에도 새로운 꿈을 꾸고 그 꿈을 이루기 위해 계속 노력하는 것이 중요하다.

젊을 때도 물론 꿈이 있어야 한다. 하지만 젊을 때 꾸는 꿈과 중년이 되어 꾸는 꿈은 근본적으로 달라야 한다. 젊을 때 꾸는 꿈이 성공을 향해 달리면서 현재를 참아내기 위한 수단이었다면, 중년이 되어 꾸는 꿈은 그 자체가 행복이어야 한다. 젊은 시절에 꾸는 꿈이 미래에 이룰 목표를 정해놓고 정해진 시간 안에 그것을 이루어야 하기 때문에 스트레스의 원인이 된다면, 중년 이후에 새로이 꾸는 꿈은 정해진 시간 안에 이루어야 하는 것이 아니어서 꾸는 순간 마냥 행복해지는 꿈이어야 한다. 그 꿈을 실제로 이루느냐 마느냐 하는 것은 별개의 문제가 돼야 한다.

퇴직한 뒤 인생 후반부를 행복하게 살려면 인생 전반부에 했던 것과 비슷한 준비를 해야 한다.

다만 그 준비는 어떻게 성공할 것인가가 아니라 어떻게 행복해질 것인가에 초점이 맞춰져야 한다. 인생 전반부가 세상에서 나에게 원하는 것이 무엇인가, 어떤 직업이 돈을 많이 벌 수 있고 안정적인가 등에 초점이 맞춰졌다면, 인생 후반부는 내가 어떤 일을 하면 행복해지는가에 초점이 맞춰져야 한다.

그러기 위해서는 나 자신을 알기 위한 시간을 많이 가져야 한다. 나는 내가 가장 잘 알 것 같지만, 가만히 생각해보면 나에 대해 나는 너무나 모른다는 사실을 알게 될 것이다. 누구나 나에 대해 생각할 때는 나의 단점보다 나의 강점에 대해 더 많이 생각해야 한다. 물론 나의 단점을 보완하거나 고치는 것도 중요하다. 하지만 인생 후반부에는 나의 강점이 무엇이고 내가 무엇을 하면 즐거워지는가에 초점을 맞춰 자신을 돌아봐야 한다. 왜냐하면 자신의 단점을 고치는 것은 미래에 대비하기 위해 현재의 고난을 감수하는 것이지만, 자신의 강점을 계발하는 것은 현재의 나 자신을 인정하고 행복하게 만드는 것이기 때문이다.

5장
미래를 준비하자

이 책을 읽는 사람 중에는 이미 퇴직한 사람도 있을 것이고, 퇴직을 눈앞에 둔 사람도 있을 것이다. 어쩌면 퇴직은 먼 훗날의 얘기지만 그냥 걱정이 되어 퇴직을 미리 준비하려는 사람도 있을 것이다.

퇴직 이후를 준비하기 시작하는 시기는 이르면 이를수록 좋다. 왜냐하면 우리의 마음가짐이라는 것이 하루아침에 바뀌기가 어렵고, 미래를 대비해서 준비하는 데도 시간이 걸리기 때문이다. 미래를 대비해서 보험을 들 경우를 생각해보면, 젊을 때 들면 보험료가 낮아서 부담이 덜하지만 나이가 들어서 들려면 조건도 까다롭거니와 보험료도 높아서 부담이 크다. 퇴직을 대비하는 것도 이와 마찬가지다. 하지만 가장 늦었다고 생각한 때가 가장 빠른 때라는 말도 있지 않은가. 지금 이 순간에 퇴직을 했든 퇴직까지 세월이 많이 남았든 상관없이 지금 바로 준비를 시작하는 것이 중요하다.

퇴직까지 세월이 많이 남았다면 '언제쯤 퇴직하는 것이 좋은가'를 가장 먼저 생각해보는 것이 좋다. 그리고 '그때까지 내가 직장에서 살아남을 수 있는가'도 생각해봐야 한다. 가능하면 오래 직장생활을 하고 싶다면 자신의 커리어 관리에 대해서 심도 있게 생각해보고 필요한 준비를 해야 한다. 만약 일찍 퇴직하기를 원한다면 지금부터 부지런히 준비해야 한다. 대부분의 경우에 퇴직이 눈앞에 닥쳐서야 준비를 시작한다. 그러나 퇴직 준비는 최소 2~3년 전에 시작해야 한다. 마음가짐도 다져야 하지만 야생에서 살아갈 수 있는 능력도 키워야 하기 때문이다.

나의 경우에도 퇴직 후 프리랜서가 되기 5년 전부터 책도 쓰고 강연도 하러 다니면서 준비했지만, 지금도 여전히 야생의 세계에서 살아가는 것에 익숙하지 않다. 퇴직 전 2~3년 전부터 퇴직 준비를 해야 하는 또 다른 이유는 퇴직 후보다는 직장의 현직에 있을 때 여러 가지 준비를 하기가 쉽기 때문이다. 야생에서 살아가기 위해서 가장 중요한 네트워크도 현직에 있을 때 만드는 것이 쉽지, 막상 퇴직하고 나면 상당히 어렵다. 현직에 있으면서 어느 정도 기초적인 준비를 해두면 퇴직하고 나서 좀 더 쉽게 야생의 생활을 시작할 수 있다.

는 것이 쉽지, 막상 퇴직하고 나면 상당히 어렵다. 현직에 있으면서 어느 정도 기초적인 준비를 해두면 퇴직하고 나서 좀 더 쉽게 야생의 생활을 시작할 수 있다.

퇴직은 행복의 시발점이다

"선배님, 시간 내주시면 찾아뵙고 상의를 드리고 싶습니다."

"그래? 무슨 일인데?"

"제가 회사를 그만두어야 할 것 같아서 의논을 드리려고요."

"난 특별한 일이 없으면 사무실에 있으니 미리 전화하고 와요."

　내가 헤드헌팅 일을 한다는 사실을 아는 후배들이 이직과 관련해 의논하고 싶다면서 나에게 전화를 하거나 이메일을 보내오는 경우가 점점 더 많아지고 있다. 회사에 다니는 내 또래들이야 당연히 퇴직을 걱정해야 할 시기가 됐지만, 이제 막 40대에 접어든 후배들까지 퇴직 문제로 고민하는 것을 보면 안타까움을 넘어 화가 나기도 한다. 40대면 이제 한창 일할 나이인데 회사를 그만두어야 한다는 것은 개인적으로나 사회적으로나 큰 손실이 아닐 수 없기 때문이다. 하지만 기업의 입장에서는 갈수록 더 치열해지는 글로벌 경쟁에서 이기기 위해 몸집을 가볍게 할 필요가 있다고 한다. 그러니 무조건 조기 퇴직에 반대만 할 수도 없는 노릇이다.

　내가 처음 직장을 다니던 1980년대만 해도 처음 들어간 직장에서 나이가 들어 정년퇴직하는 것이 당연한 일로 받아들여졌다. 내가 다니던 시멘트회사가 보수적이라서 그랬는지 모르지만, 중간에 다른 회사로 옮기는 사람은 마치 배신자처럼 취급당하기 십상이었다. 또한 특별한 하자가 없는 한 중간에 회사에서 내쫓기는 일이 없었다. 그래서 대부분의 직장인들은 평생직장을 당연한 것으로 여겼다. '회사에 충성하기만 하면 회사가 나의 평생을 책임진다'는 인식이 만고의 진리처럼 직장인들의 뇌리에 박혀 있었다. 요즘 직장인들의 입장에서는 먼 옛날의 전설처럼 들릴 얘기지만.

더군다나 1980년도 기준으로 한국 남자들의 평균 수명이 62세(통계청 자료)였으므로 60세에 정년퇴직하면 평균적으로 2년 이내에 저 세상으로 가는 행복(?)을 누릴 수 있었다. 그 정도의 기간이라면, 회사에 전적으로 매달리고 가정에는 소홀했던 남자가 퇴직 후 가정으로 돌아온 뒤에 가족이 남자의 잘못된 태도를 감내해줄 수 있었다. 그래도 남자가 나름대로 가족의 경제적 안정을 위해 평생 회사만 알고 밤낮없이 일했으니 2~3년 정도는 참아주는 게 가족의 예의였다고 생각했는지도 모른다. 그야말로 1980년대는 한국 남자들의 입장에서는 인생을 회사에 다 바쳐도 전혀 문제가 되지 않았던 '행복한' 시기였던 것이다. 그때만 해도 한국 남자들이 정년퇴직 후 죽을 때까지 보낸 시간은 여가 그 자체였다. 가정을 위해 회사에 충성을 다한 대가로 퇴직 후 갖게 되는 몇 년간의 여유로운 기간은 한국 남자들에게 주어지는 포상과 같은 것이었다.

그런데 지금은 어떤가? 우선 정년을 채우고 퇴직하는 것 자체가 힘들다. 기업에 따라, 그리고 직급에 따라 정년이 다르지만, 이제는 정년까지 기업에서 일할 수 있으리라고 생각하는 직장인이 거의 없다. 하늘의 별 따기라는 임원 승진이 되지 않는 한 회사에서 60세가 넘어서까지 일하는 것은 이제 불가능하다. 아니 오히려 기업이 이사라는 '임시직'을 여러 개 만들어놓고 40대

직원들을 이사로 승진시킨 다음 얼마 안 가 잘라내는 것이 관행처럼 굳어지고 있다. 이런 조기퇴직 현상을 풍자하는 사오정(45세가 정년)이라든가 오륙도(56세까지 근무하면 도둑)라든가 하는 신조어가 식상해졌을 정도다. 평생직장이라는 말은 이제 먼 나라 얘기가 돼버렸다. 이제는 40대만 되어도 퇴직을 걱정해야 하는 시대가 된 것이다.

이처럼 직장인의 경제적 수명이 짧아지는 동시에 설상가상으로 인간의 자연수명은 엄청나게 늘어나고 있어 문제의 심각성이 점점 더 커지고 있다. 언제부터인가 '100세 시대'를 대비해야 한다는 말이 힘을 얻고 있다. 현재 한국인의 평균수명은 80세 안팎이지만, 이것은 조기에 사망하는 사람들까지 포함한 통계다. 현재 50세를 넘긴 사람들은 100세까지 살 가능성이 상당히 높다고 봐야 한다. 다시 말해 직장에서 퇴직하고 50년 이상을 더 살 가능성이 크다는 얘기다. 그렇다면 30세에 취업해서 20년 동안 열심히 일하며 돈을 벌고 나서 퇴직 후 50년 동안을 그 돈으로 먹고 살아야 한다는 계산이 나온다. 이게 가능하겠는가? 사회적으로도 복잡한 문제가 많다. 국민의 퇴직 후를 위해 정부가 마련한 대책인 국민연금만 해도 그렇다. 국민연금에 가입할 당시 정부가 약속한 금액이 실제로 퇴직 후에 그대로 지급되리라고 생각하는 국민은 아무도 없을 것이다.

이제까지 기술한 내용은 누구나 다 알고 있는 한국 사회의 당면 문제다. 그렇다면 대책은 무엇인가? 부자들에게서 돈을 거둬서 쓰자는 부자증세가 거론되기도 하고, 정년연장을 통해 나이 든 사람들도 지속적으로 일하며 수입을 올릴 수 있게 하자는 제안도 나오고 있다. 신재생에너지 산업을 비롯해 일자리를 창출할 수 있는 새로운 산업을 육성하자는 방안도 제시되고 있다. 출산율을 높여서 젊은 층 인구가 늘어나면 상황이 나아지지 않겠느냐는 의견도 들려온다. 하지만 어느 것도 그것 한 가지만으로는 '바로 그거야'라고 외치게 할 만한 해결책은 아닌 게 사실이다.

개인적으로는 어떤가? 퇴직 후 대책에 대해 물어보면 대부분 돈 걱정부터 한다. 그나마 국민연금에라도 가입해 놓아서 퇴직 후 적은 금액이나마 연금이 나오게 돼있는 사람들은 다행이다. 베이비붐 세대(1955~63년생) 중 절반가량은 아예 국민연금을 받을 수 없는 처지이고, 받는 경우에도 평균 수령액이 45만 원 정도로 최저생계비에도 못 미치는 수준이라고 한다. 국민연금의 액수가 적기도 하지만 그나마 계속 나올지도 의문이라는 게 더 큰 문제다. 물론 여유가 있는 사람들은 개인적으로 개인연금이나 보험 등을 통해 노후대비를 하겠지만, 그 비율은 아주 낮을 것으로 생각된다.

베이비붐 세대는 재산을 형성할 기회를 가졌던 세대라고 하지만, 대부분의 재산이 부동산에 묶여 있고 부모봉양과 자녀양육 의무에서 자유롭지 못하다보니 그 재산도 자신의 노후를 위해 사용하지 못하는 상황이다. 베이비붐 세대 다음의 세대들은 상황이 더 안 좋을 것이다. 베이비붐 세대는 그나마 직장생활을 하는 동안 경제 전체가 발전한 덕분에 개인적으로 재산형성을 할 기회를 가졌지만, 그 다음의 젊은 세대들은 불행하게도 그런 기회조차 갖기가 어려웠다.

청년기에 직장생활을 하면서 돈을 벌고 나이가 들어 퇴직한 뒤에는 그 돈을 아껴 쓰면서 살아가게 된다는 생각은 이제 버려야 한다. 간단히 계산해 봐도 20~30년 동안 모은 돈으로 40~50년 동안 산다는 게 가당키나 한 일인가? 그렇다고 해서 인생 후반부도 인생 전반부와 같이 돈에 얽매여 스트레스를 받는 삶을 살아서도 안 된다.

인생 후반부에는 세상이 주는 부담을 털어버리고 자신의 인생을 살겠다는 생각을 가져야 한다. 퇴직을 기점으로 돈을 벌기 위해 일을 하는 것이 아니라 나의 존재가치를 실현하기 위해 즐거운 일을 한다는 생각을 가져야 한다. 그렇게 즐거운 일을 하는 동안 자연스럽게 금전적인 소득도 생기면 더 좋겠지만, 소득을 우선시해서는 안 된다. 그런데 인생 후반부를 그렇게 살기 위해서는 퇴직 전에 퇴직 후에 대한 준비를 잘 해야 한다. 준비를 잘 하기만 한다면 퇴직 후 인생 후반부는 진정으로 행복하게 살 소중한 기회가 될 것이다.

인생을 리셋시키자

전자기기를 사용하다보면 가끔 제대로 작동되지 않을 때가 있다. 컴퓨터도 그렇지만 디지털카메라나 내비게이션도 중간에 작동이 멈추는 경우가 종종 있다. 그럴 때 가장 손쉬운 치료방법은 그 전자기기를 리셋시키는 것이다. 컴퓨터는 리셋시키기가 다소 어렵지만, 디지털카메라나 내비게이션에는 리셋 버튼이 있어서 그것을 누르기만 하면 된다. 리셋을 실행하고 나면 이전의 모든 자료가 없어지는 경우도 있고, 남아있는 경우도 있다.

우리 인생에서도 커다란 충격을 받고 비틀거리게 되면 인생을 리셋시켜 주면 어떨까 하는 생각을 해본다. 리셋은 원점으로 돌아가 다시 시작하는 것을 의미한다. 그러니까 인생의 리셋은 이제까지의 삶을 원점에서 재검토하고 새로운 출발을 하는 것이다. 우리는 인생의 전환점에서는 알게 모르게 가벼운 리셋을 하곤 했다. 우리가 이 세상에 태어난 것도 어쩌면 가장 큰 리셋이었는지도 모른다. 보다 가볍게는 상급학교에 진학할 때, 직장에 들어갈 때, 결혼할 때 리셋을 했다. 이처럼 인생에서 리셋을 해야 할 경우가 여러 번 있을 수 있지만, 아마도 리셋이 가장 필요한 경우는 바로 퇴직일 것이다. 퇴직은 이제까지의 삶의 형태를 버리고 새로운 출발을 해야 한다는 의미에서 리셋을 필요로 한다.

인생길에서 실패를 당한 경우에도 리셋이 필요하다. 인생의 실패를 맞아 가장 리셋을 잘 해서 성공한 사람으로 애플의 전 CEO 스티브 잡스를 꼽을 수 있다. 그는 자신이 세운 애플에서 쫓겨나는 비운을 맞았지만, 픽사의 컴퓨터 그래픽을 이용한 애니메이션 제작을 통해 감성세계에 눈을 뜨고, 이후 좌초 위기에 빠진 애플에 돌아가 성공신화를 만들었다. 스티브 잡스가 애플에 돌아가서 가장 먼저 한 일도 애플을 리셋시키는 것이었다. 개인용컴퓨터(PC)와 관련된 사업에만 집중하던 애플을 엠피스리(mp3)라는 완전히 다른 분야에 진출시킴으로써 성공신화의 단초를 열었다. 기술 위주로 편향된 애플의 사업을 소비자 위주로, 특히 소비자의 감성을 만족시키는 방향으로 돌리는 리셋을 통해 애플을 세계 최고의 기업으로 만든 것이다.

애플의 스티브 잡스가 자신과 기업의 리셋을 통해 성공을 이룩한 미국의 경영자라면, 자기 인생의 리셋을 통해 성공을 거두고 있는 한국인으로는 엄홍길 대장과 개그맨 강호동을 꼽고 싶다.

엄홍길 대장은 세계 최초로 8천 미터 16좌 완등이라는 위업을 달성한 유명한 산악인이다. 그는 요즘 국내 일반 산악인들을 위한 여러 프로그램을 이끌고 있다. 프리미어 리그에서 뛰던 유명 축구선수가 동네 축구단을 코치하고 있는 것과 같다고나 할까. 하지만 엄홍길 대장은 8천 미터급 고산을 오르는 기술만을 고집하지 않고 동네 뒷산을 오르는 것에도 관심을 갖고 있다. 언젠가 그가 등산할 때 스틱을 사용하는 법에 대해 설명하는 것을 들었다. 그때 그가 높은 산을 등산할 때 필요한 스틱 사용법이 아니라 동네 뒷산을 올라갈 때 필요한 스틱 사용법을 자상하게 설명해주는 것이 인상적이었다.

개그맨 강호동도 다른 의미에서 인생의 리셋에 성공한 경우다. 강호동은 한때 잘나가던 씨름선수였다. 계속 씨름만 했다면 어쩌면 지금쯤은 잊혔거나 어느 씨름선수단의 감독이 돼있었을 것이다. 하지만 그는 특유의 개그 감각을 살려 연예계에 진출한 뒤 씨름선수 시절보다 훨씬 더 유명한 연예인이 됐다. 얼마 전 탈세 의혹으로 연예계에서 물러날 때도, 최근에 컴백할 때도 온 국민의 관심이 집중될 정도로 인기를 누리고 있다. 만약 강호동이 씨름선수 시절의 천하장사 타이틀만 고집하면서 '내가 어떻게 개그맨을 할 수 있겠느냐'고 생각했다면 지금의 강호동은 존재할 수 없었을 것이다.

이처럼 지금까지의 나를 정리하고 인생을 리셋시켜 새로운 출발을 하는 것은 성공을 향한 첫걸음이 될 수 있다. 특히 50세 즈음에 퇴직을 할 경우에는 그 퇴직이 단순한 퇴직이 아니라 인생 전반부에서 인생 후반부로 넘어가는 중요한 기점을 이루는 사건이기 때문에 인생의 리셋이 더욱더 필요하다. 인생 전반부가 성공을 위해 달린 시기였다면, 인생 후반부는 자신의 행복을 위해 살아가야 할 시기이기 때문이다. 즉 퇴직 시점을 분수령으로 하여 인생의 목표가 성공에서 행복으로 달라져야 하기 때문에 인생의 리셋이 필요한 것이다.

리셋을 할 때는 엄홍길 대장처럼 이제까지의 인생경험을 살리는 방법과 강호동처럼 이제까지의 인생경험과 완전히 다른 길을 가는 방법이 있다. 어느 방법이 좋은지는 각자가 자신의 삶의 목표에 맞게 판단해야 한다. 자신이 앞으로 하고자 하는 일에 이제까지의 경험이 도움이 된다면 그것을 살려야 할 것이고, 도움이 되지 않는다면 그것을 완전히 버려야 할 것이다. 이제까지의 경험을 살리는 경우에도 경험 그 자체를 그대로 살리는 것이 아니라 앞으로의 삶의 목표에 맞게 경험을 재설계하여 살려야 한다. 자칫하다가는 과거의 경험이 앞으로 하고자 하는 일에 방해가 되거나 발목을 잡을 수도 있다. 완전히 새로운 길을 선택한 경우에는 신중한 탐색의 기간을 충분히 가져야 한다. '남의 떡이 커 보인다'고 했듯이 자신이 전혀 모르는 일은 근사하게 보이고 그 장점만 보이지만, 막상 그 일을 해보면 나름대로 어려운 점이 있는 법이다. 한 가지 좋은 방법은 그 방면에서 일하고 있는 사람에게 조언을 구하는 것이다. 더 좋은 방법은 그 분야에 직접 뛰어들어 시험 삼아 일을 해보는 것이다. 물론 해보다가 이건 아니라고 판단되면 바로 빠져나와도 손해가 없도록 투자는 삼가는 것을 원칙으로 해야 한다.

나도 인생길에서 몇 번 리셋을 해본 경험이 있다. 기술자로서 공장과 연구소에 파묻혀 살던 삶에서 영업을 배우고 사업을 하면서 완전히 새로운 분야에 뛰어들었다. 물론 시행착오도 있었지만, 이렇게 리셋을 해본 경험이 나의 삶을 풍성하게 만들었다고 생각한다. 현재는 프리랜서로 책도 쓰고 강연도 하면서 헤드헌팅과 커리어 컨설팅 일도 하고 있다. 수입도 예전보다 줄어든데다 들쑥날쑥한 단점이 있긴 하지만, 내가 원하는 일들을 하고 있기 때문에 즐겁고 보람도 느끼고 있다.

이제는 한 걸음 더 나아가 뜻을 같이하는 사람들과 함께 시골에 내려가서 '행복한 시니어 공동체'를 만들어 거기서 살기 위한 준비를 하고 있다. 이게 어쩌면 나로서는 인생 최종의 리셋이 되지 않을까 하는 생각이 든다. 이 최종 리셋을 통해 나의 인생이 완전한 행복의 길로 나아가게 되기를 기원해본다.

나만의 명함을 만들자

요즘 내 주위에 퇴직한 사람들이 많아졌다. 모임에 가서 그들과 인사를 나누다보면 명함이 없다면서 미안해하는 경우가 많다. 사실 명함이라는 것은 내가 어떤 사람인지를 나타내주는 도구다. 나를 기억해주기를 바라는 마음으로 나에 관한 정보를 써서 전달하는 것이 명함이다.

그런데 명함을 들여다보면 회사 이름이 가장 위에 씌어진 것이 많다. 처음 만난 사람에게 나 개인을 나타낼 방법이 마땅치 않으니 손쉬운 방법으로 사람들이 잘 알 만한 회사 이름을 먼저 쓰고 그 다음에 부서와 직위, 그리고 이름을 쓴 명함을 건네는 것이다. 이런 명함은 자신이 어떤 사람인지를 즉각적으로 알리는 데 효과가 있긴 하지만, 자기 개인으로 보면 치명적인 단점을 갖고 있다. 이런 명함에 익숙해진 사람은 회사를 그만두는 순간 자신의 아이덴티티가 송두리째 날아가 버린다. 그래서 퇴직하고 나면 명함을 만들 수 없다고 생각하게 되고, 사람들을 만날 때 줄 명함이 없어서 곤혹스러워하게 된다. 그동안에는 회사를 타이틀로 앞세워 나를 표현했는데 회사를 그만두고 나면 그렇게 하는 것이 불가능하니 명함을 만들 수 없게 되는 것이다.

하지만 명함이라는 것의 용도가 자신을 소개하는 데 있다고 생각한다면 퇴직했다고 해서 명함을 만들지 못할 이유가 없다. 과거에는 명함에 회사 주소와 사무실 전화번호 등을 넣어야 했기 때문에 퇴직 후 명함을 만들기가 곤란한 면이 있었다. 그래서 퇴직한 뒤에 명함을 만들기 위해 사무실을 내고 전화를 놓는 경우도 있었다. 하지만 지금은 누구나 핸드폰을 가지고 있고 이메일 주소도 가지고 있으니 그 정도의 정보만 넣고도 얼마든지 명함을 만들 수 있다.

나도 하던 사업을 접으면서 명함 때문에 고민을 했었다. 나는 책도 내고 강연도 하러 다녔지만 그렇다고 '작가 김송호'라고 하기에는 민망스럽고, 그냥 이름만 적힌 명함을 건네기도 곤란했다. 사람들을 많이 만나야 하는 내가 명함이 없다고 할 수도 없는 일이었다. 그래서 생각해낸 것이 바로 나의 개인 브랜드를 만드는 것이었다. 그러니까 신문기사 제목처럼 나라는 사람을 가장 잘 나타내줄 만한 타이틀이 무엇인가를 고민한 것이었다.

그러다가 찾아낸 것이 바로 '행복한 미래를 만드는 기술자'다. 이 타이틀을 생각해내기까지 고민의 시간을 상당히 많이 가졌다. 나는 이제까지 한 번도 내가 누구이고, 어떤 사람이고, 무엇을 하기를 원하는지를 진지하게 생각해본 적이 없었기 때문이다. 결국 내가 가장 하고 싶은 일인 '행복한 미래 만들기'라는 구절에다 내가 가장 잘할 수 있는 일을 나타내는 '기술자'라는 단어를 붙여서 '행복한 미래를 만드는 기술자'라는 타이틀을 만들게 됐다.

얼핏 보면 '행복한 미래 만들기'라는 표현이 어색하게 느껴질 수 있다. 사람들은 대부분 미래는 만드는 게 아니라 다가오는 것이라고 생각하기 때문이다. 하지만 나는 나의 미래를 내가 스스로 만들어갈 것이라는 의지를 타이틀에 담고 싶었다. 더 나아가 그냥 미래가 아니라 '행복한 미래'를 만들어가고 싶었다. 또 다른 면으로 보면 '행복한 미래'와 '기술자'라는 말이 조화를 이루지 못하는 것으로 느껴질 수도 있다. 기술자라고 하면 기계를 다루는 사람, 현실과 동떨어진 사람, 그렇기에 행복한 삶을 살 수 없는 사람이라는 느낌이 막연하게 드는 게 사실이다. 하지만 나는 그런 일반적인 통념에 맞서 기술자도 행복한 인생에 관심이 가지고 있음을 보여주고 싶었다. 아니 오히려 내가 기술자이므로 인생을 세부적으로 분석하여 어떻게 하면 행복하게 인생을 살 수 있는지에 관한 실용적인 방안을 찾아낼 수 있다는 장점이 있다고 생각했다.

사람들을 만나서 명함을 교환할 때 내 명함을 받은 사람들은 대부분 한참 동안 내 명함을 들여다본다. 그러고는 "명함이 참 특이하네요"라고 한마디 한다. 그 이유는 내 명함의 가장 윗부분에 '행복한 미래를 만드는 기술자' 라는 타이틀이 씌어있기 때문이다. 다른 사람들의 명함은 대부분 그 위치에 회사 이름이 씌어 있다. 그러다보니 내 명함을 보고 처음에는 내가 다니는 회사가 '행복한 미래를 만드는 기술자' 인가 하고 의아해하다가 한참 후에 그것이 나의 개인 브랜드라는 것을 깨닫고 나서 하는 말이 "특이하다"는 것이다.

그 특이한 명함 덕분에 나는 새로 만나게 된 사람들과 자연스럽게 여러 가지 얘기를 나누게 되고, 그러다보면 상대가 나를 잘 기억하게 되는 부수적인 효과도 거둔다. 내 명함의 뒷면에는 내가 저술한 책의 목록과 강연한 주제, 온라인 활동 내역 등이 씌어 있다. 다른 사람들의 명함은 대부분 앞면의 내용을 영문으로 표시하는 용도로 뒷면을 사용하고 있다. 하지만 외국 사람을 만날 일이 별로 없는 나로서는 그 면을 나를 홍보하는 용도로 활용하는 것이다. 나에 대해서 일일이 소개할 기회가 별로 없기 때문에 명함을 주면서 자연스럽게 내가 하는 일이 무엇인지를 알려주기 위해서다.

나만의 명함을 만들기 위해서 가장 먼저 해야 할 일은 자신의 아이덴티티, 즉 개인 브랜드를 만드는 것이다. 물론 하는 일이 아무것도 없다면 이름과 연락처만 표시해도 되지만, 명함을 주는 이유 자체가 자신을 알리는 것이기 때문에 하는 일이 아무것도 없다면 굳이 명함을 만들 필요도 없을 것이다. 꼭 명함 때문만이 아니라 기나긴 인생 후반부를 보내기 위해서는 일을 찾아서 해야 하니 그 일과 연관성이 있는 자신의 개인 브랜드를 먼저 만드는 것이 순서일 것이다. 즉 명함 때문에 개인 브랜드를 만들어야 하는 것이 아니라, 개인 브랜드를 만들고 나서 자연스럽게 명함을 만들면 되는 것이다.

개인 브랜드는 자신을 가장 잘 나타낼 수 있는 단어들로 자신이 가장 하고 싶은 일의 내용을 잘 표현하는 방식으로 구성하는 것이 좋다. 개인 브랜드는 너무 짧아도 안 되지만, 그렇다고 명함이 꽉 찰 정도로 길게 만들어도 효과가 없다. 개인 브랜드는 3~5개의 단어를 조합해서 총 10개 글자 내외로 만드는 것이 좋다. 나의 개인 브랜드는 '행복한 미래를 만드는 기술자' 이니 4개 단어에 총 12개 글자로 이루어져 있다. 12개 글자도 약간 긴 느낌이 있긴 하지만, 사용된 모든 단어가 다 누구에게나 익숙한 것들이기 때문에 그 정도 긴 것은 큰 문제가 아니다. 개인 브랜드는 누구나 사용하는 단어들만 사용하기보다는 자신의 특성을 잘 나타내주는 단어를 포함해 복수의 단어들을 조합해 만드는 것이 바람직하다. 예를 들어 '숲 해설가' 라고 간단하게 정하기보다는 '공학박사 1호 숲 해설가' 처럼 자신을 다른 사람과 차별화할 수 있는 타이틀이면 명함을 받는 사람이 더 잘 기억하게 될 것이다.

명함을 만들기 위해 개인 브랜드를 만들려고 생각하다보면 자연스럽게 내가 앞으로 퇴직한 뒤에 하고 싶은 일이 무엇이고, 나를 차별화할 수 있는 방법이 무엇인가를 생각하게 된다. 회사를 앞세우지 않고도 자신만의 능력으로 할 수 있는 일이 무엇인가를 생각하고, 그런 일을 찾게 된다는 얘기다. 물론 개인 브랜드는 그냥 머리로만 생각해서 만들어서는 안 된다. 실제로 자신이 실행하고 있는 일을 글자로 표현해야 한다. 그러니까 개인 브랜드를 만드는 데도 꽤 오랜 시간이 걸린다는 것을 알아야 한다. 개인 브랜드를 만드는 데 걸리는 시간은 이전에 하던 일과 연관성이 있느냐 없느냐에 따라 다르지만 최소 1~3년은 되지 않을까 생각한다. 직장생활에서 하던 업무와 연관성이 크다면 1년 정도면 충분할 것이고, 완전히 새로운 일을 시작한다면 3년 정도는 준비해야 하지 않을까?

아무튼 퇴직을 앞두고 있거나 이미 퇴직한 경우에는 자신의 개인 브랜드를 만들어보는 노력을 해보기 바란다. 너무 조급하게 서두를 필요는 없다. 시간을 두고 차분하게 자신이 정말로 무엇을 하고 싶은지, 그리고 무엇을 가장 잘할 수 있는지를 생각하면서 개인 브랜드를 만들어보자.

삶의 가치를 높여주는 일을 찾자

별로 하고 싶지 않지만 보수가 많은 일과 정말 하고 싶지만 보수는 적은 일 중에서 선택해야 한다면 어느 쪽을 선택하겠는가? 아마도 인생 전반부에는 별로 하고 싶지 않지만 보수가 많은 일을 선택했을 것이다. 정말 하고 싶은 일을 하면서 보수도 많이 받는다면 더 바랄 게 없겠지만, 불행하게도 그런 행운을 잡는 사람은 극소수에 불과하다. 하지만 어느 쪽이 더 행복하겠느냐고 물으면 대부분 보수가 적더라도 자신이 정말 하고 싶은 일을 하는 사람이라고 대답할 것이다. 그러면 왜 이렇게 행복한 길을 놔두고 불행한 길을 선택하는가? 말할 것도 없이 인생 전반부에는 가족을 부양하고 주위의 기대에 부응해야 하기 때문에 그런 선택을 한다. 자신의 행복을 위해 주위의 기대를 배반하고 가족을 부양하는 의무를 소홀히 하는 것은 자신에게 주어진 사회적 의무를 저버리는 행위라고 배웠기 때문이다.

대부분의 40대가 스트레스를 많이 받고, 그러다가 돌연사를 많이 하는 것도 높은 보수를 받기 위해서 하고 싶지 않은 일을 하기 때문이다. 그런데 퇴직과 더불어 자연스럽게 보수가 적더라도 자신이 하고 싶은 일을 선택할 기회가 주어진다. 그렇기에 선진국의 경우에는 40대가 지나서 퇴직하고 나면 행복도가 높아지는 것이다. 하지만 한국의 경우에는 퇴직 후에도 성공을 향해 뛰던 인생 전반부 삶의 자세를 버리지 못하기 때문에 행복도가 떨어진다. 퇴직이 행복을 찾을 수 있는 좋은 기회가 아니라, 이제까지 이룩해 놓은 모든 것을 잃어버리는 상실의 사건으로 보기 때문에 불행이 시작되는 것이다.

우리가 일을 하는 목적에는 보수도 있지만 삶의 가치 실현도 있고, 이것이 중요한 부분을 차지한다. 인생 전반부에는 가족도 부양해야 하고 자신의 인생 후반부를 위한 부 축적도 해야 하기 때문에 보수가 일을 하는 목적에서 더 큰 비중을 차지하지만, 인생 후반부에는 보수보다 삶의 가치 실현이 더 큰 비중을 차지한다. 삶의 가치 실현이 너무 거창한 표현이라면, 하면서 즐거워지는 일을 하는 것이 인생 후반부에는 더 중요하다고 바꿔 말할 수도 있다.

예를 들어 요즘 도시에서 폐지를 줍는 노인들을 많이 보게 된다. 요즘은 폐지를 줍는 사람들이 너무 많아서 하루 종일 폐지를 주워도 하루에 1만 원 벌기가 힘들다고 한다. 만약 인생 후반부에 생계를 위해 폐지를 줍는 일을 한다면, 즉 보수를 위해 폐지를 줍는다면 그 일에서 삶의 가치를 느낄 수 있을까? 아마도 삶을 비관하면서 어쩔 수 없이 그 일을 할 것이다. 하지만 폐지를 줍는 일이 환경을 살리는 길이고, 가만히 앉아있는 것보다는 운동도 되고, 손자들에게 용돈으로 줄 돈을 마련하는 일이라고 생각한다면 그것은 인생에 가치가 있는 일이 될 것이다. 같은 일을 하더라도 그 일을 어떻게 대하느냐에 따라서 행복한가 불행한가가 좌우된다.

간단한 예화를 하나 들어보겠다. 어떤 사람이 시골 장에 갔다가 콩을 파는 사람을 만나 흥정을 하게 됐다. "콩 한 되에 얼마요?" "네, 5천 원입니다."

"이 콩 전부 합치면 몇 되나 되나요?" "네, 10되 조금 넘겠네요." "그럼 10되니까 4만 5천 원에 주시면 되겠네요." "안 됩니다." 콩을 파는 사람이 팔기를 거절하자 콩을 사려는 사람은 값을 깎아 불러서 그런가 보다 하고 생각하고 "그럼 5만 원에 주세요"라고 말했다. 그러자 콩을 파는 사람이 대뜸 화를 내면서 "아니 이 양반이 남의 재미를 다 뺏으려고 하네. 당신한테 이 콩을 다 팔아버리면 나는 집에 가야 하는데, 이런 좋은 구경거리를 놔두고 벌써 집에 가란 말이오?" 하는 것이었다.

이 예화에서 콩을 파는 사람은 수입을 위해 콩을 파는 게 아니라 장날의 흥겨움을 즐기기 위해 콩을 팔고 있었던 것이다. 콩을 사겠다는 사람과 흥정하는 맛도 즐기고, 괜히 앞에 앉아 쓸데없이 말을 거는 손님과 시시덕거리고, 이곳저곳 두리번거리면서 다니는 사람들의 모습을 구경하는 등 집에는 없는 번잡함을 즐기기 위해서 장에 나온 것이었다. 수입을 위해 장에 나왔다면 콩을 한꺼번에 다 사겠다는 손님이 반갑겠지만, 장날을 즐기러 나왔기 때문에 그 손님이 반갑지 않은 것이다. 이렇게 즐기는 마음으로 콩을 팔러 장에 나온 사람이라면 그 전에 콩을 심고 가꾸면서도 즐거웠을 것이다. 콩이 여물면 수확해서 장에 들고 나가 장날의 풍경을 즐길 수 있게 될 터이니 어찌 즐겁지 않겠는가. 그런 즐거운 마음이라면 여름에 땡볕 아래 콩밭에서 하는 일에서도, 가뭄 때 물을 대는 일에서도 고통이 아닌 행복을 느꼈을 것이다.

지방에서 나에게 강연 부탁을 하면서 미안해하는 경우가 종종 있다. 그런 전화를 받으면 나는 절대로 미안해하지 말라고 얘기한다. 물론 지방에 가서 강연을 하면 갔다 오는 데 차비도 많이 들지만 하루를 몽땅 투자해야 하기 때문에 강연료를 받더라도 사실 수입 면에서는 그리 도움이 되지 못한다. 하지만 내가 강연을 하는 것은 단지 수입을 위해서만이 아니다. 내 생각을 널리 알리고 싶은 마음도 있고, 아직도 내가 사회에 필요한 사람이구나 하는 자부심도 느끼게 되기 때문에 강연을 하는 것이다. 더욱 중요한 사실은 여행을 즐기는 나로서는 지방에 강연을 가게 되면 자연스럽게 여행을 겸하게 된다는 것이다. 내 돈을 들여서라도 여행을 갈 판인데 강연료를 받아서 여행경비를 충당할 수 있으니 일석이조 아닌가. 그래서 지방에서 강연 요청을 받으면 마음이 즐겁고 설레기까지 한다. 강연 요청을 받으면 먼저 강연 원고를 작성해야 하는데, 나는 먼저 인터넷과 책을 통해 그 근방의 가볼 만한 곳과 맛있는 먹을거리를 찾아보면서 행복한 시간을 보내기도 한다.

퇴직 후 삶의 가치를 높여주는 일을 찾자는 얘기는 이처럼 수입보다는 하면서 즐거워지는 일을 추구하자는 의미다. 수입을 보고 일을 선택하지 말고, 즐거워서 하다보면 수입이 자연스럽게 따라오는 일을 선택해야 한다. 물론 그런 일을 찾는 것이 쉽지는 않다. 자신이 무슨 일을 하면 즐거운지를 살펴야 하고, 성공보다 행복을 추구하도록 마음의 자세를 바꾸는 노력도 필요하다. 또한 그런 일을 하는 자신을 사회에서 찾도록 하기 위해서는 차별화된 자신만의 능력을 계발해야 한다. 수입이 전혀 없어도 된다면 선택의 폭은 더 넓을 것이다.

예를 들어 그림에 소질이 있는데 전문적인 화가가 되기에는 자신이 없어 그림을 포기했다면, 이제부터는 화가로서 자신의 삶을 살아보는 것도 바람직하다. 그냥 그림 그리기를 즐기되 혹시 기회가 된다면 전시회도 열고 그림도 팔 수 있으면 더욱 좋을 것이다. 아니면 그동안의 직장 경력을 살려 그림과 융합시키는 시도를 해보는 것도 방법이다. 영업을 했던 경력이 있다면 그림을 거래하는 것에 관심을 가질 수 있을 것이고, 글을 쓰는 재주가 있다면 미술평론으로 새로운 길을 개척할 수 있을 것이다. 여행을 좋아한다면 그림을 그린다는 핑계로 전국, 아니 전 세계의 그림 그리기 좋은 곳

을 찾아다니는 것도 큰 즐거움이 될 수 있을 것이다. 더 나아가 돈은 전혀
생각하지 않고 그림 그리기로 사회봉사 활동을 한다면 훨씬 더 소중한 삶
이 될 것이다.

책 한 권쯤은 쓰자

사연이 많은 사람들이 으레 하는 말 중에 "내 얘기를 책으로 내면 몇 권은 될 거야"가 있다. 사실 인생 후반부에 들어 퇴직할 즈음이 되면 책 한 권쯤은 낼 만한 사연이나 지식을 갖고 있지 않은 사람이 없을 것이다. 그래서 그런지 내 주위에는 책을 내고 싶다고 말하는 사람들이 많다. 물론 책을 쓰고 싶다고 해서 책을 그냥 낼 수 있는 것은 아니다. 책을 쓰는 것부터 어렵거니와 책을 내줄 출판사를 찾기도 여간 어려운 일이 아니다.

우선 책을 쓰려면 단편적인 지식만 갖고 있어서는 안 된다. 체계화되고 정리된 내용이 있어야 하고, 문장력도 있어야 한다. 책 한 권이라면 200쪽 이상은 돼야 할 텐데 그 분량의 글을 쓰려면 상당한 노력이 필요하다. 공들여 원고를 쓴 뒤에는 그 원고를 책으로 내줄 출판사를 찾아야 하는 문제가 있다. 출판사의 입장에서는 팔릴 만한 책을 만들어야 하는데, 대부분의 원고는 내용은 좋더라도 팔릴 만한 것은 아닌 경우가 많다. 출판사를 찾지 못할 경우에는 자비를 들여서 출판해도 되지만, 가능하면 여러 출판사를 접촉해보고 뜻이 맞는 출판사를 찾아 그 출판사를 통해 출판하는 것이 바람직하다. 그래야만 책이 서점에서 판매되게 하는 데 유리하고, 자신의 브랜드를 높이는 효과도 거둘 수 있기 때문이다.

나는 2007년에 처음으로 《대한민국 이공계 공돌이를 버려라》(청림출판사)라는 저서를 냈다. 이것을 비롯해 2011년 5월에 낸 저서 《퇴직은 행복의 시작이다》(필맥), 2012년 8월에 낸 번역서 《감정조절 설명서》(지상사) 등 지금까지 모두 12권의 책을 출간했다. 6년 남짓한 기간에 12권의 책을 썼다는 것이 내가 생각해봐도 대견스럽다. 책을 많이 내는 것이 꼭 좋은 것이냐고 누가 반문한다면 별로 할 말은 없지만, 그래도 책을 12권이나 냈다는 것은 자랑할 만하지 않은가? 출간한 책 중에는 내가 단독으로 기획해서 쓴 책이 6권, 번역한 책이 2권, 교재로 쓰려고 한다면서 의뢰가 와서 쓴 책이 2권, 다른 사람과 공동으로 집필한 책이 2권이다.

내가 《대한민국 이공계 공돌이를 버려라》라는 책을 내게 된 계기는 2005년부터 공대생들을 대상으로 하던 강연을 좀 더 효율적으로 진행하기 위해서는 책이 필요하다고 생각한 것이었다. 당시 나는 새로운 시대를 맞이하여 공대생들도 자세를 바꿔야 한다는 주제로 강연을 하고 있었는데, 기껏해야 한두 시간 얘기하는 것만으로는 그래야 할 필요성과 그렇게 하는 구체적인 방법을 다 얘기할 수 없음을 느꼈다. 그렇다고 내 강연이 아예 한 학기 강의로 개설할 것은 아니었다. 결국 책을 내면 되지 않겠느냐는 단순한 생각을 하고 책을 쓰게 됐다.

당시만 해도 나는 책을 어떻게 써야 하고, 출간을 하려면 어떤 과정을 거쳐야 하는지를 전혀 몰랐다. 그래서 나는 그냥 원고를 작성한 뒤 수십 군데 출판사에 이메일로 원고를 보냈다. 한동안 응답이 없어서 실망하고 있는데 청림출판사에서 관심이 있다는 연락이 왔다. 출판사 담당자는 "원고 내용은 좋은데 대상 독자들이 공대생이라 책이 많이 팔릴까 걱정이 되어 망설이고 있다”고 말했다. 나는 책을 내고 싶은 욕심에 얼른 “내가 강연을 많이 하러 다니니 강연할 때마다 책 선전을 해서 많이 팔리도록 하겠다”고 약속했다. 아무튼 우여곡절 끝에 책이 나오게 됐다. 나는 약속한 대로 책 선전을 많이 했지만, 그 책이 베스트셀러가 되지는 못했다.

맨 처음 쓴 책《대한민국 이공계 공돌이를 버려라》가 나와서 손에 들었을 때의 느낌은 아직도 잊히지 않는다. 뭐라고 그럴까, 뿌듯하면서 뭔가를 이뤄 냈다는 기쁨이라고 할까. 산고를 겪고 나서 아기를 처음 안은 산모가 느끼는 기분에 비유할 수 있을까. 짝사랑하는 여인에게 어렵게 사랑을 고백했는데 받아들여졌을 때 바로 이런 느낌이 들지 않을까 하는 생각이 들었다. ‘호랑 이는 죽어서 가죽을 남기고, 사람은 죽어서 이름을 남긴다’ 고 했는데, 이제 진정한 의미에서 내 이름을 세상에 남기게 됐다는 생각에서 뿌듯함이 내 안 으로 밀려들었다. 내가 쓴 책이 많이 팔리고 안 팔리고는 그 다음 문제였다. 물론 많이 팔리면 내 이름이 더 널리 알려지고 내 생각이 세상에 그만큼 더 많이 받아들여진다는 데서 보람을 느끼게 되고, 더불어 경제적인 이득도 얻 을 수 있을 테니 당연히 더 좋기는 할 것이다. 하지만 자식이 꼭 뛰어나지 않 더라도 그저 몸 건강하고 씩씩하게 자라주는 모습을 보여주는 것만으로도 부모에게 기쁨을 줄 수 있듯이 내 책도 그런 기쁨을 나에게 주었다. 그 뒤로 나온 책들도 맨 처음 나온 책에 비하면 정도가 덜 하긴 하지만 내게 기쁨을 주기는 마찬가지였다.

책을 냈다고 하면 어떤 사람들은 “인세를 받아서 돈 좀 버셨겠네요?”라고 묻는다. 사실 책을 써서 출간해 돈을 벌기란 상당히 힘들다고 봐야 한다. 예 를 들어 1만 권쯤 팔리면 베스트셀러에 들어간다고 볼 수 있는데, 1만 권을 판매했을 때 받을 수 있는 인세가 천만 원가량 된다. 그러니까 초판으로 2천 권을 찍었다고 했을 때 그것이 다 팔리면 200만 원 정도의 인세를 받는다고 보면 된다. 책을 쓰고 출간하는 데는 보통 6개월 이상 걸린다는 점을 고려하면, 200만 원은 그동안의 수고에 비하면 너무나 미약한 편이다. 또 "2천 권 정도야 안 팔리겠어?"라고 말하는 사람들이 있는데, 대한민국에서 나오는 책 중 초판이 다 팔려 재판을 찍는 책이 10퍼센트가 채 안 된다는 현실을 직시해야 한다. "친인척 중에서 아는 사람들만 동원해도 2천 권 파는 것은 문제없을 텐데……"라고 아직도 생각하고 있다면 꿈 깨라고 충고하고 싶다. 책을 내서 일확천금을 하겠다고 생각하고 있다면 그 노력으로 차라리 다른 사업에 전념하기를 권한다. 물론 우연히 쓴 책이 베스트셀러가 되어 목돈을 번 사람도 꽤 있는 것으로 알고 있다. 예를 들어 인터넷에 소설을 연재하다가 인기가 있어서 그것을 책으로 내자 몇 십만 권이 팔려서 인세로만 몇 억 원을 번 경우도 있다고 들었다.

아무튼 내가 처음 책을 낸 이유는 돈을 벌기 위해서가 아니라 내가 생각하는 바를 세상에 알리기 위해서였다. 그런 면에서는 나는 만족하고 있다. 물론 내가 쓴 책들이 어느 정도는 나의 인지도를 높여주고, 내가 모임에 참석하거나 강연을 할 때 책을 쓴 저자라고 소개되면 나의 브랜드 가치가 높아진다는 측면도 무시할 수 없다. 특히 내가 쓴 책을 보고 강연 요청이 들어올 때는 책 쓰기를 참 잘했다는 생각을 하게 된다. 불교TV에서 '21세기 행복한 노후 특강'이라는 방송 프로그램에 나와 강연을 해달라고 요청해온 과정에서도 내가 쓴 책 《퇴직은 행복의 시작이다》와 《행복하게 나이 들기》가 큰 역할을 했다.

하지만 이러한 외형적인 효과보다 더 중요한 것이 있다. 내가 책을 쓰면서 얻은 가장 큰 혜택은 바로 나의 내면적인 성장이다. 누군가로부터 가르침을 받으면 조금 배우게 되고, 남을 가르치면 조금 더 많이 배우게 된다고 한다. 그런데 책을 쓰면 아주 많이 배우게 된다. 시나 소설 등 문학작품의 경우는 어떤지 잘 모르지만, 내가 주로 쓰는 자기계발 분야의 경우에는 어떤 주제에 대해 책을 썼다는 것은 그 주제에 대해 나름대로 자신의 철학을 갖게 됐다는 것을 의미한다. 즉 어떤 주제에 대해서든 종합적이고 체계적인 생각의 틀이 만들어지지 않으면 책을 쓰기가 어렵다. 강의를 많이 하는 강사들이 책을 쓰기 쉬울 것 같지만 의외로 책을 잘 쓰지 못하는 것도 바로 책을 쓰는 데는 종합적이고 체계적인 철학이 필요하기 때문이 아닌가 생각된다. 강의는 단편적인 부분지식만으로도 진행할 수 있지만, 책은 단편적인 부분지식만으로는 완성할 수 없다. 강의를 하는 사람 중에는 이미 나온 다른 사람의 책을 기반으로 강의를 하기 때문에 강의 내용을 가지고는 책을 쓸 수 없다고 말하는 경우도 있다. 하지만 책도 완전히 독창적인 자신만의 생각으로 구성되는 것이 아니며, 타인의 생각도 버무려져야 한다. 이런 사실을 생각하면 타인의 책을 기반으로 하더라도 한 발만 더 나아가면 얼마든지 책을 쓸 수 있다.

여러 권의 책을 내고 나서는 주위에서 책을 쓰고 싶은데 도와줄 수 없겠느냐는 요청을 많이 받게 됐다. 그래서 링크나우의 '내책쓰기 클럽'에 운영진으로 참여해 활동하게 됐다. '내책쓰기 클럽'에서는 나를 비롯한 저자와 출판사 관계자 등이 참석한 가운데 여러 가지 관점에서 책을 쓰는 다양한 방법에 관한 세미나를 매달 한 번씩 한다. 나는 개인적으로 책을 쓰려는 다른 사람에게 자문을 해주기도 했다. 그러다가 책 쓰기가 가장 쉬운 방법으로 생각된 공동집필을 추진하게 됐다. 공동집필로 세 권의 책 쓰기가 시작됐는데, 책 쓰기 경험이 있는 사람이 끼어야 한다는 의견에 따라 나는 두 건의 공동집필에 참여하게 됐다. 6명 내지 10명이 팀을 이루어 공동집필을 하면서 느낀 점은 단독집필에 못지않게 공동집필도 쉽지 않다는 것이었다. 단순히 여러 사람이 쓴 시나 에세이를 묶어서 책을 내는 수준이라면 모르겠지만, 공통의 주제를 내걸고 부분별로 나눠서 쓰거나 각자의 경험이나 의견을 책으로 쓰는 것은 상당히 어려운 일이라는 사실을 새삼 느꼈다. 특히 출판사의 입장에서는 단독집필한 책을 출판하는 것에 비해 이득도 별로 없는 공동집필한 책을 내기 위해 다수의 저자들을 상대하면서 의견조절을 주도하기가 힘든 모양이었다. 그래서 두 권을 내고 나서는 관심을 갖는 출판사가 없어서 공동집필은 더 이상 추진되지 못했다.

아무튼 나는 책을 쓰면서 큰 기쁨을 느꼈고, 그렇기 때문에 앞으로도 지속적으로 책을 쓸 생각이다. 매년 1권씩, 평생 30권의 책을 쓰는 것을 목표로 하고 있다. 또한 가능하다면 다른 사람들이 책을 쓰는 것도 도와줘서 책 쓰는 기쁨을 같이 나눌 수 있으면 좋겠다는 생각을 하고 있다. 앞으로 자신이 하고자 하는 분야에 관한 책을 한 권 내는 것은 퇴직을 가장 잘 대비하는 방법이라고 나는 생각한다. 일단 책을 한 권 내게 되면 그 분야에 대한 자신의 생각을 체계적으로 정리하게 되고, 다른 사람들로부터 그 분야의 전문가로 인정받게 된다. 또한 자신의 이름으로 나온 책은 일생의 기념으로 남을 수도 있으니 책 쓰기란 얼마나 좋은 일인가.

행복하고 건강하게 살자

'돈을 잃는 것은 조금 잃는 것이요, 명예를 잃는 것은 많이 잃는 것이고, 건강을 잃는 것은 전부를 잃는 것이다' 라는 격언이 있다. 인생 후반부에 대한 준비로 돈이 기본이라면 건강은 필수다. 아무리 돈이 많아도 건강을 잃고 누워만 있게 되면 행복은 물 건너 간 것이다. 설사 돈이 좀 부족하다고 하더라도 건강하기만 하면 일을 하면서 돈을 벌 수 있다. 하지만 건강을 잃게 되면 모아두었던 돈도 의료비로 쓰게 되어 퇴직 후 생활에 막대한 지장이 초래된다. 또 병원 신세를 질 정도는 아니더라도 관절이 좋지 않거나 디스크가 있어서 거동이 불편한 경우에는 삶의 질이 급속하게 떨어진다. 퇴직한 다음에 누구나 꿈꾸는 것이 여행도 하고 취미생활도 하는 것인데, 건강이 받쳐주지 않으면 돈이 아무리 많아도 아무 소용이 없다. 누구 말대로 단체로 버스관광을 갈 때 다른 사람들은 다 걸어 다니며 구경을 하는데 혼자만 몸이 불편해서 버스를 지키는 신세가 된다면 인생의 재미를 느낄 수 없을 것이다.

나이가 들면 건강이 중요하다는 것은 누구나 다 알고 있는 사실이다. 시니어파트너즈와 교보생명이 2011년 공동으로 조사한 결과를 정리해 발표한

<시니어 트렌드 결과>라는 보고서에 따르면 시니어들은 인생에서 가장 중요한 요소로 '정신적, 육체적 건강'(47.7퍼센트)을 최우선으로 꼽았다. 건강이 '배우자와 가족, 인간관계'(20.6퍼센트)보다 행복을 위해 더 중요하다고 생각하는 것이다. 나이가 들수록 건강을 중요하게 생각하는 이유는 나이가 들면 몸에 이상이 나타나기 시작한다는 데 있을 것이다. 젊은 시절에야 조금 무리를 해도 금방 건강이 회복되고 병에 걸려도 조금만 쉬면 몸이 낫지만 나이가 들면 쉬 피로해지고 눈, 허리, 치아 등에 문제가 생긴다. 퇴직할 무렵이 되면 몸이 돈을 달라고 아우성치기 시작한다. 더욱이 퇴직으로 인해 스트레스를 받고, 직장에 나가지 않으면서 생활이 불규칙해지면 건강이 더욱 나빠진다. 엎친 데 덮친 격이 되는 것이다.

건강은 건강할 때 지키는 것이 최선책이다. 건강하기 위해서는 특별한 비법보다 젊었을 때부터 건강한 생활습관을 들여 꾸준히 유지해나가는 것이 무엇보다도 중요하다. 특히 규칙적인 생활습관, 즉 규칙적으로 잠자고, 일어나고, 식사하는 것이 중요하다. 그 외에도 운동, 금연과 절주, 스트레스를 받지 않는 생활태도가 중요하다. 이른바 '건강을 위한 빅토리아 선언'도 건강을 위한 '4대 기반'으로 합리적인 식사, 적절한 운동, 금연과 절주, 심리적인 안정을 들고 있다. 젊은 시절이야 남과 경쟁해서 이겨야 하는 생활을 하기 때문에 어쩔 수 없다고 치더라도, 퇴직한 뒤에는 자신이 노력하기만 하면 얼마든지 건강을 유지할 수 있다. 퇴직할 즈음이 되면 몸이 아프다고 아우성치는 것도 건강을 위해 돈과 시간을 투자할 수 있는 여건이 되기 때문인지 모른다.

사람들이 건강을 중요하게 생각하기 때문에 건강과 관련된 정보는 넘쳐난다. 하지만 정보가 많다고 해서 저절로 건강해지는 것은 아니다. 좋은 정보를 찾아내어 실천하는 것이 중요하다. 앞에서 얘기한 건강의 4대 기반 중 합리적인 식사에 대해 먼저 살펴보자. 나이가 든 사람의 합리적인 식사란 여러 가지 음식을 골고루 절제 있게 먹는 것으로 요약할 수 있다. 기운이 떨어진다고 해서 고단백 음식을 지나치게 먹거나, 스트레스가 쌓인다고 해서 음식을 많이 먹는 것은 바람직하지 않다. 퇴직하고 나면 아무래도 운동량이 줄어들고 기초대사량도 떨어지는 만큼 식사량을 줄이는 것이 합리적이다. 직장을 다닐 때는 직장생활에 맞춰 하루 세 끼를 꼬박꼬박 챙겨먹게 되지만, 퇴직한 다음에는 식사시간을 조절할 수 있으므로 가능하면 하루 두 끼 식사를 하는 것이 바람직하다고 한다. 물론 두 끼 식사를 하더라도 영양소 결핍이 되지 않도록 음식을 골고루 먹는 게 좋은데, 가장 간단한 방법은 여러 색깔의 음식을 골고루 먹는 것이다. 음식의 색깔은 그 음식에 들어있는 성분을 나타내므로 여러 색깔의 음식을 골고루 먹으면 자연스럽게 여러 성분을 골고루 섭취하게 되기 때문이다.

음식과 관련이 있는 것 중에서 꼭 한 가지만 집어내어 강조한다면, 물의 중요성을 들고 싶다. 물은 우리 몸의 50~80퍼센트를 구성하는 중요 성분으로, 우리 몸에서 일어나는 여러 가지 대사작용의 매개체 역할을 한다. 나이가 들면 피부가 탄력을 잃는 이유 중에서 가장 중요한 것도 바로 물이 부족해지는 것이다. 체중에서 차지하는 물의 비중을 보면 아이는 70퍼센트 정도인 데 비해 성인은 55~60퍼센트로 낮고, 65세 이상이 되면 50퍼센트로 더 낮아진다. 이렇게 물의 비중이 줄어들면서 피부가 쪼글쪼글해지는 것이다. 나이가 들면 몸의 수분이 줄어드는 이유 중 하나는 나이가 들면서 갈증의 감각이 무뎌진다는 데 있다. 몸에는 수분이 부족한데 몸의 감각이 그런 상태를 탐지하지 못하기 때문에 물을 충분히 섭취하지 못하게 되는 것이다. 따라서 신장 등에 질병이 있는 게 아니라면 하루에 2리터 정도의 물을 마셔주는 것이 바람직하다.

건강을 위해서 운동은 필수적이다. 나이가 들어서는 과격한 운동보다 빨리 걷기와 근력운동이 필요하다. 빨리 걷기는 하루 30분~1시간 정도 하는 게 적당하다. 한꺼번에 지나치게 긴 시간 운동을 하거나 달리기 등 과격한 운동을 하면 오히려 몸에 해로울 수 있으니 조심해야 한다. 근력 운동은 한 번에 30분가량씩 일주일에 두세 번 정도로 제한하고, 중간중간 회복기를 두는 것이 좋다. 걷기와 근력운동 외에 나이 들어 몸에 좋은 운동으로 수영, 수중에어로빅, 골프, 자전거, 태극권, 요가, 등산 등을 들 수 있다. 나이가 들면 골다공증이 생기기 때문에 축구, 농구 등 과격한 운동은 피하는 것이 좋다. 등산을 하더라도 높고 바위가 많은 산보다는 낮고 흙이 많은 산이 바람직하다. 등산을 할 때도 무리하지 말고 장비와 물, 간식거리를 잘 챙겨서 도중에 탈진상태에 빠지는 일이 없도록 해야 한다. 가능하다면 태극권, 요가 등을 하면서 명상까지 같이 하는 것도 바람직하다.

금연과 절주는 아무리 강조해도 지나치지 않다. 담배를 피워도 오래 사는 사람들이 있다는 논리를 앞세워 담배 피우는 것을 합리화하는 경우가 있지만, 담배는 누가 뭐라고 해도 몸에 해로운 것이 틀림없다. 직장생활을 할 때는 스트레스를 해소하기 위해서라며 담배를 피우는 것을 합리화했더라도 퇴직을 하고 나서는 당연히 스트레스를 조절하면서 금연을 해야 한다. 술도 직장생활을 할 때는 접대를 하기 위해서, 또는 같이 어울리기 위해서 마신다고 핑계를 댔더라도 퇴직한 뒤에는 사람 만나는 일은 조절하면 되므로 절주를 하는 것이 바람직하다. 특히 알코올은 치매의 원인이 되기도 하기 때문에 삼가는 것이 좋다.

건강해지면 행복해진다고 하지만, 행복해지면 건강해진다는 것도 맞는 얘기다. 행복해진다는 것은 결국 마음이 편안해지고 스트레스를 받지 않게 된다는 의미다. 예전에는 우리의 감정이 몸의 건강과는 연관이 없거나 아주 적다고 생각했다. 하지만 최근 마음의 상태, 더 정확히 말하면 뇌의 상태가 건강에 아주 중요하다는 사실이 밝혀지고 있다. 뇌가 건강에 중요한 이유는 몸의 균형을 조절하는 호르몬을 뇌가 관장하기 때문이다. 예를 들어 우리가 스트레스를 느끼게 되면 스트레스 호르몬인 코르티솔이 분비되어 기억과 감정을 주관하는 뇌의 뉴런에 독성을 끼친다. 사실 모든 질병의 60~90퍼센트가 직간접적으로 스트레스와 관련이 있다고 한다. 스트레스로 인한 질병의 대표적인 예로는 심장발작, 궤양, 편두통, 과민성증후군 등을 들 수 있다. 또한 스트레스는 노화도 촉진시키는 것으로 알려져 있다.

따라서 퇴직한 뒤에는 건강을 위해서라도 스트레스를 받지 않도록 유의해야 한다. 그러기 위해서는 인생 전반부에 성공을 향해 뛰던 마음가짐을 버리고 남은 인생은 자신의 행복을 위해 살겠다고 생각해야 한다. 그 외에 충분한 휴식과 명상, 요가 등도 스트레스를 해소하는 데 좋은 방법이다. 스트레스가 몸의 긴장을 고조시킨다면 수면, 휴식, 명상, 요가 등은 몸의 긴장을 풀어주어 몸이 자연적인 균형 상태로 돌아가게 해준다. 나이가 들면 수면장애로 인해 깊이 잠들지 못하고 자주 깨는 경우가 많아진다. 이는 호르몬의 작용에 의해서 일어나는 현상이기도 하지만, 운동부족과 불규칙한 생활리듬으로 인해 일어나는 경우도 많다. 따라서 숙면을 취하기 위해 낮에는 즐기면서 할 수 있는 일을 찾아 활동을 충분히 하고, 운동을 하고, 규칙적인 생활습관을 유지해야 한다. 낮 시간에 할 일이 없어 장시간 졸게 되면 밤에 숙면을 취할 수 없게 되고 숙면을 취하지 못하면 다시 낮에 졸게 되는 악순환이 반복될 수 있다. 그러니 낮에는 가능하면 집 밖에서 활동하고, 집 안에 있을 때도 텔레비전을 보기보다는 화초를 가꾸거나 집안청소, 독서 등을 하는 게 좋다.

죽음을 지혜롭게 대비하자

나이가 든다고 했을 때 가장 먼저 떠오르는 것은 죽음일 것이다. 아무리 우리가 죽음을 부정하고, 죽지 않겠다고 발버둥친다 해도 절대로 피할 수 없는 게 죽음이다. 우리가 나이 드는 것을 싫어하는 가장 큰 이유도 점점 더 죽음과 가까워지는 데 있는 게 아닐까. 그래서 퇴직 후의 인생 후반부를 준비하면서 빼놓지 말아야 할 것이 바로 죽음에 대한 준비다. 그렇기 때문에 내가 불교TV에서 '21세기 행복한 노후 특강'을 진행하면서도 죽음에 관한 내용을 강의 내용에 포함시켰다. 죽음이 없는 삶이란 존재할 수 없다. 삶을 의미 있게 산 사람은 죽음을 자연스럽게 받아들일 수 있지 않을까 하는 생각을 해본다. 그렇다면 죽음을 자연스럽게 받아들이지 못하는 것은 삶을 의미 있게 살지 못했다는 것과 같다고 해석할 수도 있을 것이다.

불교TV에서 죽음에 대한 강연을 시작할 때 "저는 사형수입니다"라고 말했더니 방청객들이 눈이 똥그래져서 나를 쳐다봤다. 그러나 방송녹화 도중이라 뭐라고 질문하지는 못 하는 눈치였다. 내가 조금 뜸을 들이다가 "여러분도 모두 사형수이기는 마찬가지입니다"라고 했더니 그제야 일부 방청객들이 무슨 뜻인지 알아차리고 안도의 한숨을 내쉬는 게 느껴졌다. 아마도 나의 외모가 사형선고를 받을 정도로 모진 사람이나 정치적인 활동을 했던 사람으로 보이지 않기에 그런 반응이 얼른 나왔을 것이다. 이 책의 독자도 이미 짐작했겠지만, "저는 사형수입니다"는 내가 무슨 큰 잘못을 저질렀거나 정치적인 활동을 했기 때문에 사형수가 됐다는 의미가 아니다. 나도 언젠가는 죽게 돼있다는 의미에서 그런 표현을 한 것이다. 사형을 선고받고 사형수가 되면 언제 죽을지 모르는 상태에서 하루하루 살아가게 된다. 우리도 죽는 것은 기정사실이고, 다만 언제 죽을지 모르는 상태에서 하루하루 살아가고 있을 뿐이다. 그러니 우리 모두 사형수와 같은 처지 아닌가.

법정에서 사형을 선고받은 사형수들은 대부분 극악무도한 죄를 저지른 사람일 것이다. 연쇄살인을 저지르는 등 도저히 용서받을 수 없을 정도의 중죄를 저질렀을 것이다. 그렇기에 법원이 그들을 사회로부터 영원히 격리시키기 위해 사형 판결을 내렸을 것이다. 물론 정치적인 이유로 사형 판결을 받는 경우도 있지만, 민주사회가 된 대한민국에서는 더 이상 정치적인 이유로 사형수가 되는 일은 없을 테니 이런 경우는 예외로 쳐도 된다. 그런데 그렇게 극악무도한 죄를 저지른 사형수들도 죽기 전에 대부분 착한 사람으로 개과천선한다고 한다. 그 이유는 아마도 사형을 선고받고 나서는 죽음에 대해 절실하게 생각하게 되고, 그런 와중에 자신의 삶을 되돌아보게 되는 데 있지 않을까 하는 생각이 든다. 다른 사람을 죽일 정도로 생명을 경시하던 사람도 제 자신이 죽음을 맞닥뜨리게 되면 삶에 대해 절실하게 생각하게 된다는 게 아이러니이긴 하다.

내가 사형수에 대해 장황하게 얘기를 늘어놓은 것은 '죽음' 이라는 명제가 우리의 삶을 가치 있게 만들기 때문이다. 사형수들이 죽음을 직시하면 삶의 가치에 대해 생각하게 되고 자신의 존재의미를 비로소 깨닫게 되듯이 우리도 죽음에 대해 생각하면 자신의 삶이 얼마나 소중한가를 깨닫게 된다. 좀 과장되게 얘기하면, 인간이 존엄한 이유 자체가 인간만이 다른 동물들과 달리 자신의 죽음을 의식한다는 데 있다. 더 나아가 죽음이 없다면 인간의 삶이 지닌 의미도 많이 퇴색할 것이 분명하다는 생각도 해본다.

내가 불교TV 강연에서 죽음에 대해 얘기한 것은 죽음을 떼어놓고 인간의 행복을 얘기하는 것 자체가 모순이라고 생각했기 때문이다. 그렇다고 해서 나 자신이 죽음에 대해 심각하게 생각해왔다는 얘기는 아니다. 아니 솔직하게 말하면, 나는 그동안 죽음에 대해 생각하는 것 자체를 무의식적으로 회피해왔다고 할 수 있다. 그건 삶의 가치를 높여주는 죽음에 대해 거론하는 것조차 거부하는 현대 사회의 풍조에 내가 물들어 있었기 때문이라고 변명하고 싶다. 내가 불교TV 강연을 의식적으로 "저는 사형수입니다"라는 말로 시작한 이유도 곧바로 죽음 얘기부터 꺼내면 분위기가 가라앉을 것이라는 염려 때문이었다. 우리 사회가 죽음이라는 단어 자체를 회피하는 증거는 너무나도 많다. 흔히 볼 수 있는 현상을 예로 들면, 숫자 4가 한자의 죽을 사(死) 자와 발음이 같다고 해서 빌딩에 4층을 아예 두지 않거나 영어로 F층이라고 표시한다. 그러나 죽음이라는 단어를 거부한다고 해서 죽음 자체를 거부할 수 있는가. 인간이 아무리 죽음이라는 단어를 멀리하고 거부한다고 해도, 죽을 수밖에 없는 인간의 운명을 거부할 수는 없다. 오히려 죽음을 생각해야만 삶의 가치를 느낄 수 있다. 그런데도 왜 죽음을 회피하는 풍조가 만연한 것인지 안타깝다.

내가 어렸을 적 시골에서 살던 삶을 회상해보면, 죽음은 늘 우리 곁에 있었고 죽음을 자연스럽게 받아들였다. 어느 날 자고 일어나서 어제 길가에서 뵈었던 동네의 어느 어르신이 돌아가셨다는 소식을 듣게 되어도 아무런 슬픈 감정 없이 들었다. 내가 어려서 철이 없었기 때문에 그랬을 수도 있지만,

동네 어른들의 표정에서도 슬픈 표정을 읽을 수 없었던 같다. 누가 사고로 죽거나 젊은 나이에 병으로 죽은 경우에는 안됐다는 수군거림을 들을 수 있었지만, 늙어서 죽은 경우에는 오히려 잔치분위기였다고 기억된다. 초상집에 가보면 마당에 멍석을 깔아놓고 분주히 음식을 차리고 먹으면서 한편에서는 장례 준비를 하고, 한편에서는 화투를 치거나 얘기를 나누면서 밤을 새우는 분위기였다.

하지만 언제부터인가 장례는 병원의 몫이 됐고, 장례식장의 일상적 업무가 됐다. 과거에는 죽은 사람의 관을 병풍 뒤에 모셔서 그 주검이 문상객들과 함께 했는데, 이제는 주검이 병원 영안실의 냉동실에 모셔지고 문상객들은 관도 없는 허공에 대고 의례적인 절을 하고 빠져나가기 바쁘다. 이처럼 죽음이 우리의 삶과 단절된 시대에 살게 됐다는 것은 나를 슬프게 한다. 내가 죽고 나면 죽었다는 것 자체가 슬픈 게 아니라 냉동실에 격리됐다는 것이 슬플 것 같다는 생각이 든다. 냉동실 속에 들어가 있어서는 나의 죽음을 슬퍼하여 찾아온 친구나 친척의 목소리를 들을 수 없을 게 아닌가. 내가 죽으면 냉동실에 보관돼야 할 물건이 된다는 것에도 싫은 느낌이 든다. 어쩌면 사람들이 죽은 뒤에 그렇게 물건 대접을 받는 게 싫어서 죽음이라는 단어 자체를 회피하는 게 아닐까 하는 생각이 들기도 한다.

나는 죽음을 대하는 태도에 따라 삶의 진정한 가치를 느낄 수 있는지의 여부가 결정된다고 생각한다. 긍정적인 삶을 살기 위해서는 죽음에 대한 긍정적인 마음가짐이 절대적으로 필요하기 때문이다. 한마디로 죽음은 끝이 아니라 살아있는 동안 열심히 산 대가로 주어지는 평화롭고 영원한 휴식이라는 선물로 보는 의식의 전환이 필요하다. 어찌 보면 죽음은 인생에 대한 종합 평가표다. '정승 집의 개가 죽을 때는 문상객이 많지만 막상 그 정승이 죽을 때는 문상객이 없다'는 속담이 있다. 그런 정승은 세상을 잘못 산 것이다. 나는 북아메리카 체로키 인디언들의 속담대로 '내가 태어났을 때는 내가 울었고 세상은 웃었지만, 내가 죽을 때는 나는 웃고 세상은 울도록 만들고 싶다.'

나는 죽음이야말로 모든 인간을 진정으로 평등하게 만든다고 생각한다. 우리는 아주 불평등하게 태어나고 자란다. 누구는 가난한 집에서, 누구는 부잣집에서 태어난 것은 우리의 선택이 아니다. 우리가 전생에 쌓은 업 때문에 그렇게 태어난 것이라고 생각할 수도 있겠지만, 어쨌든 불평등한 것은 사실이다. 하지만 죽음은 이 모든 것을 평등한 상태로 돌려놓는다. 부자든 가난뱅이든, 잘난 사람이든 못난 사람이든 죽을 때는 자신이 쌓은 업을 제외하고는 가져갈 수 있는 것이 아무것도 없다. 나도 이제까지의 내 삶을 돌이켜보면 어느 면에서는 불평등하게 불리했고, 어느 면에서는 혜택을 받았다고 생각한다. 가난한 집에서 태어나 편안하게 공부하지 못한 것과 많은 재산을 물려받지 못한 것은 불만스럽기도 하지만, 건강한 몸과 비교적 좋은 머리를 물려받아 열심히 공부해 공학박사까지 된 것은 전생에 업을 잘 쌓은 덕분이라고 생각한다. 하지만 인생 후반부를 맞은 이 시점에서 재산이며 좋은 머리가 나의 행복에 무슨 큰 영향을 주겠는가 하는 생각이 든다. 더욱이 어느 순간 죽음을 맞게 되면 이런 모든 조건들이 무슨 큰 의미가 있을까 하는 생각을 해본다.

죽음 그 자체는 어두운 느낌을 주지만, 그 어두운 색을 삶의 배경으로 삼는다면 삶이 더욱 돋보이지 않을까. 죽음을 생각하면 하루하루의 삶이 소중한 의미로 다가오게 될 것이다. 미국의 유명한 배우 제임스 딘이 생전에 "영원히 살 것처럼 꿈꾸고, 내일 죽을 것처럼 오늘을 살라"고 말한 적이 있다. 그의 말대로 산다면 하루하루를 소중하게 여기고 값지게 살 수 있을 것이다. 고대 로마의 철학자 루키우스 세네카는 이렇게 말했다. "우리는 항상 시간이 모자란다고 불평하면서도 마치 시간이 무한정 있는 것처럼 행동한다." 하지만 바로 내일 죽음이 올 수도 있다고 생각하면 오늘 하루가 과거의 수많은 하루들과는 다른 의미로 다가올 것이다.

내가 인생 후반부를 행복하게 살자는 취지로 '행복한 시니어 공동체'를 추진하면서 듣게 된 염려의 목소리 중 하나가 바로 "죽음의 그림자가 드리워진 무거운 분위기는 싫다"는 것이었다. 나이 든 사람들이 모이다보면 자연스럽게 죽음을 생각하지 않을 수 없고, 그러다보면 삶의 생기가 사라지고 죽음의 냄새가 퍼져서 분위기가 가라앉을 게 아니냐는 염려로 생각된다. 그 말이 맞기는 하지만, 나는 죽음을 당당히 맞을 수 있도록 준비하는 것도 '행복한 시니어 공동체'의 목표 중 하나가 돼야 한다고 확신한다. 죽음을 직시하고 우리의 삶 속에 받아들여 우리의 삶을 더욱더 가치 있게 만드는 것은 행복한 인생을 위해 절대적으로 필요한 일이 아닐까?

그래서 내가 '행복한 시니어 공동체'를 만들면 거기서 꼭 시행하고 싶은 프로그램이 '죽음 체험'이다. 요즘 종교단체를 중심으로 '죽음 체험'을 주제로 한 프로그램을 운영하는 곳이 많다고 한다. 그런 프로그램에서는 참가자들이 모두 옷을 상복으로 갈아입고 한 사람씩 준비된 관 속에 들어가 누워서 자신이 자신에 대해 작성한 조사를 밖에 있는 다른 사람이 읽는 것을 듣는다. 깜깜하고 좁은 관 속에서 밖에서 읽어주는 자신에 대한 자신의 조사를 듣고 있노라면 의미 있는 삶을 살아야겠다는 생각을 하게 될 것이다. 더 나아가 내가 죽었을 때 주위 사람들이 자신을 어떻게 평가할지를 생각해본다면 이제부터 어떻게 살아가야 할지를 알 수 있을 것이다. 그렇다고 주위 사람들에게 잘 보이기 위해서 가식적인 삶을 살아가야 한다는 말이 아니다. 자신의 삶의 가치를 깨닫고서 살아가자는 것이다. 죽음 체험 프로그램을 만들게 되면 내가 가장 먼저 관 속에 들어갈 것이다. 나는 '행복한 시니어 공동체'를 처음으로 추진하기 시작한 사람으로서 그 정도의 권리는 있다고 생각한다.

이런 의미에서 퇴직 후 인생 후반부를 준비하는 시기에는 죽음에 대해 생각해보는 것이 필수적이다. 죽음을 생각해야만 진정으로 의미 있는 삶을 살 수 있다고 생각해서 하는 말이다.

독서로 미래를 대비하자

퇴직을 준비하는 사람들에게 가장 권하고 싶은 것은 독서다. 대한민국 사람들은 책을 많이 읽지 않는 편이라고 한다. 문화체육관광부가 2010년에 '국민독서실태'를 조사해본 결과 성인 10명 중 3.5명은 책을 전혀 읽지 않은 것으로 나타났다. 또한 취업포털 회사가 2011년 10월에 조사한 결과에 따르면, 우리나라 국민의 한 달 평균 독서량은 1.6권으로 집계됐다. 2010년에는 2.6권이었으니 불과 1년 사이에 1권 줄어든 셈이다. 우리 국민의 독서량이 갈수록 줄어드는 이유는 아마도 스마트폰의 보급으로 인해 책을 읽는 대신 스마트폰을 들여다보는 시간이 늘어난 데 있다고 생각된다. 미국의 경우에는 스마트폰의 보급과 더불어 전자책 시장이 급속히 커졌지만, 한국에서는 스마트폰이 엄청나게 보급됐음에도 불구하고 전자책 시장이 아직 걸음마 단계에서 벗어나지 못하고 있다. 안타까운 일이다.

아무튼 일반인들에게 "왜 책을 읽지 않느냐?"고 물으면 대답 중 압도적인 1위가 "시간이 없어서"다. 하지만 정말로 시간이 없어서 책을 안 읽는 것일까? 현대 생활이 아무리 바빠도 누구에게나 하루에 24시간이 주어진다. 문제는 바쁜 생활 속에서 무엇에 먼저 시간을 할애하느냐다. 근무하는 시간과 잠자는 시간을 제외한 나머지 시간 중 술 마시는 시간, TV 보는 시간, 인터넷 하는 시간은 꼬박꼬박 챙기면서 책 읽을 시간이 없다고 하는 것은 그만큼 책 읽기가 우선순위에서 밀리고 있다는 얘기다. 따라서 우리가 책을 읽지 않는 것은 시간이 없어서가 아니라 책을 읽을 필요성을 느끼지 못해서라고 봐야 한다. 그렇다면 왜 책을 읽을 필요성을 느끼지 못하는 것일까? 그건 책을 읽 는 목적을 생각해보면 알 수 있다. 책을 읽는 목적 중 하나는 책을 읽고 나서 그 책에 쓰인 내용을 내 삶에 반영하고자 하는 것이다. 예를 들어 《아침형 인 간》이라는 책은 아침형 인간이 좋은 이유를 알아보고 스스로 아침형 인간으 로 바뀌려고 노력할 마음을 갖기 위해 읽는다. 따라서 책을 읽지 않는 이유는 책에 쓰인 내용을 받아들일 마음의 자세가 돼 있지 않은 데 있다고 말할 수 있다.

책을 읽어야 하는 가장 큰 이유는 책에 담긴 지식을 얻기 위해서이기보다 는 다른 사람의 생각을 받아들이는 마음의 자세를 갖기 위해서다. 즉 책을 읽 는 것은 책을 쓴 저자의 생각을 열린 마음으로 받아들이고 내 생각에 반영하 겠다는 의지를 보이는 것이다. 바로 이런 이유에서 나는 퇴직을 준비하는 사 람들에게 책을 읽으라고 권한다. 퇴직한 사람, 즉 나이 든 사람에게 가장 필 요한 것이 바로 열린 마음인데 책을 읽으면 자연스럽게 열린 마음을 갖게 되 기 때문에 책을 읽으라고 하는 것이다.

나는 매년 100권 이상의 책을 읽는 것을 목표로 하고 있다. 몇 년 전 한창 많이 읽을 때는 1년에 200권 가까운 책을 읽기도 했지만, 요즘은 낮에는 대부 분 다른 일을 하기 때문에 1년에 100권 내외의 책을 읽고 있다. 내가 책을 읽 기 시작한 것은 2005년 무렵부터였던 것으로 기억한다. 그 전에도 책을 읽기 는 했지만, 1년에 몇 권정도 읽는 게 고작이었다. 물론 젊었을 때는 무협지,

만화 등을 엄청나게 많이 읽었다. 고등학교 다닐 때는 무협지에 빠져서 심지어는 시험기간에도 무협소설을 읽곤 했다. 그때는 무협지에 나오는 인물들이 왜 그리 멋있게 생각됐던지. 주인공이 고난을 당하다가 기인을 만나서 무공을 전수받고 천하고수가 되어 원수도 갚고 예쁜 여자로부터 사랑도 받는다는 식의 뻔한 스토리인데도 엄청난 양의 무협소설을 읽었다. 대학시절에는 무협소설보다 만화에 더 빠졌다. 어느 동네로 이사 가든 가장 먼저 만화방이 어디에 있는지를 파악하고 이사 간 날부터 만화책을 빌려다 봤다.

그러니까 내가 2005년부터 읽기 시작했다는 책은 '책다운 책'을 말한다. 사업을 시작하고 나서 처음에는 나 혼자 일했다. 그러다가 직원들을 뽑기 시작하니까 이른바 경영이라는 것을 내가 몰라도 너무 모른다는 생각이 들었다. 바쁜 와중에 다시 대학에 가서 경영학을 배울 수는 없는 노릇이니 궁여지책으로 선택한 방법이 바로 책을 읽는 것이었다. 그래서 처음에는 주로 경영 관련 책을 읽기 시작했다. 하지만 책 읽는 재미에 빠지고 나서는 자기계발서적, 미래 관련 서적, 기술사 관련 서적 등으로 범위가 넓어지기 시작했다. 책을 읽기 시작하면서 내가 알고 있는 지식이 얼마나 단편적인가 하는 생각을 절실하게 하게 됐다. 그리고 책 속에 모든 해답이 있음을 깨닫게 됐다. 물론 이렇게만 말하면 과장일 것이고, 책을 읽고 생각을 하기 시작하면서 책 속에서 대부분의 문제들에 대한 해답을 얻을 수 있다고 확신하게 됐다고 말하는 게 정확한 표현일 것이다.

내가 책을 읽기 시작하면서 '사람들이 왜 이렇게 좋은 책을 안 읽나?' 하는 생각이 들었다. 그래서 직원들에게 책을 읽으라고 권하기 시작했고, 한 달에 몇 권씩의 책은 회사 돈으로 살 수 있도록 조치했다. 더 나아가 한 달에 한 번 정도 읽은 책에 대해 토론하는 시간을 갖도록 했다. 하지만 나의 이런 노력을 별로 효과를 보지 못했다. 직원들은 사장인 내가 시키는 일이니 마지못해 했지만, 자발적인 독서가 아니다보니 효과가 그리 크지 않았다. 어떤 직원은 회사 돈으로 책을 살 때 자신이 읽을 책이 아니라 아이들에게 읽힐 책을 샀고, 어떤 직원은 자기 돈으로 사기에는 너무 비싼 사진 관련 책이나 그림이 많이 들어간 책을 샀다. 몇 달 간의 이런 시도가 무위로 돌아가고 나서는 외부 사람들과 같이 하는 독서모임을 만들기도 했다. 각자 읽기를 원하는 책을 읽고 나서 발표하고 토론하는 방식이었다. 이 모임에는 다섯 명 정도가 참여했던 것으로 기억되는데, 이 모임도 6개월 정도 유지되다가 흐지부지됐다.

하지만 나는 그 뒤에도 많은 책을 읽었다. 읽을 책은 많은데 시간이 없다보니 어떻게 하면 책을 더 많이 읽을 수 있을까 고민하기 시작했다. 그래서 생각해낸 몇 가지 방법이 있다. 우선 집에서 TV를 보지 않는 것이다. 처음에는 그래도 저녁뉴스는 봤지만, 저녁뉴스에 좋지 않은 내용이 많이 나오는데다 굳이 그것을 보지 않아도 신문이나 인터넷을 통해서 대부분 알게 되는 내용이라서 그것마저 보지 않게 됐다. 처음에는 좀 허전한 듯했지만, TV를 보지 않으면서부터는 저녁에 책을 읽을 시간이 엄청나게 늘어났다. 또 한 가지 방법은 집의 구석구석, 예를 들어 책상, 화장실, 거실에, 그리고 가방, 차안에도 책을 놓아두는 것이다. 언제 어디서든 시간만 나면 책을 읽을 수 있기 위해서다. 가방 안에 항상 책을 넣어 두면 출퇴근 시간이나 시내에 나갈 일이 있을 때 지하철을 이용하면서 책을 읽게 된다. 이렇게 생활습관을 바꾸고 나서는 책을 읽는 분량이 엄청나게 늘어났다.

책을 본격적으로 읽기 시작하면서 느낀 점은 내가 다른 사람의 견해를 받아들이는 마음이 점점 커지기 시작한 것이다. 전에는 내가 생각하는 것이 전부라고 여기고 다른 사람의 다른 견해에 대해서는 방어자세부터 취했는데, 책을 읽으면서부터는 다른 사람들이 내가 생각하지 못하는 정말로 좋은 견해를 많이 갖고 있음을 알게 됐기 때문이라고 생각된다. 예를 들면 전에는 환경보호 운동은 무조건 옳고 그에 반대하는 사람은 이 세상에 존재해서는 안 되는 사람이라고 생각했다. 그런데 비외른 롬보르가 저술한 《회의적 환경주의자》(에코리브르, 2003년)을 읽고 나서는 그런 나의 견해가 100퍼센트 옳은 것은 아니라는 사실을 알게 됐다. 비외른 롬보르도 원래는 환경주의자였으나 자신의 전공인 통계학을 통해 환경보호가 옳음을 증명하려고 하다가 도리어 거기에 함정이 있다는 사실을 알게 됐다. 여기서 그 내용을 다 설명할 수는 없지만, 현재의 환경보호주의 운동은 환경보호를 통해 이익을 얻는 집단들, 즉 환경보호단체와 연구기관들의 숨은 의도 때문에 절대적인 가치를 지닌 활동으로 추앙받게 됐다고 한다. 환경보호가 필요하다고 해야 환경보호단체들이 회원을 모집하고 자금을 지원받을 수 있고, 연구기관들이 연구 자금을 타낼 수 있다는 것이다. 이런 롬보르의 주장을 접한 사람이 '그건 산업주의자들의 사주를 받은 세력이 만들어낸 말장난이야' 라고 생각할 수도 있다. 내가 여기서 강조하고자 하는 것은 어느 편이 옳으냐가 아니라 내가 절대적으로 옳다고 생각했던 사실도 반드시 그런 것은 아닐 수도 있다고 생각할 줄 알아야 한다는 점이다.

내가 읽을 책을 선택하는 기준은 다양하다. 처음에는 경영이나 자기계발 관련 책을 많이 읽었지만, 지금은 주로 행복에 관련된 책, 특히 인생 후반부의 행복한 삶에 대한 책을 많이 읽는다. 물론 최근에 이슈가 되는 책이라든가, 베스트셀러 중에서 관심이 가는 책도 골라 읽는 편이다. 책을 흥미 있게 읽으려면 내가 흥미 있어 하는 주제와 관련된 책을 고르는 것이 가장 좋다는 것을 꾸준히 책을 읽으면서 깨닫게 됐다. 자신이 흥미를 느끼는 주제와 관련된 책의 내용은 머리에 쏙쏙 들어오지만, 그렇지 않은 책은 읽으면서 지루함을 느낄 수 있고 그러다보면 독서에 대한 흥미를 잃게 될 수도 있다.

나이가 들면 눈이 나빠져서 책을 읽는 것이 힘들기 때문에 책을 읽지 않는다고 얘기하는 사람들을 종종 만난다. 하지만 이는 핑계에 불과하다. 물론 나이가 들면 눈이 원시가 되기 때문에 책을 읽는 것이 불편한 것은 사실이다. 하지만 나의 경우를 예로 들면, 중학교 때부터 안경을 썼고 지금은 원시와 근시가 겹쳐서 다초점 안경을 쓰고 있다. 요즘은 책을 읽을 때면 주로 돋보기를 쓰는데, 처음에는 불편했지만 지금은 거의 불편을 못 느낀다. 이런저런 핑계를 대면서 책을 읽지 않는 이유는 책을 읽을 필요를 느끼지 못하기 때문이다. 꼭 읽어야 할 필요가 있으면 좀 불편하더라도 읽게 된다. 물론 정말로 눈에 이상이 있어서 책을 읽지 못하는 사람도 있겠지만, 그런 사람도 오랫동안 읽을 수 있느냐 잠깐 동안 밖에 읽지 못하느냐의 문제이지 책을 읽을 수는 있다고 생각한다. 요즘은 책 내용을 강의로 만든 테이프도 있다. 나는 지방에 차를 갖고 가는 경우에는 종종 이런 강의 테이프를 듣곤 한다. 정말로 책을 읽지 못할 정도로 눈에 이상이 있다면 이런 테이프를 듣는 것도 괜찮다.

아마도 내 인생 후반부의 가장 친한 친구는 책이 될 가능성이 높다. 특히 내가 추진하고 있는 '행복한 시니어 공동체' 가 실현되어 시골에 내려가서 살게 되면 책은 나와 떼려야 뗄 수 없는 친한 동반자가 될 것이 틀림없다. 누구라도 퇴직을 준비하고 있다면 이제부터라도 책을 친구로 삼아보자. 책만큼 좋은 친구가 없다는 사실을 새삼 느끼게 될 것이다.

6장

나만의 꿈이 있어
행복하다

나이 들면서 가장 많이 하게 되는 말 중 하나가 "세월이 왜 이렇게 빨리 흘러가는지 모르겠어"다. 어떤 사람은 구체적으로 '세월이 흐르는 속도는 나이 곱하기 2'라는 공식까지 제시했다. 세월이 나이 40에는 시속 80킬로미터로 흘러가고, 나이 60에는 120킬로미터로 흘러간다는 것이다. 그렇다면 나이 50만 넘으면 마치 고속도로에서 자동차가 시속 100킬로미터 이상의 고속으로 달리는 경우와 같아진다. 눈 깜빡할 사이에 풍경이 뒤로 확 밀려나듯이 세월이 화살 같이 빨리 흘러간다.

나도 언제부터인가 세월이 빨리 흘러간다는 것을 느끼고 있던 차에 몇 년 전 다우어 드라이스마의 《나이가 들수록 왜 시간은 빨리 흐르는가》(에코리브르, 2005년)라는 책을 읽게 됐다. 그 책에서 저자는 나이가 들수록 세월이 빨리 흘러가는 이유를 여러 심리학 이론을 가지고 설명한다.

그 책의 내용 중에서 내가 특히 공감한 것은 나이가 들면 일상적인 삶이 반복되기 때문에 하루는 느리게 가지만 1년은 빨리 가는 것 같이 느끼게 된다는 설명이다. 우리가 어떤 일이 일어난 날짜를 기억할 때는 어떤 큰 사건을 중심으로 기억한다는 것이다. 그러니까 어릴 때는 기억에 남는 큰 사건이 자주 일어나서 세월의 간격이 좁아지지만, 나이가 들면 큰 사건이라는 것이 그리 자주 일어나지 않기 때문에 세월을 기억하게 하는 표지판이 듬성듬성 있어서 상대적으로 세월이 빠르게 흐른다고 느낀다는 것이다. 어린 시절에는 기억에 남을 만한 새로운 일이 많이 일어난다. 학교에 다닐 때는 새로운 학년이 되면 새로운 선생님과 새로운 친구들을 만나고, 방학이 자주 있고, 키도 부쩍부쩍 큰다. 하지만 나이가 들어서 직장생활을 하게 되면 하루하루 일상이 반복된다. 나이가 들어서 퇴직하게 되면 그야말로 일상이 판박이가 돼버린다. 그러니 하루하루는 지루하고 천천히 흘러간다고 느끼지만, 세월은 금방 흘러가는 것처럼 느끼는 것이다.

그렇다면 세월을 느리게 가게 하는 방법은 자명하다. 새로운 일, 가슴이 뛰게 하는 일을 만들어 일상이 반복적인 것이 되지 않게 하면 된다. 마지못해 수입을 위해 하던 일을 그만두고 내가 정말로 하고 싶었던 일을 하면 된다. 그래서 언제부터인가 나는 세월을 느리게 가도록 하기 위해 인생 후반부에 내가 하고 싶은 일들을 적은 버킷 리스트를 만들게 됐다. 세월이 흘러가는 중간중간에 소용돌이를 일으킬 큰 사건들을 만들어서 세월이 잠시 멈춰 쉬어 갈 수 있도록 하면 세월이 더디게 가게 할 수 있다고 생각했다. 젊었을 때는 좁은 골짜기에서 물이 흘러가듯 모든 게 소란스럽고 작은 사건도 크게 보였다. 하지만 나이가 들면 큰 강물이 느릿느릿 흐르듯이 나도 모르는 사이에 세월이 저만큼 가고 있는 것을 뒤늦게 느끼게 된다. 그러니 약간의 소란스러움을 만들면 세월이 잠시 멈추었다 가게 되지 않을까. 그런 약간의 소란스러움을 만드는 작업이 바로 자신이 하고 싶은 일들을 버킷 리스트로 적어놓는 것이다.

오래전의 영화이지만 〈버킷 리스트〉에 나오는 두 주인공 모건 프리먼(카터)과 잭 니콜슨(콜)처럼 죽기 전에야 버킷 리스트를 만들어 실행하기보다는 지금부터 바로 실행해보는 것이다. 그들처럼 세렝게티에서 사냥하기, 문신, 카레이싱, 스카이다이빙, 눈물 날 때까지 웃어 보기 등 거창한 일을 벌일 수는 없을지 모르지만, 나만의 소박한 꿈을 만들어서 실행해보면 내 삶이 더욱 행복해지고 세월도 천천히 흐르게 되지 않을까 하는 생각이 들었다.

사실 내가 만든 버킷 리스트를 이 책에 공개하는 것은 부담이 된다. 나중에 여기 공개된 나의 버킷 리스트를 본 누군가가 나에게 "이 항목은 실천하지 못하셨네요?"라고 힐난하면 어떻게 하나 하는 걱정도 된다. 하지만 그런 힐난을 받게 되면 그냥 웃어주려고 한다. 그래도 계속 다그쳐 묻는다면 "나는 꿈꾸는 것만으로도 충분히 행복했다"고 응답하려고 한다. 내가 버킷 리스트를 작성하는 이유는 꿈을 이루지 못하는 것보다 꿈을 꾸기를 망각하는 것이 백배는 더 두렵기 때문이다. 인간은 꿈을 잃는 순간부터 늙기 시작한다고 한다. 우리의 뇌는 자극을 받지 않으면 노화하기 때문이다. 나는 나의 버킷 리스트가 나의 뇌를 자극해서 내가 노화하는 것을 멈추게 해줄 것이라고 확신한다.

누군가가 일반 사람들에게 버킷 리스트에 무엇을 넣고 싶은지를 조사해봤더니 여행, 봉사/종교 활동, 못 다한 공부하기, 건강관리, 악기 배우기 등으로 나타났다고 한다. 좀 특이한 항목으로는 북극 오로라 보기, 히말라야 등정 등을 하고 싶다는 사람들도 있었다. 물론 달나라 여행하기, 심해탐험 등도 포함시키지 못 할 이유가 없다. 나의 버킷 리스트가 다른 사람들의 버킷 리스트와 같을 필요는 없다. 버킷 리스트는 자신이 꼭 하고 싶은 일을 적은 것이다.

이제부터 내가 인생 후반부에 하고 싶은 일을 담은 버킷 리스트를 공개하려고 한다. 내가 여기에 나의 꿈을 소개하는 이유는 이 책을 읽는 독자 여러분도 나름대로 자신의 꿈을 담은 버킷 리스트를 만들어보라고 권유하는 데있다. 여러분도 나름대로 버킷 리스트를 작성해보고 거기에 담긴 꿈을 이루도록 노력하면서 인생 후반부를 행복하게 보낼 수 있기를 바란다. 꼭 이루어야만 하는 것이기에 스트레스를 주는 꿈이 아니라 생각만 해도 가슴이 뛰게하는 그런 꿈을.

행복한 시니어 공동체 만들기

요즘 나에게는 생각만 해도 신나는 주제가 있다. 바로 '행복한 시니어 공동체' 만들기다. 주위의 몇몇 친한 사람들이 "박사님은 행복한 시니어 공동체 얘기만 나오면 얼굴이 밝아지고 말이 많아지는 것 같아요"라고 놀릴 정도다. 평소에 별로 말이 없는 내가 행복한 시니어 공동체 얘기만 나오면 신이 나서 떠들게 되는 것을 나 스스로도 느낄 수 있으니 그런 말이 나올 만도 하다.

그렇다. 나는 행복한 시니어 공동체와 진한 사랑에 빠졌다. 나는 행복한 시니어 공동체 얘기만 나오면 가슴이 설레고, 내가 이런 공동체를 생각해내고 추진하고 있다는 것에 큰 보람을 느낀다. 행복한 시니어 공동체가 있기에 내 인생 후반부는 희망으로 가득 차고 기쁨이 넘치게 됐다. 행복한 시니어 공동체를 추진하는 것 자체가 나에게는 기쁨과 희망이 되고 있고, 그것을 실현하고 나면 내 인생 후반부는 행복으로 가득 찰 수 있다는 확신도 갖게 됐다. 거기다가 나의 생각에 동의하고 같이 행복한 시니어 공동체를 추진하는 친구들도 많이 있으니 더욱 기쁘다.

행복한 시니어 공동체가 어떤 모임이냐는 것을 자세히 설명하자면 너무 길어지기 때문에 여기서는 간단하게만 설명하겠다. 행복한 시니어 공동체의 취지를 한마디로 표현하면 농촌에 여럿이 같이 내려가서 자급자족하는 정도의 농사를 짓고 각자가 좋아하는 일을 하면서 노후 대비를 위한 수익사업도 겸하자는 것이다. 인생 후반부에 접어든 사람들은 자식 등 가족을 부양하는 일에서 자유로울 수 있고, 인생 전반부를 살면서 쌓은 풍부한 경험을 갖고 있다. 따라서 돈을 많이 벌어야 한다는 욕심을 내려놓고 자급자족하는 정도로만 일하며 살겠다고 생각하면 농촌에 가서 얼마든지 행복하게 살 수 있다. 더욱이 각자의 풍부한 경력을 활용하면 즐겁게 일하면서도 노후를 대비하는 정도의 수익사업은 얼마든지 할 수 있다는 게 내 생각이다. 여럿이 모여 살면 도시에서의 생활습관을 완전히 버리지 않고도 얼마든지 같이 농촌생활을 할 수 있다는 장점도 있다.

행복한 시니어 공동체의 기본 취지는 내가 2011년에 출간한 《퇴직은 행복의 시작이다》(필맥)에서 제시했다. 운이 좋게도 이 책은 2011년도 문화체육관광부 지정 우수교양도서로 선정되어 다수의 공공도서관에 비치됐고, 그 덕분에 행복한 시니어 공동체가 널리 알려질 수 있는 기회가 많아졌다. 행복한 시니어 공동체를 더욱 널리 알리기 위해서 나는 나름대로 블로그 활동도 하고 여러 인터넷 사이트에 관련 카페를 개설해서 홍보하는 작업도 병행하고 있다. 또한 내가 매주 발송하는 이메일 뉴스레터에도 가끔 행복한 시니어 공동체를 소개하는 글을 싣고 있다.

그래도 홍보효과가 가장 컸던 것은 내가 6개월 동안 진행한 불교TV의 '21세기 행복한 노후 특강'이 아니었나 생각된다. 불교TV는 케이블TV이긴 하지만 그래도 TV라는 공공매체이기 때문에 그 영향력이 클 수밖에 없었을 것이다. 더구나 불교TV의 시청자 중에는 인생 후반부를 맞이한 사람들이 많아서 더욱 효과가 컸을 것이다. 하긴 불교TV가 '21세기 행복한 노후 특강'이라는 프로그램을 개설한 것 자체가 인생 후반부를 맞이한 시청자들의 요구가 있었기 때문이라고 한다. 요즘 불교TV 방송을 보고 행복한 시니어 공동체에 관심을 갖게 됐다는 사람들의 전화를 받으면서 방송의 위력이 참으로 크다는 사실을 실감하고 있다. 이제까지는 행복한 시니어 공동체에 대한 홍보 활동이 대부분 글을 통해 이루어진 반면에 불교TV 방송 강연은 영상을 활용하는 방식이었기에 더욱 효과가 컸던 것으로 보인다.

나는 불교TV에서 25회에 걸쳐 '21세기 행복한 노후 특강'을 진행하면서 행복한 시니어 공동체에 대한 직접적인 설명도 했고, 이것을 추진하게 된 배경이나 그 필요성에 대해 내가 갖고 있는 생각을 충분히 알렸다는 데 큰 의미를 두고 있다. 요즘 방송 프로그램은 인터넷을 통해서 언제든지 다시 볼 수 있으므로 나중에 행복한 시니어 공동체에 관한 교육을 할 때 참고자료로 그것을 활용할 수 있게 됐다는 부수적인 효과도 거두었다.

행복한 시니어 공동체는 그 이상이 좋긴 하지만 실현하기에는 많은 난관이 예상된다는 평가를 받고 있고, 나도 그런 의견에 동의한다. 우선 공동체에서의 삶의 방식이 현재 우리에게 익숙한 도시의 생활방식과는 완전히 다르기 때문에 마음자세를 180도 바꿔야 하는데, 그게 쉽지가 않다는 점이 가장 큰 어려움이다. 자신의 이익을 최우선으로 하면서 이를 위해 남을 이겨야 하는 무한경쟁을 최고의 덕목으로 삼던 이제까지의 삶의 방식을 버리고 다른 사람들과 상생하면서 살아야 하는 공동체의 삶의 방식을 따르기가 쉽지는 않을 것이다. 하지만 내가 행복하기 위해서는 남을 행복하게 해야 한다는 사고전환이 없으면 우리의 행복은 결코 우리 곁에 다가오지 못하리라고 나는 확신하고 있다. 나의 욕심을 퍼내야만 그 빈자리에 행복을 담을 수 있다는 것은 너무나 당연한 이치이기 때문이다.

나는 행복한 시니어 공동체를 만들기 위해 3년 전에 온라인 카페를 만들었고, 나의 뜻에 공감하는 사람들을 모으기 시작했다. 처음에는 단순히 내 생각을 얘기하고 나서 서로 토론하는 식으로 모임을 가졌는데, 매번 새로운 회원들이 모임에 참석하다보니 매번 같은 내용의 기본적인 토의만 반복하게 되는 문제점이 있었다. 2년여 동안 이런 시행착오를 거치면서 우선 공동체 실현 방안을 먼저 마련하고 그 다음에 그것을 토대로 참여하고자 하는 회원들을 모집하는 게 낫겠다는 생각을 하게 됐다. 그래서 지금은 10여 명으로 구성된 추진모임을 만들어 한 달에 한 번 정도 정기모임을 갖고 있다. 행복공동체의 기본 취지에 대해 충분히 이해하고 있는 멤버들이 매번 같이 모여서 심도 있는 논의를 하게 되니 구체적인 추진계획을 작성하는 데도 크게 도움이 된다. 이 추진모임에서는 두 달에 한 번 정도 변산공동체 등 행복공동체와 유사한 공동체나 행복공동체가 자리 잡을 후보지에 있는 마을을 방문하고 있다. 이런 활동을 하려면 시간과 돈이 소요되는데, 추진모임에 참여하는 사람들이 개인적으로 시간과 돈을 부담하면서 이런 활동을 하고 있으니 감사할 따름이다.

나는 나이가 들수록 세월이 너무 빨리 흘러가서 안타깝다는 생각을 더 많이 하게 된다. 하지만 다른 한편으로는 행복한 시니어 공동체가 빨리 실현되기를 바라기 때문에 오히려 세월이 빨리 흘렀으면 하는 생각이 들기도 한다. 농촌에서 마음이 맞는 사람들과 어울려서 농사도 짓고, 즐거운 일도 하고, 취미생활도 하면서 지낼 생각을 하면 얼굴에 저절로 행복한 미소가 떠오른다.

물론 이런 행복한 공동체는 세월이 흐른다고 저절로 만들어지는 것이 아니다. 어느 곳에 가서 자리를 잡을 것인지도 정해야 하고, 참여할 회원들도 모집해야 하고, 같이 행복하게 살아가는 시스템도 만들어야 한다. 이런 작업들이 필요하기 때문에 내가 하루 빨리 귀촌하고 싶은 것을 참고 서울에 머물고 있는 것이다. 현재 마련된 계획대로라면 행복한 시니어 공동체는 2013년부터 실제로 입주할 40여 명(20가구)의 회원들을 모집한 뒤 2015년에는 실제로 입주를 시작할 계획이다. 물론 나는 처음 입주할 때, 또는 필요하면 그 전에라도 귀촌할 예정이다. 나는 지금이라도 입주할 장소가 정해지면 바로 내려갈 준비가 돼있다.

행복한 시니어 공동체는 처음에는 40여 명의 작은 규모로 시작되지만, 500여 명(250가구)까지 회원 수를 점차 늘려갈 생각이다. 왜냐하면 그 정도의 규모가 돼야 각자 자신이 잘할 수 있는 일만 하더라도 전체가 조화를 이루면서 살 수 있기 때문이다. 일단 행복한 시니어 공동체가 만들어지면 주위에 다른 유사한 공동체들이 만들어질 것으로 생각한다. 아니면 우리가 나서서 다른 곳에도 공동체를 만들 것이다. 한국뿐만 아니라 외국에도 만들지 말란 법이 없다. 그렇게 되면 한 군데에만 살 필요가 없어 언제든지 자신이 원하는 곳으로 옮겨 가서 살 수도 있게 될 것이다. 그만큼 여러 지역공동체를 경험하고, 다양한 사람들과 어울려 살 기회가 많아질 것이다. 여행을 가더라도 기본적인 여비만 있으면 다른 공동체가 있는 한국의 다른 곳, 또는 외국의 공동체가 있는 것으로 가면 되기 때문에 여행경비를 거의 들이지 않고도 여행을 즐길 수 있게 된다는 장점도 있다.

행복한 시니어 공동체는 나의 인생 후반부에 이루어야 할 꿈 목록의 첫 번째 자리를 차지하고 있다. 다른 꿈들은 이루면 좋고 안 이루어져도 그만이지만, 행복한 시니어 공동체는 꼭 이루어야 할 나의 남은 인생 최고의 목표다. 생각만 해도 가슴이 뛰는 이 목표가 있어서 나는 정말 행복하다. 나뿐만 아니라 다른 사람들도 같이 행복하게 할 수 있는 꿈이니 더욱 그런 생각이 든다. 나를 행복하게 하기 위해서는 남을 행복하게 하는 것이 가장 좋은 방법이라는 사실을 깨닫게 해준 나의 행복한 꿈이 바로 행복한 시니어 공동체다.

행복한 시니어 공동체가 실현되면 누구나 마음만 바꾸면 행복해질 수 있는 현실적인 대안을 갖게 된다. 현재의 사회제도 아래서는 인생 후반부를 맞이한 사람들이 도시에서 살아도 문제가 있고, 귀촌을 해도 문제가 있는 게 사실이다. 하지만 행복한 시니어 공동체가 실현되면 행복하게 살 수 있는 확실한 대안을 가질 수 있으니 얼마나 다행한 일인가. 내 개인적인 입장에서 봤을 때는 행복한 시니어 공동체가 실현되어 거기에 가서 살게 되면 물론 행복할 것이고, 그것을 실현시키기 위해 노력하고 있는 지금도 행복하다. 나는 물론이고 다른 많은 사람들도 행복하게 해줄 수 있는 꿈이 있으니 나는 참으로 행복한 사람이다.

외국 공동체 답사

행복한 시니어 공동체를 추진하기 시작하면서 국내와 해외의 각종 공동체에 대해 관심을 갖게 됐다. 정확하게 말하면, 처음에 미국에 있는 선시티라는 은퇴공동체를 알게 되면서 행복한 시니어 공동체에 대한 아이디어를 떠올리게 됐고, 그후 여러 다른 공동체들에 대해서도 관심을 갖게 됐다.

선시티는 미국 애리조나 주 피닉스에서 45분 거리에 위치한 인구 4만 명의 인공으로 조성된 도시다. 1960년대부터 실버타운 전문 개발회사인 델웹이 건설한 도시로, 은퇴자들이 사회적 교류를 하고 자기계발을 할 수 있도록 운영되고 있다. 이 도시에 대해서는 내가 한국 부동산시장의 미래에 관한 책 《신부동산 투자전략》(지상사)을 쓰면서 알게 됐다. 선시티는 은퇴한 사람들을 위한 도시이긴 하지만 자급자족 기능은 없고 부동산회사의 수익 추구가 목적이라는 점에서 내가 추구하는 행복한 시니어 공동체와는 다른 모델이다. 한국에도 이와 비슷한 여러 마을들이 부동산투자회사 주도로 조성되고 있다. 대표적인 예가 전남 장흥의 '로하스타운'이다.

선시티가 도시형에 가까운 공동체라면 미국의 아미시 공동체, 프랑스의 테제 공동체와 플럼 빌리지 공동체는 수도자의 수행지에 가까운 공동체다. 미국 영화를 보다보면 검은 모자를 쓰고, 턱수염을 기르고, 마차를 타고 다니는 사람들을 본 적이 있을 것이다. 그들이 바로 아미시 공동체 사람들이다.

아미시 공동체는 스위스의 종교개혁 지도자 야콥 암만의 후예들이 미국에 이민 가서 자리 잡으면서 만들어진 공동체다. 이 공동체는 현대 과학기술을 최소한으로만 받아들이면서 생활하는 폐쇄적 공동체다. 2010년 현재 미국의 여러 곳에 있는 아미시 공동체에 모두 25만 명 정도가 살고 있으며 조금씩 그 수가 더 늘어나고 있다니, 그래도 성공한 공동체 모델이라고 볼 수 있다. 하지만 아미시 공동체는 특정 기독교 계파를 바탕으로 한 공동체이기 때문에 행복한 시니어 공동체의 모델로 삼기에는 문제가 있다. 다만 '자발적 가난'의 실천과 관련해 현대 기술문명을 어느 정도나 받아들일 것이냐 하는 점에서는 연구해 볼만한 가치가 있는 사례다.

테제 공동체는 프랑스 남동부 부르고뉴 지방에 자리 잡은 초교파 기독교 수행단체로 침묵과 명상을 주로 하고 있다. 매년 10만 명 이상이 방문하는데, 기부와 헌금은 사절하는 대신에 하루 5~8유로의 체재비를 받는다고 한다. 100여 명의 수사들이 공동체를 이루어 살고 있고, 방문자 5천여 명이 동시에 생활할 수 있는 시설이 갖춰져 있다고 한다. 베트남 출신의 틱낫한 스님이 창설한 플럼 빌리지는 프랑스의 남서쪽 지중해 연안 보르도 지방에 1982년 설립됐다. 이것은 묵언수행과 친환경 채식을 모토로 한 공동체다. 여기서는 테제 공동체와 비슷하게 100여 명의 불교 수행자들이 공동생활을 하고 있고, 매년 수 만 명이 방문한다고 한다.

한국에 있는 공동체 중에서는 종교적인 색채가 없다는 점만 빼면 '고도원의 깊은 산속 옹달샘'이 테제 공동체와 가장 비슷한 모델이 아닌가 생각한다. 물론 테제 공동체와 유사하게 종교적인 기반을 가진 공동체들이 한국에도 설립되고 있다. 대표적인 예로는 지리산 산내면 일대에서 불교 사찰인 실상사가 주도하여 형성한 인드라망 공동체, 2000년 설립된 천주교 중심의 성 필립보 생태마을, 1990년 남상도 목사의 주도로 설립된 전남 장성의 한마음 공동체를 들 수 있다. 이런 공동체들은 부근에 살고 있는 마을사람들을 중심으로 한 생산자 공동체 형식으로 운영되고 있다는 점에서 사람들에게 평화와 안식을 주고자 하는 테제 공동체나 플럼 빌리지와는 다르다.

이런 두 가지 공동체의 중간 형태인 생활 공동체로는 인도의 오로빌 공동체, 콜롬비아의 가이오따스 공동체, 스코틀랜드의 핀드혼 공동체, 미국 버지니아 주의 트윈옥스 커뮤니티 등이 있으며, 독일 등에도 100여 곳 이상의 생태공동체가 있다고 알려져 있다.

인도의 오로빌 공동체는 인도의 시인이자 사상가인 스리 오로빈도의 사상에 기초를 두고 있으며, 미라 알파사라는 프랑스 여인의 주도 아래 추진됐다. 오로빌 공동체는 이 두 사람이 세상을 떠난 후 1968년 남인도 타밀나두 주 코로만델 해변의 황량한 벌판에 5만 명이 거주하는 마을을 형성한다는 계획 아래 설립됐다. 오로빌 공동체는 마트리만디르라는 명상의 성소를 중심으로 구성된 직경 5킬로미터의 원형 도시로 조성되고 있다. 현재 이 공동체에는 세계 각국에서 온 2100여 명이 모여서 130여 개 커뮤니티를 이루면서 살고 있다. 오로빌 공동체는 내가 행복한 시니어 공동체에 도입하고자 하는 자체 통화(어카운트)를 운영하고 있고, 공동소유와 사유재산 제도를 결합한 주거 형태를 갖추고 있다. 오로빌 공동체는 UN과 인도 정부의 인정을 받고 재정보조도 받고 있다. 이런 재정적인 후원은 오로빌 공동체에 도움이 되기도 하지만, 그 때문에 인도 정부에서 파견한 감독관의 간섭을 받아야 하는 등 단점도 갖고 있다.

콜롬비아 가이오따스 공동체는 정부군과 반군이 내전을 벌이는 상황에서도 어느 한쪽으로 기울지 않고 30년 넘게 번창하고 있는 독특한 공동체다. 이 공동체의 특징은 대안기술의 개발이다. 스코틀랜드의 핀드혼 공동체는 몇몇 사람들이 척박한 황무지로 이주하여 자연친화적인 농사를 지으며 사는 것으로 시작된 공동체다. 현재는 핀드혼 재단으로 발전하여 자연친화적인 삶의 방식과 명상을 중시하는 영적 교육센터로 자리매김하고 있다. 미국 버지니아 주의 트윈옥스 커뮤니티는 1967년에 설립됐는데, 100가구가 모여서 재정 수입과 자원을 공유하는 삶의 형태로 살아가고 있다.

한국에도 이와 유사한 공동체들이 많이 생겨나고 있다. 대표적인 예로는 경기도 화성의 야마기시 공동체(산안마을), 전북 부안의 변산 공동체, 경남 함양군의 지리산 두레마을, 경남 산청군의 지리산 민들레 공동체 등을 들 수 있다.

산안마을은 상생과 무소유를 주장하는 일본인 야마기시의 사상을 실현한 마을이다. 야마기시 공동체는 산안마을 외에 일본과 독일 등 전 세계 7개국 40여 곳에도 설립돼 있다. 한국에서는 1984년 6가구에 의해 설립됐다. 이 마을에서는 주로 공생과 순환의 양계 방식을 채택해 생산하는 계란이 주 수입원이며, 만장일치 의사결정 방식인 '연찬' 이 본받고 싶은 제도다. 야마기시 공동체의 사상을 전파하기 위한 특강이 매년 두 차례 7박8일 일정으로 시행되고 있다. 나도 2012년 8월에 참여해서 체험해보았는데, 이런 방식의 특강은 행복한 시니어 공동체에도 도입하려고 생각하고 있다.

변산 공동체는 1995년 윤구병 씨가 설립한 생활공동체로, 현재는 대안학교 공동체의 성격을 띠고 있다. 변산 공동체는 공동소유와 공동작업을 바탕으로 하지만, 주위에 이 공동체 출신들이 독립가구를 만들어 느슨한 네트워크를 형성함으로써 이중구조를 갖추었다. 나는 2011년에 변산 공동체에 3박4일 일정으로 체험해보려고 다녀왔다. 체험 도중 저녁시간에 설립자인 윤구

병 씨와 나눈 대화에서 많은 것을 느낄 수 있었는데, 특히 현재 운영하고 있는 초중고등부 대안학교에 이어 기초살림대학(2년 과정)과 생명대학원(3년 과정)을 설립하여 참다운 농부를 양성하려고 한다는 계획이 인상 깊었다.

나는 인도에 오로빌 공동체가 있다는 사실을 김선우가 쓴 《어디 아픈 데 없냐고 당신이 물었다》(청림출판사)를 통해서 알게 됐고, 그 즉시 오로빌 공동체와 사랑에 빠졌다. 그래서 내가 다녀오고 싶은 여행지 목록의 가장 첫 줄에 오로빌 공동체를 넣었다. 그럼에도 불구하고 아직까지 그곳에 가보는 일을 결행하지 못하고 있는 것은 행복한 시니어 공동체를 실행하기 전에 준비해야 할 것이 많기 때문이라고 변명하고 있다. 2013년에 어느 정도 행복한 시니어 공동체 실행 준비가 끝나고 귀농·귀촌할 채비가 갖춰지면 오로빌 공동체에 직접 가서 한 달 정도 머무르며 생활해보려고 한다. 책을 통해서는 그곳이 어떤 공동체인지를 어느 정도 알아봤지만, 실제로 현지에 가서 체험도 해보고 거기에서 생활하는 사람들과 얘기도 나눠보고 싶다. 오로빌에 가서 생활하는 한국인도 수십 명이 된다고 하니, 왜 그들이 머나먼 타국에 있는 오로빌을 선택했는지를 물어보고 싶고, 그들이 현재의 오로빌 생활에 만족하고 있는지도 직접 살펴보고 싶다.

내가 시골로 내려가기 직전에 오로빌에 가보고 싶은 또 하나의 이유는 내가 도시생활을 하면서 심신에 낀 찌든 때를 오로빌에 가면 어느 정도 벗겨낼 수 있지 않을까 하는 기대감이다. 한국에서도 공동체 마을에 가면 그런 느낌을 가질 수 있겠지만, 한국의 공동체들은 너무 규모가 작아서 그런 분위기에 푹 빠지기에는 좀 부족하지 않을까 하는 게 나의 막연한 느낌이다. 물론 한국의 공동체는 오로빌에 다녀온 뒤에도 필요하면 언제든지 가볼 수 있을 거라고 생각한다.

테제 공동체와 플럼 빌리지도 내가 방문하고 싶은 곳들의 목록에서 상단을 차지하고 있다. 이 두 공동체를 방문해서 나 자신을 '정화' 하고 싶다는 욕구도 있지만, 그곳에 몰려드는 사람들이 과연 무엇을 찾으려고 그러는지도 살펴보고 싶다. 이들 공동체에서 나 자신을 찾게 되면 나중에 행복한 시니어 공동체도 찾아오는 사람들로 하여금 각자 자신을 찾게 하는 방법을 알게 되지 않을까 하는 기대도 하고 있다.

행복한 시니어 공동체가 단순히 그곳 주민이 될 우리 자신만의 행복을 위한 공동체에 머물지 않고 주위에 있는 다른 사람들에게도 행복 에너지를 나눠주는 행복의 구심점 역할까지 하게 됐으면 하는 것이 나의 소망이다. 내가 행복하려면 남을 행복하게 해야 한다는 것이 나의 철학이기 때문이다. 행복한 시니어 공동체가 도시생활을 해야 하지만 도시에서 지칠 수밖에 없는 젊은이들에게 기운을 북돋워주는 휴식처가 되고, 열심히 도시생활을 한 뒤에 퇴로가 막혀 절망감을 느끼는 퇴직자들에게 새로운 희망을 주는 곳이 되기를 기대해본다.

먼 훗날의 얘기일 수는 있지만, 일단 어느 한 곳에 행복한 시니어 공동체를 만든 다음에는 비슷한 공동체를 한국의 여러 다른 곳에도 만들고, 해외에도 만들겠다는 꿈을 갖고 있다. 내가 생각하는 행복한 꿈이 여러 사람들에게 퍼지기를 바라는 마음에서 그런 생각을 하는 것이다. 그러나 행복한 시니어 공동체 주민도 거기에만 머물러 있지 않고 다른 여러 곳들을 옮겨 다니면서 다양한 사람들을 만나며 살 수 있는 기회를 갖게 되면 더 좋을 것이라고 나는 생각한다. 그 전에라도 한국 안에 있는 비슷한 다른 공동체들과 오로빌 같은 외국의 공동체들과 네트워크를 형성해서 서로 교류하면서 살 수 있으면 더더욱 좋을 것이다. 이런 의미에서 나로서는 오로빌 공동체, 테제 공동체, 플럼 빌리지를 방문해보는 것이 탐색의 의미가 있다.

지리산과 백두산 등반

나는 등산을 좋아해서 거의 매주 주말마다 등산을 다닌다. 주로 집 주위에 있는 대모산, 구룡산, 청계산 등을 다니지만, 한 달에 한두 번 정도는 먼 데 있는 산에도 간다. 산을 많이 다니다보니 꼭 가고 싶은 산이 생겼다. 남한에서 가장 높은 산인 한라산이야 내 고향이 제주도라서 몇 번 올라간 적이 있으니 꼭 가고 싶은 산의 목록에서는 빠진다. 그렇다고 세계에서 가장 높은 에베레스트 산을 등반하기에는 무리가 있다는 생각이 든다. 그렇다고 꿈도 꾸지 못할 이유는 없지만, 왠지 에베레스트 산을 오르고 싶다는 생각은 별로 들지 않는다. 뭐랄까, 그 산은 사람이 살 수 없는 무서운 산이라는 느낌이 들어서 생각만 해도 온몸이 굳어지는 것 같은 느낌이 들기 때문이다.

내 평생에 꼭 가고 싶은 산으로는 지리산과 백두산이 가장 먼저 꼽혔다. 지리산은 남한을 대표하는 산이고, 행복한 시니어 공동체가 자리 잡을 농촌이 왠지 지리산 자락이 될 거라는 예감이 들어서 더 가깝게 느껴졌는지도 모르겠다. 지리산이라고 하면 빨치산의 비극이 생각나기도 하지만, 왠지 어머니 같은 느낌이 들기도 한다. 푸근하면서도 웅장한 산이 바로 지리산이다. 높이로는 제주도 한라산에 약간 못 미쳐서 남한에서 가장 높은 산이라는 명예는 한라산에 양보했지만, 그 넓은 품은 한라산에 비길 바가 아니다. 한라산이 관광객들이 찾는 산이라면, 지리산은 그야말로 산을 좋아하는 사람들이 찾는 산이다.

나는 언제부터인가 더 나이 들기 전에 지리산 종주를 해야겠다는 생각을 하기 시작했다. 하지만 다른 산과는 달리 지리산 종주를 하려면 최소 2박3일이 소요되고, 산장도 예약해야 하고, 체력도 따라야 하고, 준비물도 많이 갖춰야 하기 때문에 쉽게 실행에 옮길 수가 없었다. 그러던 차에 몇 년 전에 가입하여 같이 산행을 다니던 등산모임에서 지리산 종주를 계획하기에 얼른 참가신청을 했다. 그 등산모임에서는 그동안 주로 당일로 다녀오는 등반을 많이 했는데, 이번에는 2박3일 걸리는 지리산 등반을 하게 된 것이었다. 그만큼 준비가 많이 필요해서 처음에는 망설였는데, 2009년에 드디어 실행에 옮겼다. 등산모임에서 같이 갈 회원들을 모집하고, 산장을 예약하고, 준비물을 챙기는 등 2009년 8월은 정말 바쁘게 지나갔다. 지리산 갈 때 가장 큰 일이 바로 산장 예약이다. 특히 여름에는 지리산을 찾는 사람들이 많아서 산장을 예약하기가 정말 힘들다. 지리산은 여름이라도 낮에는 덥다가 밤에는 춥기 때문에 산장에서 자야 한다. 하지만 수요에 비해서 산장의 수용능력이 워낙 모자라기에 예약 경쟁이 치열할 수밖에 없다.

산장은 사용예정일 14일 전에 온라인으로 예약해야 하는데, 예약이 시작되면 5초도 안 되어 마감돼버린다. 우리 팀도 조를 나누어 대기하고 있다가 예약이 시작된 오전 10시에 동시에 예약을 시도했는데, 10개 팀 중 2개 팀만 예약할 수 있었다. 하지만 그후 계속 예약 사이트를 들어가서 지키면서 취소하는 팀이 있나 살피다가 예약하는 방법을 써서 결국 모두 예약을 마칠 수 있었다. 단체로 가는 경우에는 거의 모든 회원들이 일단 예약했다가 나중에 서로 확인을 해서 중복예약이 된 경우에는 취소하기도 하기 때문에 기다리면 자리가 날 수 있다는 것을 그때 알았다. 우리 팀은 벽소령산장과 세석산장으로 나누어 예약했다. 아무래도 초보에 가까운 사람들은 벽소령산장에서 1박을 하고, 베테랑에 가까운 사람들은 좀 더 걸어가서 세석산장에서 1박을 하기로 한 것이다.

드디어 지리산 종주를 시작하는 날이 되어 용산역에서 밤 9시45분에 기차를 타고 새벽 2시 반에 구례구역에 도착했다. 가는 동안 조금은 잘 수 있을 것이라고 생각했는데, 의자도 불편하고 중간중간 사람들이 계속 오르고 내리는 완행열차인데다 사람들이 떠드는 바람에 한숨도 자지 못했다. 어쨌든 깜깜한 밤중에 구례에 내려서 현지에서 합류하기로 한 사람들을 만난 다음 바로 택시를 타고 성삼재로 올라갔다. 깜깜한 새벽인데도 이미 성삼재에서 많은 사람들이 등반을 시작하고 있었다.

난생 처음 랜턴을 머리에 달고 새벽길을 걷는 기분이 참 좋았다. 노고단 산장에 도착해서 아침을 해먹고 출발하니 해가 떠오르기 시작했다. 덥기 전에 될 수 있는 대로 많이 걸어야 한다는 말에 바로 걷기 시작했다. 정말 해가 뜨니까 너무 더웠다. 걷고 또 걷고 하여 오후 4시경에 벽소령산장에 도착하니 정말 기진맥진했다. 아직 힘이 남은 몇 명은 세석산장까지 내쳐 걸었다. 나는 당연히 벽소령산장에 머물렀다. 우리 일행은 그때부터 짐을 풀고, 저녁 식사를 준비해서 먹고, 밤 10시경에 잠을 청했다. 그리고 다음날은 새벽 5시경에 일어나서 세수도 하지 못한 채 바로 세석산장을 향해 출발했다. 세석산장에서 먼저 간 일행들과 아침식사를 같이 하기로 했기 때문이다. 아무튼 세석산장에서 아침을 먹고 다시 출발했는데, 천왕봉 바로 밑에 있는 장터목산장에 도착하니 오후 2시경이 됐다. 거기서 점심을 해 먹고 천왕봉을 올라가느냐 마느냐로 옥신각신했는데, 서울 가는 버스 시간 때문에 결국 서너 명의 베테랑들만 천왕봉을 빨리 올라갔다가 나중에 합류하기로 하고 나머지는 바로 중산리로 내려왔다. 물론 나도 중산리도 바로 내려왔다.

2010년에는 천왕봉을 보지 못한 아쉬움에 다시 지리산을 도전하기로 했다. 이번에도 지난번과 같은 종주 코스를 택하면 천왕봉에 오르지 못할 것 같아서 대원사에서 오르기 시작해서 차밭목산장에서 1박을 하고 바로 천왕봉에 올랐다가 백무동 방향으로 내려오는 코스를 택했다. 천왕봉에서 일출을 보기 위해 차밭목산장에서 새벽 3시경에 일어나 걷기 시작했는데, 깜깜한 밤중에 랜턴을 켜고 찬 공기를 마시면서 걷는 기분은 어디서도 느낄 수 없는 새로운 경험이었다. 금방 쏟아져 내릴 것 같이 밤하늘에 무수히 떠있는 별들을 바라보노라니 이런 좋은 별들을 서울에서는 볼 수 없다는 것이 정말 큰 불행이라는 생각이 들었다. 부지런히 걸었는데도 천왕봉 바로 직전에서 일출을 보게 됐다. 삼대가 덕을 쌓아야 천왕봉 일출을 본다는데, 나는 조상님 덕분에 단번에 일출을 보게 된 것이다. 새해 아침이 되면 새해맞이 해를 몇 번 보긴 했지만, 산 위에서, 그것도 내가 그리 오르고 싶었던 천왕봉 바로 밑에서 바라본 해는 너무 아름다웠다.

천왕봉을 내려가면 장터목산장에서 점심을 해 먹고 바로 백무동으로 내려가기로 했기 때문에 시간여유가 있어서 느릿느릿 경치 구경을 하면서 걸었다. 그런데 앉아서 쉬면서 지나가는 사람들과 이런저런 얘기를 나누다보니 의외로 혼자 지리산을 오르는 사람들이 많다는 사실을 알게 됐다. 그것도 의외로 혼자 다니는 여자들이 많다는 사실에 깜짝 놀랐다. 그리고 보니 남자들보다 여자들이 훨씬 용감하다는 말이 사실인 모양이다. 그래서 나도 2012년에는 혼자서 또는 둘이서 1박3일의 짧은 일정이 아니라 2박3일 정도 긴 일정으로 지리산을 종주하면서 천왕봉을 오르려는 계획을 하고 실행에 옮겼다. 여럿이 지리산 종주를 하는 경우에는 주말에 산행을 할 수밖에 없는데,

혼자나 둘이서 산행을 하게 되면 주중에도 산행을 할 수 있어서 산장 예약이나 교통편에도 좀 여유가 있지 않을까 하는 생각이 들었기 때문이다.

사실 나는 무릎이 좀 좋지 않아서 걱정을 많이 했다. 하지만 세 번의 지리산 등반을 무사히 해낼 수 있을 정도로 아직은 무릎이 괜찮다는 걸 확인하고 기분이 좋았다. 물론 지리산 등반을 할 때는 무릎 보호대도 했고, 걷는 데도 무척 신경을 썼다. 혹시 나 때문에 헬리콥터가 뜨는 불상사는 없어야 한다고 생각했으니까. 더욱이 2012년 여름에는 개인적으로 2박3일의 느긋한 일정으로 지리산을 종주하고 천왕봉에서 일출까지 봤으니 지리산 종주의 꿈은 완전히 이루었다고 생각한다. 이렇게 해서 나의 버킷 리스트에 올라 있는 지리산 등반의 꿈은 이루어졌다. 지리산 등반의 꿈이 이루어졌다는 것 자체도 중요하지만, 지리산 등반을 하기 위해 몇 개월 전부터 수시로 걷기 운동을 하고 집 주위에 있는 산들을 자주 다니면서 몸을 단련한 것도 큰 보람이었다. 그 덕분에 등산에 더욱 취미를 붙이고 건강도 다지게 됐다.

나의 버킷 리스트 중에서 그 다음에 올라있는 백두산 등반은 지리산 등반과는 나에게 또 다른 의미가 있을 거라고 생각한다. 지리산은 가까이에 있어 언제나 마음만 먹으면 갈 수 있는 어머니 같은 산이라면 백두산은 독립운동을 위해 멀리 떠나 있어 쉽게 볼 수 없는 아버지 같은 산이라고나 할까. 백두산은 산 그 자체보다는 우리 민족에게 상징적인 산이기 때문에 더욱더 그리운 산이 아닌가 하는 생각이 들기도 한다. 아무튼 2013년에는 백두산을 가볼 생각이다. 지금은 아쉽게도 중국을 통해서만 백두산을 오를 수 있는데, 한국 사람들의 정서를 아는 중국에서는 한국 사람들이 백두산을 오르는 것을 달갑게 생각하지 않고 있으며, 매년 입산료도 많이 올리고 있다고 한다. 돈도 돈이지만 중국이 언제 갖가지 명분을 내세워서 한국 사람들이 백두산 등반을 하는 것을 막을지 모른다는 생각에 초조한 감마저 든다. 가장 좋은 길은 북한을 통해서 백두산에 오르는 것이지만, 요즘 정치적인 상황을 고려할 때 그건 먼 훗날의 꿈으로 남겨둬야 할 것 같아 안타깝다.

만약 백두산을 오르게 된다면 단순히 지프차를 타고 백두산 정상 근처에 가서 정상에만 오르는 게 아니라, 천지도 걸어서 둘러보았으면 한다. 물론 북한에 속한 부분은 가지 못할 가능성이 크지만, 나머지 부분만이라도 꼭 걸어 봤으면 한다. 물론 삼대에 걸친 조상님들의 음덕으로 천지도 볼 수 있기를 갈망한다. 사진으로 본 선명한 광경대로야 볼 수 없을지 모르지만 천지의 모습을 어렴풋하게나마 꼭 보고 싶다. 만약 천지를 둘러보며 걷다보면 한 번쯤은 천지가 선명하게 제 모습을 보여주지 않을까 하는 희망을 가져본다. 누구나 한국인이라면 다 갖는 희망이겠지만, 고구려의 흔적도 볼 수 있었으면 한다. 물론 중국에서 한국인들의 고구려 문화 답사를 싫어한다고 듣긴 했지만 조금만이라도 볼 수 있기를 희망해본다.

한국의 섬 20개 탐방

한국의 산하 곳곳에서 아름답지 않은 곳이 없지만, 나는 특히 전라남도 지방을 좋아한다. 나에게 전라남도를 좋아하는 특별한 이유를 대라고 하면 딱히 뭐라고 답할 수는 없지만, 뭐라고 그럴까, 그냥 푸근한 느낌이 들어서라고 할까. 나는 여행을 좋아해서 전국을 돌아다니는 편이지만, 전라남도에 가면 왠지 고향에 온 느낌이 든다.

물론 나는 제주도가 고향이고, 서울에서 대학을 다니고 미국 유학을 다녀와서는 거의 서울에서 살았다. 대학원을 졸업하고 강원도 삼척에서 직장생활을 하느라 7년여를 살았기 때문에 강원도에 대한 추억도 많은 편이긴 하다. 또 5살적부터 12살 때까지 7년 동안은 전라남도 진도에서 살았다. 거기다가 미국에서 공부하느라고 4년 동안을 살았다. 그러니까 한마디로 나는 전국구다. 아니 미국까지 포함하면 세계시민이다. 현재까지 내 평생 56년 동안 제주도에서 11년, 전라남도 진도에서 7년, 강원도 삼척에서 7년, 미국에서 4년, 서울에서 27년을 살았다. 그리고 조금 있으면 다시 어디론가 농촌으로 내려간다. 전에 사주팔자를 보는 사람이 내게 역마살이 끼어있다고 하더니 딱 그대로다. 내 겉모습만 보는 사람들은 내가 정적이어서 어디 다니는 것을 싫어할 것이라고 생각하지만, 의외로 나는 돌아다니는 것을 좋아한다.

각설하고, 내가 서울에서 가장 오래 살았고 고향이 제주도이긴 하지만, 그래도 전라남도가 내 마음을 가장 많이 끈다. 그건 내가 어릴 적에 진도에서 살았기 때문이기도 하지만, 왠지 너른 평야지대를 가진 전라남도 농촌의 풍요와 그에 따른 후한 인심, 그리고 문화적인 분위기도 한몫한다. 내가 아는 몇 안 되는 스님들도 모두 전라남도에 있고, 여행을 가서 사귄 사람 중에서도 왠지 오래 관계를 지속하는 사람들은 거의 전라남도에 있다. 여행을 가서 저녁에 술을 마셔도 전라남도의 술집 분위기는 뭔가 인간적인 냄새를 풍긴다. 술집 자체도 예술적인 분위기가 풍기는 경우가 많고, 어울려서 술을 마시다 보면 일행 중 누군가가 자신의 친구를 끌어들여도 자연스럽게 어울리면서 전부터 친했던 것 같은 착각이 들게 만든다.

전라남도가 내 마음을 끄는 또 다른 이유는 아마도 잔잔한 바다에 널려있는 섬들 때문일 거라는 생각도 해본다. 어린 시절 진도에서 살았을 적에 봤던 아스라한 바다 풍경들과 겹치면서 내 잠재의식의 밑바닥에 자리 잡고 있는 그리움의 대상이 바로 섬이기 때문이다. 너무 어렸기 때문에 집을 벗어나서 멀리 있는 다른 섬에는 가보지 못 했지만, 마음속에는 앞에 보이는 섬에 가면 나를 기다리는 뭔가가 있을 거라는 잠재의식이 자리 잡게 된 게 아닐까 하는 생각이 든다. 가난한 어린 시절이었지만, 바닷가에 가면 뭔가 먹을거리도 있고 재미있게 놀 수도 있었기에 바다는 친구와 같은 존재로 마음속에 자리 잡은 것 같다.

물론 제주도도 섬이고, 제주도에서 살 때 바다에 가서 놀기도 했다. 하지만 제주도의 바다는 어린아이가 놀기에는 너무 깊고, 집에서도 멀고, 먹을거리도 그리 많이 제공하지 않는다. 그래서 제주도의 바다는 그저 멀리 바라보이는 존재로 마음속에 남아있는 게 아닌가 하는 생각이 든다. 지금도 제주도에 가서 제주도의 맑은 바다를 보면 기분이 좋고 마음이 차분하게 가라앉는 느낌이 들기는 한다. 그래서 가끔 제주도 바다가 그립기는 한데, 제주도에 갈 형편이 안 되면 강원도 삼척의 바다에 가서 제주 바다에 대한 그리움을 달래곤 한다.

전라남도 섬들에 대한 애정이 점점 더 커지는 이유는 아마도 제주도에서 본 맑은 바다의 느낌도 들면서 가까이에서 풍요를 제공하는 푸근한 어머니의 품 같은 느낌이 들기 때문일 것이다. 제주도의 바다나 강원도의 바다는 가끔은 그립지만 계속 가까이 하기에는 부담이 되는 아버지 같은 존재라면, 남해에 있는 바다는 언제든지 나를 반겨주고 품에 안아줄 것 같은 어머니 같은 존재라고나 할까. 그런 의미에서 내가 여행 가서 머무르고 싶은 섬은 제주도나 울릉도, 혹은 홍도와 같이 멀리 있는 섬이 아니라 육지와 가까이 있으면서 삶의 터전으로 삼을 수 있는 섬이다. 또한 갯벌로 이루어져 있는 서해안의 섬보다는 갯벌과 맑은 바다를 동시에 갖고 있는 남해안의 섬을 여행하고 싶다. 하긴 그동안 남해안의 몇 개 섬을 여행하긴 했다. 배를 타고 가는 섬은 별로 가보지 못했지만, 육지와 다리로 이어진 완도와 진도는 이미 몇 차례 다녀왔다. 진도는 내가 살던 곳이라 지금은 어떤 모습일까 하는 궁금함에 다녀왔고, 완도는 그냥 구경삼아서 다녀왔다.

전라남도 섬들에 대한 나의 막연한 그리움에 불을 댕긴 것은 남도여행에서 만난 전남대학교 문화전문대학원 강신겸 교수의 강연이었다. 강신겸 교수는 전라남도에 있는 섬들을 대상으로 섬여행학교를 운영하고 있다. 강 교수의 섬여행 철학은 단순히 관광만 할 게 아니라 섬에 머무르면서 섬의 생활을 체험하자는 것이다. 그냥 섬에 들러서 아름다운 경치를 구경하고, 맛있는 회를 먹고 즐기는 정도가 아니라 섬에 머물면서 바다의 삶도 체험하고, 바다에서 사는 섬사람들의 생활도 느껴보자는 것이다. 그러자면 돈의 여유도 있어야 하겠지만, 무엇보다 시간의 여유와 마음의 여유가 있어야 한다. 들러서 얼른 증명사진 찍고 떠나는 관광이 아니라 마음으로 느끼는 여행이 돼야 하기 때문이다. 하긴 이제 다른 사람들이 보기에는 그럴 정도로 여유가 있어 보이는 나도 아직까지 그런 머무는 여행을 하면 마음이 불편한데 다른 사람들이야 오죽하겠나 하는 생각도 든다. 하지만 정말 나는 섬의 바닷가가 제공하는 먹을거리도 채취하고 싶고, 바다가 들려주는 파도소리를 자장가 삼아 잠도 들고 싶다. 그러려면 하루 이틀 머무는 관광이 아니라 며칠을 지내다 오는 그런 여행이 필요할 것이다.

그럼 구체적으로 나는 어떤 섬들에 가고 싶은가? 물론 사람들에게 많이 알려진 청산도, 고금도, 관매도, 비금도, 선유도 등에도 가고 싶다. 하지만 정말 가고 싶은 섬은 관광 온 도시 사람들이 북적이지 않고, 섬사람들과 어울려서 몇 날 며칠을 거기 생활에 푹 빠질 수 있는 곳이다. 몇 년 전 우연한 기회에 전라남도 영광 앞에 있는 송이도에 다녀온 적이 있다. 그 섬에도 육지 사람들이 오기는 마찬가지였지만, 며칠을 머무른다면 섬과 진정한 친구가 될 수 있을 거라는 느낌이 들었다. 나도 그때는 아침에 섬에 들어갔다가 한 바퀴 둘러보고 저녁에 나오고 말았지만, 두고두고 아쉽다는 생각이 들었다. 물론 청산도, 고금도 등 유명한 섬들이라고 해서 섬 여행 하기에 부적합하다고 생각하지는 않는다. 사람들이 많이 가는 여름 휴가철이나 주말을 피해서 간다면 나름대로 그 섬들의 내면을 들여다볼 수 있지 않을까 생각한다.

내가 추진하고 있는 행복한 시니어 공동체를 그런 섬에 만들면 어떨까 하는 생각을 해보기도 했다. 지금도 그런 생각을 버린 것은 아니고, 검토는 계속 하고 있다. 섬에 공동체를 만들면 좋은 점도 있지만, 농사를 지을 수 있는 땅이 부족할 염려가 있고 섬사람들의 문화에 쉽게 적응할 수 없지 않을까 하는 염려도 있어 망설이고 있는 것이다. 하지만 나중에라도 행복한 시니어 공동체를 여러 개 만들게 되면 섬에 하나 정도는 만드는 게 좋지 않을까 하는 생각을 하고 있다. 또 초기에는 행복한 시니어 공동체를 섬에 만들지 않더라도 가능하면 바다가 가깝고 섬도 가까이에 있는 장소가 좋지 않을까 하는 생각도 하고 있다. 물론 이는 나의 지나친 욕심인지도 모르겠다.

지금 생각하는 대로라면 행복한 시니어 공동체가 자리 잡을 장소의 조건으로는 기후가 따뜻해야 하고, 농사를 지을 수 있는 너른 땅(특히 밭)이 있어야 하고, 산이 있어야 하고, 바다도 가까이에 있어야 한다. 이런 조건들을 한꺼번에 모두 갖춘 곳이 없으란 법은 없지만, 그리 많지는 않을 것이라는 사실은 잘 알고 있다. 그래도 그런 꿈을 꾸는 것은 나의 자유이지 않은가. 만약 한 곳이 이런 모든 조건들을 한꺼번에 다 갖추지 못하다면 행복한 시니어 공동체를 여러 개 만들 때 각각이 이런 조건들을 일부분씩 만족시키도록 하면 결국 모두 만족시키는 결과가 되지 않겠느냐는 생각을 해본다. 어느 한 곳에서 만족시키지 못하는 조건은 다른 곳에서 보완하면 될 테니까.

나의 섬 여행은 내 일생 동안 꾸준히 실행하고 싶은 꿈이다. 올해부터라도 한 곳부터 일단 시작하고, 매년 그 여행 횟수를 늘려가려고 한다. 또 나중에 행복한 시니어 공동체에서 살게 되더라도 틈틈이 시간 날 때마다 섬 여행을 계속할 생각이다. 섬 여행은 행복한 시니어 공동체를 실현할 장소를 찾는 작업과도 연결될 수도 있고, 그냥 내 삶을 행복하게 하기 위한 과정일 수도 있다. 이런 섬 여행은 여행 그 자체로도 의미가 있지만, 내가 슬로 라이프를 실현할 수 있을 정도로 마음의 여유가 생겼다는 것을 의미하기도 한다. 바쁘게 돌아가야만 마음이 놓이던 내 생활습관이 바뀌어서 슬로 라이프에 적응하기 시작했음을 의미하기 때문이다. 언젠가 이런 글도 어느 섬의 허름한 방에서 파도 소리와 바람 소리를 들으면서 쓸 수 있기를 소망해본다. 어쩌면 그

런 곳에서 쓰는 글은 이런 딱딱한 글이 아니라 감성이 묻어나는 시가 될지도
모르겠다.

행복을 찾아 떠나는 해외여행

나는 그래도 해외여행을 많이 다닌 편에 속한다. 물론 지구를 몇 바퀴를 돌았다느니 하면서 세계를 안방처럼 돌아다니는 사람들에 비할 바는 아니지만. 회사에 다닐 때는 업무상 출장으로 일본을 10여 차례 다녀왔고, 기술연수차 프랑스, 독일, 네덜란드 등에서 머물기도 했다. 1988년에야 해외여행 자유화가 됐는데, 그 전에도 나는 해외여행을 많이 다녔으니 역마살이 끼긴 낀 모양이다. 미국 유학을 다녀와서 들어간 회사에서도 기술전수를 받느라고 캐나다의 퀘벡에서 2달 동안 머물면서 여러 곳을 여행하기도 했다. 그 회사를 그만둘 무렵 사업 아이템을 찾는다고 우즈베키스탄에 있는 지인을 찾아가 일주일 간 머물기도 했고 필리핀, 보르네오, 중국 등도 다녀왔다. 그러고 보니 업무상 출장이 아니라 순수하게 관광을 위한 해외여행은 별로 다녀본 기억이 없긴 하다.

미국 유학을 하면서는 방학을 이용해 나이아가라 폭포, 뉴욕, 워싱턴 등도 여행했다. 한 가지 아쉬운 점은 미국에 오래 있지 않아서 여행다운 여행은 그게 전부였다는 것이다. 유학 가서 처음 2년 동안은 미국 생활에 적응도 해야 하고 퀄리파잉(박사 자격시험)도 준비해야 했기 때문에 정신이 없어서 여행은 꿈도 꾸지 못했다. 박사 학위를 따고 나서 미국에서 직장생활을 좀 했더라면 미국 여행을 할 기회가 많았을 텐데, 늦은 나이에 유학을 가는 바람에 더 늦기 전에 한국에 빨리 돌아오고 싶어서 서두르다 보니 미국을 찬찬히 둘러볼 기회를 갖지 못했다. 미국에 오래 머무른 사람들은 동부의 도시뿐만 아니라 서부의 로키산맥 근처에 있는 여러 국립공원들, 예를 들면 그랜드 캐니언, 옐로스톤, 요세미티 국립공원 등을 꼭 들르곤 했다. 내가 미국에 처음 가서 정신없이 바쁠 때에 이미 미국에 와서 어느 정도 자리를 잡은 사람들이 방학 때 로키산맥 쪽으로 여행계획을 짜는 것을 보면서 나는 언제 가보나 하면서 부러워했던 기억이 난다. 또 거기에 갔다 온 사람들이 찍어온 사진들을 보여주면서 거기서 보고 체험했던 것들을 얘기할 때는 더욱 가봐야겠다는 생각이 들었다. 중고차라서 높은 로키산맥을 오를 때 힘을 내지 못해서 고생했던 얘기, 여름인데도 추워서 두꺼운 옷을 입어야 했다는 얘기, 너무나 넓은 자연에 압도당했다는 얘기 등을 듣거나 상기할 때마다 언젠가 나도 꼭 가보고 싶다는 생각이 들었다.

내가 유학을 했던 인디애나 주도 옥수수 밭이 끝없이 펼쳐져 있고 어떤 도로는 한 시간 동안 핸들 조작을 할 필요가 없을 정도로 직선으로 뻗어 있어서 미국이 정말 넓기는 넓은 나라라는 실감을 할 수 있었지만, 로키산맥이야말로 미국 자연환경의 진수를 보여주는 곳이 아닐까 하는 생각이 든다. 내가 로키산맥에 꼭 가보고 싶다고 생각하는 이유는 미국이라는 넓은 나라를 경험할 수 있기 때문이기도 하지만, 자연의 장대함을 느낄 수 있는 기회이기 때문이기도 하다. 물론 자연의 장대함은 열대우림이나 아프리카의 초원과 사막, 몽골의 초원 등에서도 느낄 수 있겠지만, 나는 사람이 다가가기 힘든 그런 곳들보다는 로키산맥에 가고 싶다. 물론 로키산맥은 한국의 태백산맥이

나 다른 산맥들보다는 나에게 친근감은 덜 하지만, 그래도 사람이 머물 수 있고 편하게 즐길 수 있는 곳이라는 면에서 꼭 가고 싶은 곳이다. 로키산맥에 가게 되면 하루 이틀 정도 잠깐 들르는 게 아니라 최소 1주 이상 머물면서 자연과 하나가 되는 느낌을 갖게 되기를 원한다. 트레킹도 하고, 삼림욕도 하고, 그곳을 방문한 사람들과 얘기도 나누면서 시간을 보내고 싶다.

미국의 로키 산맥이 자연을 즐기기 위해서 가고 싶은 곳이라면 사람과 문화를 찾아서 가고 싶은 곳으로는 그리스와 이탈리아를 꼽고 싶다. 유럽에는 여러 번 다녀왔지만, 이상하게도 이탈리아와 그리스, 터키 등에는 다녀올 기회가 없었다. 그리스와 로마는 그리스·로마 신화로 너무도 우리에게 익숙하다. 나는 책에서만 읽은 제우스를 비롯한 로마의 신들과 그리스의 신들의 고향에 직접 가서 그들과 대화를 나누고 싶다. 로마에서 신화 속의 신의 흔적도 보고, 바티칸에서 로마의 신이 어떻게 현대의 신으로 변신했는지도 탐색해보고 싶다. 또 시오노 나나미가 쓴 《로마인 이야기》의 발자취를 따라 베네치아며 이스탄불도 둘러보고 싶다. 그리스, 로마, 터키를 여행할 때는 단체관광이 아닌 배낭여행을 하고 싶다. 그것도 빡빡하게 일정이 정해진 배낭여행이 아니라 느긋하게 세세한 부분들을 천천히 살펴볼 수 있는 그런 여행을 하고 싶다. 콜로세움이나 성베드로성당에 들러 기념사진만 찍는 그런 여행이 아니라 무너진 돌무더기 위에 앉아 신들의 속삭이는 옛이야기를 듣고, 초기 그리스도교회 순교자들의 말없는 설교를 듣고 싶다. 그곳에 사는 현지인들과도 다정한 대화를 나누면서 이웃이 되는 체험을 하고 싶다.

그리스는 그리스 신화만큼이나 아름다운 풍경으로 나를 유혹한다. 제주도의 맑고 투명한 바다를 연상시키는 아름다운 바다와 해안 풍경은 그 자체만으로도 내 가슴을 설레게 한다. 이탈리아가 약간 도시적인 느낌이 든다면, 그리스는 왠지 시골스런 느낌으로 다가온다. 그리스는 한국의 남해안에서

볼 수 있을 법한 편한 분위기로 나를 반갑게 맞아줄 것만 같다. 그리스의 맑은 바다를 볼 수 있는 어느 해안가 마을에 머물면서 여유롭게 산책도 하고, 길가 카페에서 사람들과 대화도 나누고 싶다.

로키산맥, 그리스, 이탈리아, 터키 여행이 나의 도시생활을 마무리하는 마침표 여행이라면, 부탄 여행은 나의 행복한 시니어 공동체 실행을 축하하는 기념 여행이 될 것이다. 부탄은 내가 '인생 후반부의 행복'이라는 주제에 관심을 가지면서 알게 됐다. 물론 그 전에도 학교에서 공부할 때 지리 시간에 부탄이 어디에 있는 나라인지 정도는 언뜻 배운 적이 있지만, 그리 큰 관심을 갖지는 않았다. 그런데 부탄의 지그메 싱예 왕추크 국왕이 1973년 즉위하면서 국정지표로 국민총생산(GDP) 대신 국민총행복(GNH)를 선정했다고 하여 관심을 갖게 됐다.

부탄은 전 세계 행복도 조사에서 2000년대까지만 해도 줄곧 1위를 차지했지만, 2006년에는 8위, 2009년에는 17위로 추락했다. 그 이유가 국민소득(GDP)의 증가로 TV 보급이 늘어났기 때문이라고 하니, 아이러니라는 생각이 든다. 부탄은 인구 70만 명에 면적은 한반도의 5분의 1에 불과한, 히말라야 고원지대에 자리 잡은 작은 국가다. 부탄은 한국의 광역시보다 작은 국가이지만, 지리적인 유리함 때문에 줄곧 독립국가의 지위를 유지해왔다. 부탄은 북쪽으로는 히말라야 산맥으로 막혀 중국의 침입을 막을 수 있었고 남쪽으로는 오직 세 개의 작은 길만 나 있을 뿐이어서 인도로부터도 독립을 지킬 수 있었다.

내가 부탄에 꼭 가보고 싶다는 꿈을 갖게 된 것은 린다 리밍이 쓴《부탄과 결혼하다》(미다스북스, 2011년)라는 책을 읽고 나서다. 린다 리밍은 친구의 소개로 우연히 부탄에 여행 갔다가 부탄의 매력에 빠져 부탄에 살게 됐다. 그녀는 살면 살수록 부탄이 더 좋아져서 부탄 남자를 만나 사랑에 빠졌고, 그 남자와 결혼하여 계속 부탄에서 살고 있다고 한다. 그러니까 《부탄과 결혼하다》는 단순히 부탄을 여행하고 나서 겉핥기식으로 쓴 여행기가 아니라 부탄에 살면서 몸으로 느끼는 행복감을 외부자의 입장에서 쓴 책이라는 데 매력이 있다. 스쳐가는 여행을 한 경우에는 얼마든지 그곳의 좋은 면만을 보고 소개하는 여행기를 쓸 수 있지만, 그곳에 살면서 '나는 정말 이곳에 살아서 행복하다'는 말을 하기는 힘들기 때문이다. 어느 곳이나 여행자로서 머무를 때는 좋아보이던 곳도 실제로 살아보면 '사람 살아가는 동네가 다 그렇지 뭐'라는 생각이 드는 경우가 대부분이다. 그런데 린다 리밍은 부탄에서 살면 살수록 부탄이 매력적인 곳이라고 얘기하고 있으니 참 신기하기만 하다.

부탄은 개인적으로 가고 싶은 곳이기도 하지만, 행복한 시니어 공동체를 실현하기 위해서도 꼭 가고 싶은 곳이다. 내가 추구하는 '자발적 가난'을 통해 행복하게 사는 비법을 부탄에 가면 찾을 수 있을 것 같기 때문이다. 자급자족하는 정도의 자발적 가난을 실천하는 것을 통해 행복을 추구하는 것은 이상에 불과하다고 말하는 사람들에게 부탄의 삶을 보여주고 싶다. 아니 그보다는 도시생활과 경제 위주의 사고방식에 아직도 젖어있는 나 자신에게 부탄의 행복한 삶의 방식을 보여주고 싶다. 입으로는 슬로 라이프를 주장하지만 몸으로는 그것을 실행하지 못하는 나 자신에게 슬로 라이프를 통한 행복이 어떤 것인지를 보여주고 싶다.

부탄은 행복을 국정지표로 내세운 만큼 관광객도 무한정 받아들이지 않는다고 한다. 한 해 외국인 방문객을 7500명 이내로 한정하고 방문객이 여행할 경우에는 부탄 현지인의 안내(실질적으로는 여행사의 안내)를 받도록 의무화하고 있다고 한다. 가능한 한 더 많은 외국인 관광객을 유치하기 총력을 기울이는 다른 나라들에 비하면 확실히 다르다는 생각이 든다. 자신들이 감당할 수 없을 정도로 너무 많은 관광객이 몰려들게 되면 경제에는 도움이 될지 모르지만 행복에는 지장이 있을 거라는 확신에서 나온 정책이 아닐까 하고 우호적인 해석을 해본다. 여행자로서 아쉬운 점은 마음대로 돌아다니면서 현지인들의 생활을 직접 접할 수 없고, 정해진 장소 외에는 방문할 수 없다는 것이다. 하긴 외국인 여행객을 받아들이기 시작한 것도 1974년부터라고 하니, 그나마 방문할 수 있게 된 것만으로도 다행이라고 생각해야 할 듯하다. 내 입장에서야 자유로운 여행을 할 수 있으면 좋겠지만, 부탄의 입장에서는 그런 여행을 허용하면 그동안 지켜온 자신들만의 행복한 삶의 방식이 방해를 받을 수 있다고 생각할 터이니 이해가 된다.

부탄은 히말라야 산맥의 고원지대에 자리 잡은 나라이기 때문에 겨울에는 추울 것으로 생각된다. 부탄을 여행하기에 가장 좋은 계절은 4~5월과 9~10월이라고 한다. 미리 준비해서 좋은 계절을 골라 부탄에 가서 그 나라의 행복을 찬찬히 체험하고 싶다. 나는 서두르지 않고 순리에 따라 마음이 내킬 때 부탄에 가보려고 한다. 행복은 내 마음이 볼 수 있을 때만 보인다고 생각하기 때문이다.

일생 동안 책 30권 쓰기

나는 2007년 첫 저서 《대한민국 이공계 공돌이를 버려라》(청림출판사)를 낸 것을 시작으로 지금까지 6년 여 동안 12권의 책을 냈다. 1년에 두 권 이상 책을 써서 출간한 셈이다. 내가 앞으로 40년을 더 산다고 가정하면 100권의 책도 쓸 수 있다는 계산이 나온다. 하지만 나는 평생에 책을 30권 정도만 쓰기로 목표를 정했다. 지금부터 몇 해 동안은 1년에 1권의 책을 쓸 수 있겠지만 그 뒤로는 2년에 1권, 3년에 1권으로 점차 책을 쓰는 간격이 길어질 거라는 생각에서다. 왜 그러냐면 이제까지는 세상에 대해 잘 모르기 때문에 주저리주저리 이런저런 얘기를 책으로 썼지만, 세상에 대해 점점 더 많이 알게 되면 그런 깊이 없는 얘기는 책으로 쓸 수 없을 거라고 생각하기 때문이다. 또한 지금은 도시생활을 하고 있기 때문에 얘기할 것이 많지만, 행복한 시니어 공동체가 실현되어 농촌에 가서 살게 되면 얘기할 것이 그리 많지 않을 것 같기 때문이다. 자연에 묻혀서 유유자적하게 살고 있다면 세상에 대해 무에 그리 할 말이 많겠는가.

지금 돌이켜 생각해보면 처음 책을 쓸 때는 정말 무모하게 시작한 것 같다. 내가 책을 읽고 깨달은 것을 세상에 전달해야겠다는 단순한 생각에서 정리하기 시작했다. 그동안 읽은 책들의 일반적인 형식에 대충 맞춰 그렇게 정리한 것을 출판사에 보내기만 하면 바로 책이 출간되는 줄 알았다. 하지만 원고를 다 쓴 뒤 책이 나오기까지 1년이 넘게 걸렸다. 처음에 내가 출판사에 원고를 보낸 뒤 출판사에서 관심이 있다고 연락해온 것은 3개월도 더 지나서였다. 그후 출판사에서 소제목을 약간 손보고 원고의 일부 내용을 수정하는 데 다시 3개월이 걸렸다. 예상 외로 가장 시간이 많이 걸린 일은 제목을 정하는 것이었다. 내가 처음 제안한 제목은 《새로운 시대는 소프트한 엔지니어를 원한다》였는데 독자들에게 어필하지 않는다고 해서 이런저런 제목 후보들을 놓고 숙고를 거듭한 끝에 《대한민국 이공계 공돌이를 버려라》로 정하게 됐다.

이렇게 멋도 모르고 첫 책을 낸 뒤에도 계속해서 책을 읽고 생각을 정리하면서 새로운 원고를 썼다. 운이 좋게도 이렇게 쓴 원고를 책으로 내주겠다는 출판사가 나타났고, 이에 힘을 얻어 또 다른 원고를 쓰는 일이 반복됐다. 책을 몇 권 내고나서는 마치 내가 책 쓰기의 달인이나 된 것처럼 다른 사람들의 책 쓰는 것을 돕겠다고 나서게 됐다. 그 과정에서 공동 집필로 두 권의 책을 쓰기도 했다. 그러다가 '행복한 시니어 공동체'를 알리기 위해서 《퇴직은 행복의 시작이다》를 2011년에 썼다. 그리고 이제 13권째로 이 책을 쓰고 있는 것이다.

앞으로 시대적인 변화에 의해 전자책이 일반화되면 책을 낸다는 것이 지금과 같이 큰 의미가 없게 될 수도 있을 것이다. 종이책은 어느 정도 두께(200쪽 이상)는 되어야 책으로서 '품위'가 느껴지기 때문에 긴 원고를 써야 하지만, 전자책은 두께 개념이 사실상 없어 얇아도 상관없기 때문에 누구나 간단한 아이디어만 가지고도 전자책을 쓸 수 있지 않을까 하는 생각이 든다.

아니 오히려 긴 글을 좋아하지 않는 젊은이들의 취향에 맞춰서 수십 쪽의 얇은 전자책이 대세가 되지 않을까 하는 전망도 해본다. 또 전자책 소프트웨어를 적절히 사용할 줄만 안다면 글쓴이가 직접 자신의 전자책을 온라인에 바로 올릴 수 있기 때문에 앞으로는 책을 써서 내는 일이 더 쉬워질 것이다. 종이책을 출간하려면 초기 투자비가 어느 정도 소요되기 때문에 그 위험부담을 안게 되는 출판사가 중간에서 거르는 역할을 하지만, 전자책은 출간비용이 거의 들지 않기 때문에 중간에서 위험부담 때문에 거르는 역할을 하는 과정이 제거된다. 그만큼 책의 가치가 없어진다는 얘기가 될 수도 있다. 아무튼 나는 전자책보다는 가능하면 종이책을 내고 싶다. 전자책이 대세가 되어 더 이상 종이책은 낼 수가 없게 된다면 어쩔 수 없겠지만, 그런 경우에도 종이책과 같은 형식으로 편집된 전자책을 낼 생각이다.

이번에 이 책을 낸 다음에 쓸 책의 주제는 '행복한 시니어 공동체를 실행하면서 느끼게 된 것들'로 할 생각이다. 그러니까 어떤 사람들이 모여서 어떤 과정을 거쳐서 어디로 내려가기로 했는지, 또 집은 어떻게 짓고 첫 농사는 어떻게 지었는지 등에 대해 얘기해보려고 한다. 또 그 다음 책은 실제로 행복한 시니어 공동체에서 살아가는 과정에서 일어나는 에피소드들에 대해서 쓰면 어떨까 하는 생각을 하고 있다. 일단 여기까지만 대강 구상을 했고, 그 다음 책은 나중에 다시 생각해보려고 한다. 그 전에 지금 행복한 시니어 공동체 실현 계획을 같이 짜고 실행해 가고 있는 사람들과 함께 공동 집필 형태로 책을 추가로 내볼까 하는 생각도 갖고 있다. 그런 책은 행복한 시니어 공동체를 실현해가는 초기 과정을 보여준다는 의미에서도 가치가 있겠지만, 행복한 시니어 공동체 회원들에게 삶의 방향을 제시해주는 교과서 같은 책이 될 수도 있지 않을까 하는 기대를 하고 있다.

책을 30권 쓰는 동안에 10만 권 이상 팔리는 베스트셀러를 최소 3권 이상

내는 것을 내 나름의 목표로 잡고 있다. 물론 베스트셀러라는 것이 내가 열심히 썼다고 해서 나오는 것은 아니다. 내가 글을 잘 쓰기도 해야겠지만, 시대적인 흐름도 잘 타야 한다. 이런 의미에서 요즘 사회적인 화두가 되고 있고 앞으로도 계속 관심의 대상이 될 소지가 큰 '인생 후반부의 행복'이 내가 쓰는 책들의 큰 주제인 점은 일단 가능성이 있는 요소라고 판단하고 있다. 문제는 내가 핵심 독자들로 생각하고 있는 40~60대가 책을 잘 읽지 않는다는 점이다. 물론 요즘은 스마트폰 등 다른 매체의 등장으로 젊은 사람들도 책을 잘 읽지 않기는 마찬가지이긴 하다. 내가 잘 아는 출판사 대표는 나에게 베스트셀러를 내고 싶으면 20~30대 여성들을 핵심 독자층으로 하는 책을 써보라고 농담 삼아 얘기했다. 그래서 실제로 나도 20~30대 여성들을 대상으로 한 책을 써보려고 시도했다가 그만두었다. 내가 가진 감성으로는 그들을 만족시킬 수 있는 책을 내기가 힘들다는 것을 깨달았기 때문이다.

내가 베스트셀러를 내고 싶은 것은 유명세를 타고 싶어서가 아니다. 그보다는 지금부터 내가 쓰는 책들이 주로 '행복한 시니어 공동체'와 연관된 것들일 테니 책 덕분에 '행복한 시니어 공동체'가 널리 알려졌으면 하는 단순한 생각 때문이다. 물론 거꾸로 '행복한 시니어 공동체'가 유명세를 타게 되면 자연적으로 내 책이 베스트셀러가 될 수도 있기는 하다. 하지만 나는 이런 경우는 별로 원하지 않는다. 그런 의미에서 지금 쓰는 이 책 또는 다음 책이 베스트셀러가 됐으면 하는 바람을 가져본다. 만약 이 책과 다음에 쓰는 책이 베스트셀러가 된다면 '행복한 시니어 공동체'가 널리 알려지는 데 큰 도움이 될 것이기 때문이다.

베스트셀러를 낸다는 것은 단순히 돈을 많이 벌거나 유명세를 탄다는 외형적인 의미를 넘어서 내가 일반 대중의 의중을 어느 정도 파악하게 됐음을 의미한다. 아니 그보다는 대중과 내가 공감대를 형성하게 됐음을 의미한다고 표현해야 더 적합할지도 모르겠다. 그런 의미에서 이제까지 내가 쓴 책들은 감성적인 면이 부족해서 베스트셀러가 되지 못했던 게 아닌가 하는 생각을 하고 있다. 물론 철저하게 과학적이거나 논리적인 내용의 책이 베스트셀러가 되는 경우도 많다. 하지만 연구결과를 바탕으로 하지 않은 일반적인 책이 베스트셀러가 되기 위해서는 감성적으로 독자와 공감하는 것이 중요하지 않을까 하고 내 나름대로 분석해본다. 내가 이제까지 쓴 책들이 세상에 대해 이러저러해야 한다는 생각을 표현한 것이라면, 이제부터 쓰려고 하는 책들은 그저 내가 이러저러하게 살고 싶다거나 나는 이러저러하게 살고 있다는 것이 주된 내용이 될 것이다. 그러다보니 1년에 한 권의 책을 내기가 힘들다는 생각을 하게 됐다. 세상에 대해 이러저러해야 한다는 내용의 책은 책을 많이 읽고 생각을 정리해서 쓰면 되지만, 나의 삶을 표현하는 책을 쓰려면 아무래도 이야깃거리가 그리 많지 않을 거라는 생각이 들기 때문이다.

내가 30권의 책을 쓰겠다고 생각한 가장 중요한 이유는 나의 삶에 활력을 불어넣기 위해서 그렇게 하는 것이 필요하다고 판단한 데 있다. 사람은 나이가 들수록 반복적인 생활을 하게 되고, 습관적인 삶을 살 가능성이 높아진다. 어제가 오늘 같고 내일이 오늘 같은 생활이 반복되면 삶의 활력이 떨어지게 되고 지루함을 느끼게 될 것이다. 하지만 나의 삶을 가지고 책을 쓰면 일상을 색다르게 보게 될 것이다. 그냥 흘려버릴 일상도 책을 쓰기 위한 관점에서 바라보면 뭔가 의미가 있는 색다른 일상이 되지 않을까 하는 생각을 해본다. 일상을 낯설게 만드는 것은 뇌의 노화를 방지하는 데도 아주 좋은 일이다. 뇌의 노화를 막기 위해서는 뇌에 새로운 자극을 주는 게 필요한데, 끊임없이 깨어 있으면서 일상을 관찰한다면 뇌에 자극을 줄 수 있기 때문이다. 나이가 들수록 선입관과 고정관념을 많이 갖게 되어 습관적인 삶을 살 가능성이 높아지는데, 일상에 대해 호기심을 갖게 되면 하루하루가 새로운 삶이 될 가능성이 높아질 것이다. 또한 책을 쓰려면 책을 읽게 될 독자들을 고려하게 될 테니 내 고정관념이나 고집이 조금은 누그러지는 데 도움이 되지 않을까 하는 기대도 해본다.

하루하루의 삶이 새롭게 느껴지게 하는 데는 책을 쓰는 것 외에 강연을 하는 것도 도움이 될 것이다. 책을 쓸 때와 마찬가지로 내가 강연할 때도 이제까지는 사람들에게 이러저러하게 변해야 잘 살 수 있다는 내용이 주를 이루었다. 하지만 앞으로는 나의 일상을 주제로 강연을 하려고 한다. 그러면 내가 일상을 관찰하고 새로운 관점에서 해석하게 될 것이고, 결과적으로 강연을 하는 일이 나의 삶에 활력을 불어넣게 될 것이다. 사람들과 나누는 일상적인 대화도 그냥 흘려버리는 것이 아니라 책을 쓰거나 강연을 하는 소재로 활용할 수 없을까 하고 생각하면서 듣게 될 것이다. 그러니 그런 대화도 좀 더 관심을 갖고 듣게 될 것 같다. 내 주위에 있는 사람들은 혹시 자신의 일거수일투족이 나의 책이나 강연의 소재가 되지 않을까 걱정할지도 모르겠다. 하지만 내가 책이나 강연에서 내 주위의 얘기를 하더라도 누구를 비판하거나 누구에게 이러저러해야 한다는 훈계조의 말을 하지 않는다면 서로 행복해지지 않을까 생각한다. 우리의 일상이 재미있는 소재가 될 수 있다면 밋밋하게 지나갈 수 있는 일상이 새로운 의미로 살아날 수 있지 않을까.

책 쓰기는 이렇게 삶의 활력소가 될 수 있기 때문에 나는 다른 사람들도 책을 쓸 수 있도록 도울 생각이다. 특히 행복한 시니어 공동체에 들어오는 사람들에게는 꼭 1권 이상씩 책을 쓰도록 권장할 생각이다. 책의 주제는 이제까지 생활이 바빠서 미처 정리하지 못한 업무적인 지식과 관련된 것일 수도 있고, 자신의 자서전적 이야기일 수도 있을 것이다. 더 나아가 그냥 수필이나 시를 모아 혼자 또는 공동으로 책을 낼 수도 있을 것이다. 이런 작업들을 하다보면 각자 자신에 대해 돌아보게 되고, 그런 과정을 통해 자신의 행복에 대해서도 진지하게 생각하게 될 것이다. 행복한 시니어 공동체 회원들의 교육 프로그램에도 책 쓰기 과정을 끼워 넣을 생각이다. 책 쓰기 방법을 배우면 사회에서 생활하면서 틈틈이 책을 쓸 수도 있고, 아예 장기간 행복한 시니어 공동체 안에 체류하면서 책을 쓸 수도 있을 것이다.

매년 요리 2가지씩 배우기

나는 밀가루 음식을 빼고는 아무 음식이나 다 잘 먹는 편이다. 심지어 해외여행 가서도 그 나라의 이상한 음식을 가능하면 맛보려고 애쓰는 편이다. 그렇다고 내가 맛있는 음식을 선호하지 않는다는 얘기는 아니다. 여행을 가더라도 가장 먼저 챙기는 것이 그 지방에서 가장 맛있는 음식을 먹을 수 있는 음식점이다. 그래서 내 차에는 각 지방의 맛있는 음식점들이 소개된 책이 실려 있다. 하긴 요즘에는 스마트폰을 연결하면 그 근방의 맛있는 음식점을 바로 찾을 수 있다고 하지만, 나는 책에 실린 정보를 보고 음식점을 찾아가는 것이 편하다. 책에 실린 음식점 정보도 광고 목적이 전혀 없다고는 말할 수 없겠지만, 인터넷에서 검색되는 정보는 의도적으로 특정 음식점을 선전하기 위해 조작된 요소가 있을 수 있다는 생각이 약간은 있기 때문이다.

나이가 들면 몸에서 여러 가지 퇴화하는 것들이 있는데, 맛에 대한 감각도 그렇다. 짠맛을 잘 느끼지 못해서 소금을 지나치게 많이 넣게 되기도 하고, 자극적인 음식을 좋아하게 되기도 한다. 이런 맛 감각의 퇴화는 감각기관의 노화 때문이기도 하지만, 새로운 맛에 대한 무감각한 심리도 한몫한다고 생각된다. 나이가 들수록 어릴 때 먹었던 음식이 그리워진다고들 하는 것도 새로운 음식을 거부하고 그동안 먹던 음식만 찾게 되기 때문일 텐데, 이 역시 퇴화현상의 일종이 아닐까 하는 생각이 든다. 그러니까 노화를 방지하기 위해서는 먹던 음식만 계속 먹을 게 아니라 새로운 음식 먹기를 시도해보는 것도 좋을 것 같다. 맛있는 음식을 먹을 수 있는 음식점들을 찾아다닐 만큼 재정적 여유가 있으면 좋겠지만, 그렇지 못한 경우에는 자신이 직접 새로운 음식을 만들어보는 것도 좋은 방법이다. 그래서 나는 매년 색다른 요리 두 가지씩 배워서 직접 만든 음식을 나도 먹고 주위 사람들에게도 대접하려고 한다. 나는 얼마 전에 '행복한 남자들의 요리교실' 에서 네 가지 요리를 배웠는데, 그중 세 가지(참스테이크, 유산슬덮밥, 미역굴밥)는 나의 요리 리스트에 포함시키려고 한다. 아쉽게도 거기서 배운 이탈리아식 요리는 색다른 향신료가 너무 많이 들어가 그 향신료만 장만해도 좁은 찬장이 꽉 찰 것 같기 때문에 포기했다. 요리교실에서 열심히 배우고 집에서도 실습을 해봤지만 다른 요리들은 아직 익숙하지 않기 때문에 당분간은 위에서 든 세 가지 요리만 반복해서 연습할 생각이다. 그 다음에는 다시 요리교실에 가서 새로운 요리를 배우거나 인터넷에서 레시피를 다운받을 수 있는 요리를 시도해볼 생각이다.

행복한 시니어 공동체에 가게 되면 아마도 새로운 요리를 시도할 기회가 많지 않을까 생각한다. 어차피 외부 식당에서 음식을 사 먹을 기회가 줄어들게 될 것이고, 농사지은 식재료로 직접 음식을 해 먹어야 할 것이기 때문이다. 물론 대부분의 음식은 일상적인 것들, 예를 들어 김치찌개, 된장찌개, 상추쌈 등이겠지만, 가끔은 특이한 음식도 시도해볼 계획이다. 가장 먼저 시도해볼 음식은 발효식품이다. 김치, 된장, 고추장은 물론이고 막걸리와 각종 과일주도 담글 생각이다. 각종 산약초도 설탕을 넣고 발효시켜 먹으면 건강에 아주 좋다고 한다. 오래 먹을 식품도 냉장고를 덜 사용하고 발효식품으로 만들어서 먹는 것이 건강에 좋다고 하니까 가능하면 발효시키는 방법을 찾아서 발효식품으로 만들 생각이다. 음식을 도시 사람들에게 판매할 목적으로 냉동시키고 방부제를 넣는 것은 행복한 시니어 공동체에서는 하지 않을 생각이다. 그래서 자급자족할 정도로만 농사를 짓고, 남는 농산물은 도시에 파는 것이 아니라 공동체에 찾아오는 사람들에게만 제공하려고 한다. 왜냐하면 유통을 하게 되면 결국 몸에 해로운 처리를 해야 할 가능성이 높아지기 때문이다.

우선 지금은 나에게 이미 익숙하고 도시에서 해 먹을 수 있는 요리를 매년 두 가지씩 배우려고 한다. '행복한 남자들의 요리교실' 에서 한식, 중식, 양식, 이탈리아식 요리를 한 가지씩 배웠지만, 가능하면 그외 다른 여러 나라의 요리들도 배우도록 노력할 것이다. 특히 각 나라의 발효음식 만드는 법을 익히고 다른 사람들에게도 알려주려고 한다. 얼마 전에 읽은 산도르 엘릭스 카츠의 《내 몸을 살리는 천연발효식품》(전나무숲, 2007년)에 여러 나라의 특이한 발효식품들이 소개돼있다. 우선 그중에서 가장 하기 쉬운 몇 가지 음식들을 골라 실습해보려고 한다. 나이가 들수록 발효식품을 먹는 것이 건강에 도움이 된다고 확신한다. 건강에 좋은 발효음식을 만드는 데 내가 앞장설 생각이다. 공동체 사람들의 건강을 위해서 그러는 게 좋다고 생각하지만, 공동체를 찾아오는 도시 사람들에게도 발효음식을 대접하는 게 도리가 아닐까 한다. 농약을 사용해 생산한 농산물로는 발효음식을 만들 수 없으니, 발효음식을 먹어야 한다는 것이 진정한 의미의 친환경 농산물을 키워야 할 또 하나의 명분이 되기도 할 것이다. 거꾸로 얘기하면, 발효음식을 만들 수 있다는 것은 농약을 사용하지 않고 농사를 지었다는 것을 증명해 보이는 것이기도 하다.

요리를 하는 것은 단순히 끼니를 해결하는 행위가 아니라 나의 삶을 풍성하게 하는 중요한 수단이라고 생각한다. '같이 모여서 먹는 사람들' 이라는 의미의 '식구' 라는 말이 가족을 지칭하는 데서 알 수 있듯이 요리는 가족이 서로 친밀해질 기회를 제공한다. 그래서 행복한 시니어 공동체에서는 살기는 각자 따로 하되 식사는 공동으로 하는 것을 원칙으로 삼으려고 한다. 또한 요리도 서로 돌아가면서 할 수 있도록 시스템을 만들려고 한다. 물론 나도 예외가 아니다. 당번이 되면 자신이 잘할 수 있는 요리를 해서 공동체 구성원 전부에게 대접하는 것이다. 이렇게 해서 같이 식사를 하면서 서로 정다운 대화를 나누는 것이 가장 쉽게 행복해지는 방안이 아닐까. 식사는 육식은 가능한 한 피하고 채식을 위주로 하려고 한다. 육식을 전혀 안 할 수는 없겠지만, 가능하면 안 하려고 노력할 것이다. 나이가 들어서 육식을 많이 하는 것은 몸에 해로울 뿐만 아니라 지구환경에도 악영향을 미치기 때문이다.

악기 한 가지 배우기

나는 예술에는 참으로 소질이 없다. 특히 미술에는 소질이 없다. 아마 그건 집안 내력인 모양이어서 내 아들도 미술에는 소질이 없다. 다행히 음치는 아니어서 노래는 그런 대로 하는 편이다. 요즘 저녁에 술 마시는 모임에 가면 마무리로 당연히 노래방을 가는 게 순서다. 노래를 못하면 그것도 이만저만 고역이 아닐 텐데 나는 그나마 노래는 어느 정도 하니 다행이다. 하긴 진정한 음치는 자신이 노래를 못한다는 사실도 모르고 노래방에 가서 마이크를 잡으면 놓지 않는다고 하는데, 나는 그 정도는 아니다. 술을 마시고 노래를 부르면서 놀 때 꼭 노래를 잘해야만 하는 것은 아니다. 분위기를 흥겹게 만들 줄 아는 것이 중요하다. 그래서 어떤 음치는 노래를 못 부르면서도 재미있게 불러서 분위기를 흥겹게 만들기도 한다.

술이 있는 모임은 음악도 있어야 더 즐거워지는 모양이다. 술이 분위기를 돋우기도 하지만, 음악이 있으면 분위기가 더 살아나는 것도 사실이다. 음악이 단순히 노래를 부르는 수준이 아니라 악기를 연주하는 수준이라면 더욱 그렇다. 몇 해 전에 CEO들이 하는 모임에 갔다가 몇 사람이 악기를 연주하는 모습을 보고 놀란 적이 있다. 한 사람이 색소폰을 멋지게 부니까 다른 사람이 하모니카를 불면서 장단을 맞추는 것이었다. 하긴 요즘 중년들이 색소폰을 배워서 부는 것이 유행 비슷하게 되고 있다는 말을 들었다. 색소폰을 불 수 있으면 어디에 가도 대접을 받는다는 점도 그런 유행의 한 원인일 것이다. 언젠가 어느 공원에 놀러갔더니 중년들로 구성된 색소폰 동호회가 거기서 연주를 하고 있었다. 그 앞에 앉아 가만히 듣고 있노라니 나도 색소폰을 배워보고 싶다는 생각이 절로 들었다. 어디선가 들은 얘기로는, 한두 달만 배워도 색소폰으로 쉬운 곡은 어느 정도 연주할 수 있다고 한다. 그래서 마음이 더 솔깃해졌다. 색소폰을 불면 폐활량이 커져서 건강에도 좋다고 한다.

결국 한동안은 색소폰을 배우려고 인터넷에서 내가 사는 동네에 색소폰 가르치는 데가 없나 살펴보기도 했다. 또 내친 김에 주위에 있는 사람들에게 색소폰을 배워서 송년회 때 색소폰 연주를 해주겠다고 선포하기도 했다. 하지만 아직 색소폰 배우기를 시작도 하지 못했다. 색소폰 부는 내 모습이 어쩐지 어색하게 보일 것 같기도 하고, 과연 내가 그걸 배워서 몇 번이나 불겠나 하는 의구심도 들어 망설이고 있다. 시골에 내려가서 색소폰을 불면 좀 이상할 것 같기도 하다. 그리고 시골에 내려가서 배워도 늦지 않을 것이라고 생각했다. 시골에 내려가면 처음에야 물론 집을 짓고 정착을 하느라 바빠서 악기를 배울 틈이 없겠지만, 어느 정도 자리를 잡고 나면 구성원 중에 색소폰이나 그외 다른 악기를 잘 다루는 사람이 있을 테니 그 사람에게서 배우는 게 더 낫지 않을까 하는 생각이 든다.

아무튼 지금 당장 악기를 배울 생각은 별로 없다. 요즘은 악기를 배운다면 색소폰보다 하모니카를 먼저 배워볼까 생각하고 있다. 색소폰이 여러 사람들에게 음악을 들려주기 위한 악기라면, 하모니카는 나 혼자서 아무 때 아무 곳에서나 즐길 수 있는 악기라고 생각된다. 시골에 내려가서 색소폰을 불면 좀 이상하게 보이겠지만, 하모니카를 불면 낭만적으로 보이지 않을까? 고즈넉한 시골 들판과 하모니카 소리는 잘 어울린다고 여겨진다. 색소폰도 가끔씩만 불면 괜찮겠지만, 별일도 없는데 혼자서 자주 불면 왠지 궁상맞을 것 같다. 하지만 하모니카는 아무리 자주 불어도 괜찮을 것 같다.

처음 악기를 배우려는 생각을 했을 때 가장 먼저 떠오른 것은 기타였다. 고등학생 때 기타를 들고 화음을 연습한 적도 있었다. 당시에는 기타 줄을 누르느라고 손가락에 물집이 잡힐 정도로 독학도 했지만, 결국 포기하고 말았다. 물론 핑계는 공부에 방해가 된다는 것이었지만, 사실은 내가 생각하는 만큼 기타 배우는 진도가 안 나가니까 짜증이 나서 포기한 것 같다. 여학생들 앞에서 폼 나게 연주할 정도로 배우려면 내가 하는 정도로 가끔씩 연습해서는 어림도 없다는 사실을 깨닫게 되어 포기한 것이다. 내가 연습하던 기타가 내 것이 아니라 같은 집에서 살던 아저씨뻘 되는 사람의 것이라서 몰래 사용해야 했던 것도 기타 배우기를 중간에 포기한 이유 중 하나다.

악기를 배우려면 흥이 있어야 하는데 나는 흥이 별로 없는 것도 큰 문제다. 기타를 배울 때도 흥이 나서 배운 게 아니라 마치 공부하듯이 배운 것 같다. 그러니 재미가 없어질 수밖에 없었던 모양이다. 악기와 내 마음이 따로 노니 진도가 잘 나가지 않는 것이 당연했다. 공연장에서 악기를 연주하는 사람들을 보면 마치 신들린 듯 악기와 혼연일체가 된다는 느낌을 받는데, 나는 아무리 노력해도 그런 경지에는 이르지는 못할 것이라고 지레 짐작하고 있다. 그 사람들이야 프로이니 그런 것이라고 생각할 수도 있지만, 흥은 프로라서 더 느끼는 것이 아니다. 하긴 그렇기 때문에 내가 더 악기를 배우고 싶은지도 모르겠다. 나이가 들수록 감성이 더 메마를 수밖에 없는데, 그렇지 않아도 이미 감성이 메마른 나의 경우에는 그런 증세가 더 심할 수 있다고 걱정된다. 악기를 배우면 감성이 조금은 살아나지 않을까 하고 기대해본다. 혹시 아

는가, 나도 실버 밴드의 일원이 되어 멋진 의상을 입고 행복한 시니어 공동체
의 음악회에서 연주하게 될 날이 오게 될지.

나의 행복한 미래는 내가 만든다

미래에 일어날 일을 미리 알 수 있으면 얼마나 좋을까? 그러면 미래에 대한 대비책을 세울 수도 있고, 다른 사람들에 앞서 기회를 잡을 수도 있을 테니까. 그러나 미래에 일어날 일을 미리 아는 정도를 넘어 미래를 내가 직접 만들 수 있으면 더욱 좋지 않을까? 그것도 행복한 미래를. 나는 이런 희망을 품고 나의 개인 브랜드를 '행복한 미래를 만드는 기술자'로 정했다. 그러고는 실제로 행복한 미래를 만들기 위해 나름대로 동분서주하다보니 벌써 몇 년의 세월이 흘렀다.

그런 노력의 일환으로 인생 후반부의 행복에 관한 책《퇴직은 행복의 시작이다》(필맥, 2011년)와 《행복하게 나이 들기》(휴먼앤북스, 2008년)를 써서 출간했다. 또한 퇴직한 사람들의 행복한 미래를 위한 '행복한 시니어 공동체'를 추진하여 그 실현을 눈앞에 두게 됐다. 2011년 10월부터 2012년 4월까지는 매주 1시간씩 25회에 걸쳐 불교TV에서 '21세기 행복한 노후 특강'을 진행했다. 이 책은 불교TV에서 강연한 내용을 중심으로 하되 몇 가지를 보완해서 정리한 것이다.

행복한 미래는 우리 모두의 고민이긴 하지만, 특히 수명 100세 시대를 맞은 한국의 베이비붐 세대에게 주어진 과제이자 베이비붐 세대에 속하는 나 자신의 고민이기도 하다. 지금 한국은 베이비붐 세대의 퇴직을 본격적으로 맞게 되면서 무슨 큰 사단이나 난 것처럼 난리를 피우고 있다. 하지만 베이비붐 세대가 퇴직을 맞게 됐다는 것 자체가 불행의 서곡이라는 시각에 나는 반대한다. 100세 시대가 이제까지 없었던 새로운 현상인 것은 맞다. 700만 명이 넘는 사람들이 10년 이내에 집중적으로 퇴직하게 됐다는 사실이 반가운 일이 아닌 것도 사실이다. 그렇기에 다들 어떻게 해야 할지 몰라 불안감을 갖게 되는 것은 당연하다.

그러나 퇴직은 불행의 시작이라고 호들갑떠는 것은 지나친 반응이다. 100세 시대는 장수를 바라는 우리 인간 모두의 최고 목표가 달성된 경사가 아닌가. 또한 퇴직은 주어지는 일을 열심히 하면서 성공을 위해 질주하던 발걸음을 멈추고 이제는 행복을 위해 자신을 되돌아볼 좋은 기회가 아닌가. 이제까지 밖을 내다보던 시선을 내면으로 돌릴 절호의 기회를 만난 우리는 진정으로 행운아라는 생각을 가져야 한다. 인생 후반부에 퇴직하면 불행해진다고 생각하는 이유는 인생 전반부에 성공을 향해 뛰던 관점을 바꾸지 못한 데 있다. 그러니 인생 전반부의 관점을 바꾸어 인생 후반부에는 나의 행복을 위해 살겠다고 결심하는 것이 무엇보다 중요하다.

100세 시대를 맞이한 우리가 퇴직 후 40~50년을 살아갈 일을 걱정하면서 불행하다고 생각한다면, 평생직장에서 일하다가 퇴직한 뒤 몇 년 이내에 세상을 뜬 우리 선배들은 행복했다고 생각하는가? 만약 나에게 지금의 불안정과 과거 선배들이 누린 안정 중에서 선택하라고 한다면 나는 당연히 지금의 불안정을 선택할 것이다. 왜냐하면 과거 선배들이 누린 안정은 자신이 주인공인 삶이 아니었기 때문이다. 지금 우리는 퇴직하는 시점까지는 과거 선배들이 걸어간 '남을 위한 고단한 인생길'을 걷지만 퇴직 후에는 '나를 위한 행복한 인생길'을 찾을 기회가 주어지니 이 얼마나 행복한 일인가.

물론 퇴직 후에 갑자기 성공에서 행복으로 삶의 목표를 바꾸는 것도 쉽지 않고, 그에 따라 행복해질 준비를 하는 것도 쉽지가 않다. 하지만 생각해보라. 우리는 20~30년의 직장생활을 위해 청소년기 십수 년 동안을 준비했던 사실을. 그렇다면 그 두 배의 세월인 40~50년의 새로운 삶을 살기 위해 그보다 더 많이 준비하지는 못할망정 적어도 그 정도는 준비해야 하지 않겠는가. 문제는 퇴직 후 인생 후반부를 위해 준비하는 과정이 인생 전반부의 학교 공부처럼 체계화된 틀을 갖고 있지 않다는 데 있다. 하지만 인생 후반부 인생은 남에게 보이기 위한 것이 아니라 나의 행복을 위한 것이기 때문에 내가 나름대로 알아서 공부하지 않으면 안 된다.

이 책에서 내가 제시한 퇴직 후 인생 후반부의 행복에 대한 내 생각이 너무 주관적이라고 지적하는 분들도 있었다. 하지만 어차피 행복은 주관적일 수밖에 없는 것이라는 점에서 내 생각을 이해해주기를 바란다. 내가 해서 행복한 일을 그대로 따라 한 다른 사람이 나와 같이 행복하지 않을 수도 있음을 인정한다. 아니 그게 당연한 일이다. 예를 들어 내가 추진하는 '행복한 시니어 공동체'가 반드시 모두에게 행복을 보장해주지는 않는다는 사실을 인정한다. 그렇기 때문에 '행복한 시니어 공동체'에 참여할 사람들은 사전에 상호교감을 철저히 해야 한다.

성공을 위한 길이 비교적 단순했다면 행복을 위한 길은 사람에 따라 천차만별로 다를 수 있음을 인정하는 것이 인생 후반부에 행복으로 가는 첫걸음이다. 달리 말하면, 나의 행복은 내가 찾아야 하고 내가 찾지 않는 행복은 절대로 나에게 오지 않는다.

끝으로 나와 같이 '행복한 시니어 공동체'에 동참하겠다고 흔쾌히 동의해준 나의 동반자와 추진위원 여러분께 감사드리고 싶다. 또한 이 책의 원고를 읽고 여러 가지 조언을 아끼지 않은 여러 분과 이 책의 출판을 맡아주고 많은 조언을 해준 출판사 필맥의 이주명 대표께도 이 지면을 빌려 감사드린다.

퇴직을 맞은 내 또래의 베이비붐 세대 모두에게 이 책이 희망의 불꽃이 됐으면 하는 바람을 나는 가지고 있다. 부디 나의 행복은 내가 스스로 만들어야 한다는 생각과 얼마든지 그렇게 할 수 있다는 자신감을 가지고 우리 모두의 행복한 미래를 같이 만들어가는 데 이 책이 조그만 도움이라도 되기를 바란다.